北京大學圖書館特藏文獻叢刊

北京大學圖書館藏學術名家手稿（三）

·王力《漢語語音史》

陳建龍 主　編
鄒新明 執行主編

北京大學出版社
PEKING UNIVERSITY PRESS

北京大學圖書館藏學術名家手稿　冊三

目　録

王力

漢語語音史

漢語語音史

王力

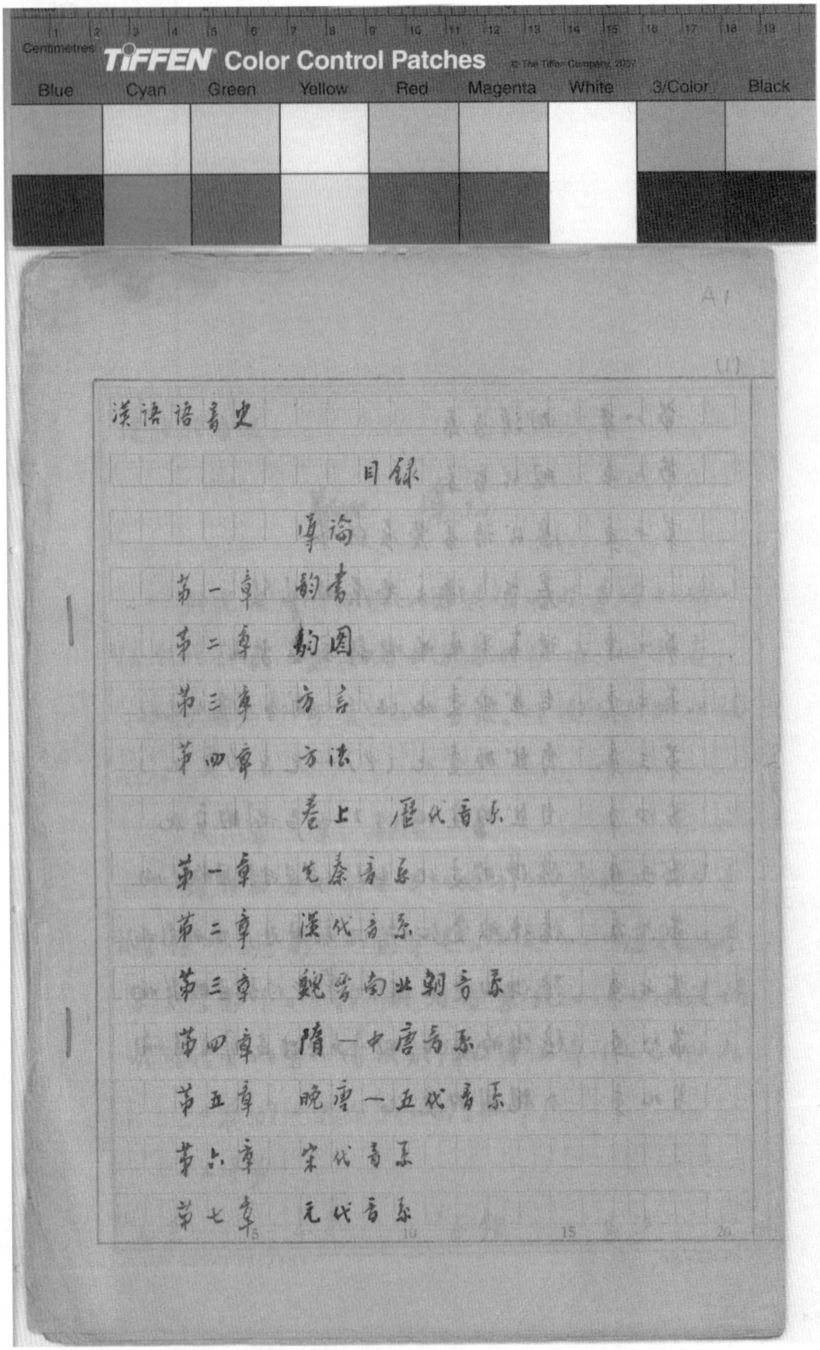

A1

(1)

漢語語音史

目錄

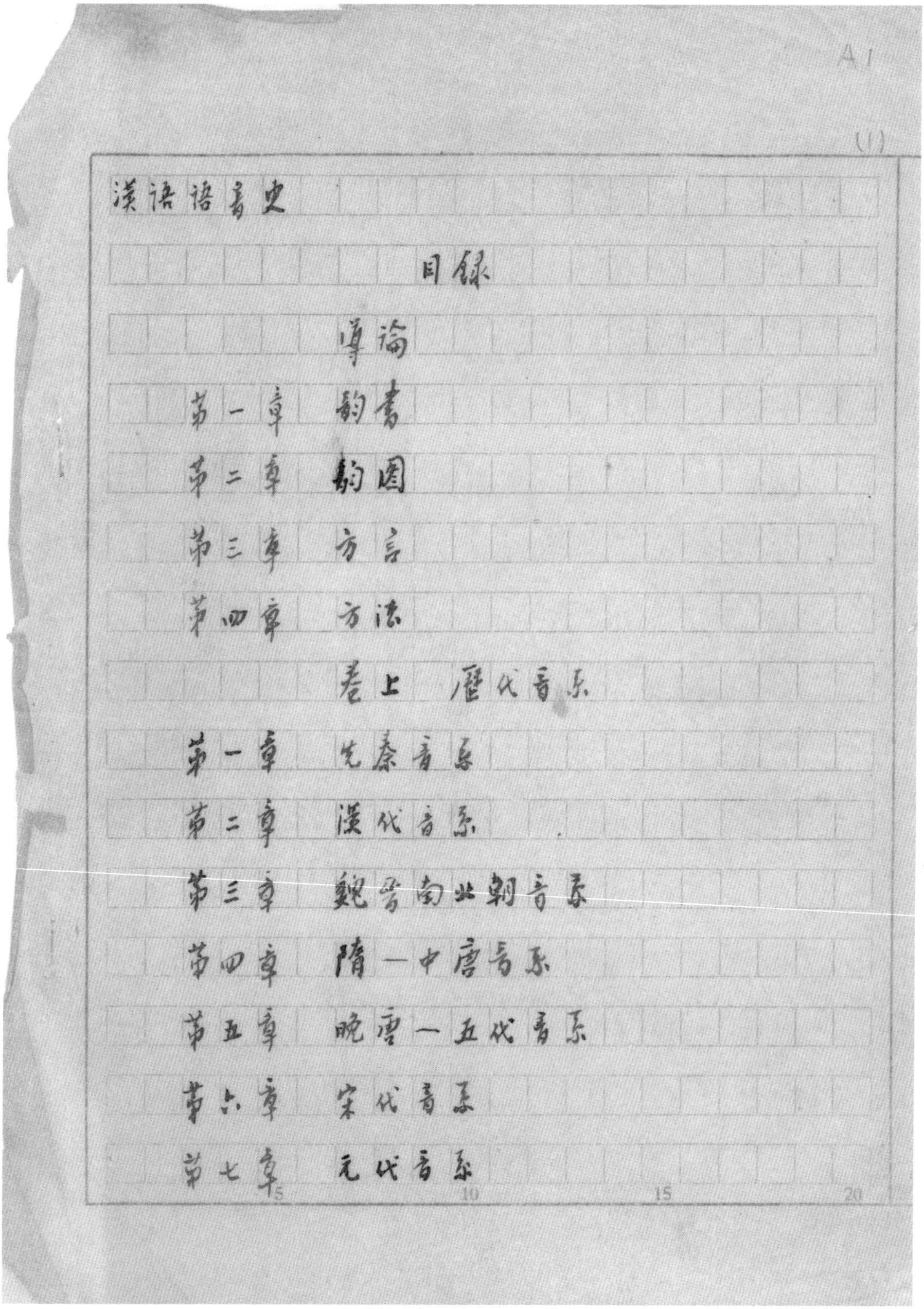
A1

(1)

漢语语音史

目録

王力 漢語語音史 目録

第八章　明清音系

第九章　现代音系

第十章　歷代語音发展总表

卷下　语音发展的規律

第一章　语音发展的四種主要方式

第二章　自然的变化（上）——辅音的变化

第三章　自然的变化（中）——元音的变化

第四章　自然的变化（下）——声调的变化

第五章　條件的变化（一）——声母对韵母的影响

第六章　條件的变化（二）——韵母对声母的影响

第七章　條件的变化（三）——等呼对韵母的影响

第八章　條件的变化（四）——声母对声调的影响

第九章　不規則的变化

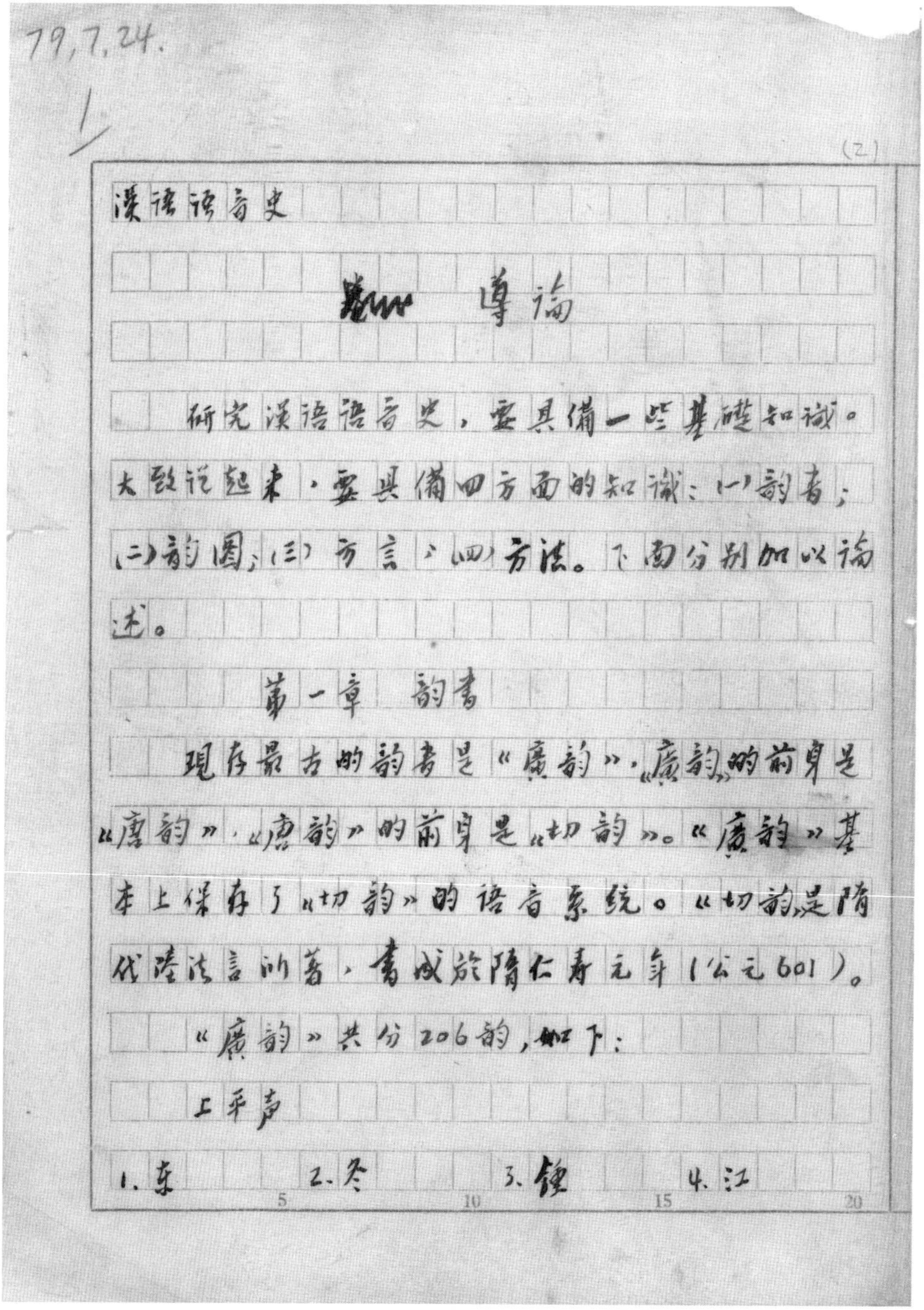

79,7,24.

1

(2)

漢語語音史

導論

研究漢語語音史，要具備一些基礎知識。大致説起來，要具備四方面的知識：(一)韵書；(二)韵圖；(三)方言；(四)方法。下面分别加以論述。

第一章 韵書

現存最古的韵書是《廣韵》。《廣韵》的前身是《唐韵》。《唐韵》的前身是《切韵》。《廣韵》基本上保存了《切韵》的語音系統。《切韵》是隋代陸法言所著，書成於隋仁壽元年（公元601）。

《廣韵》共分206韵，如下：

上平声

1.东　2.冬　3.鍾　4.江

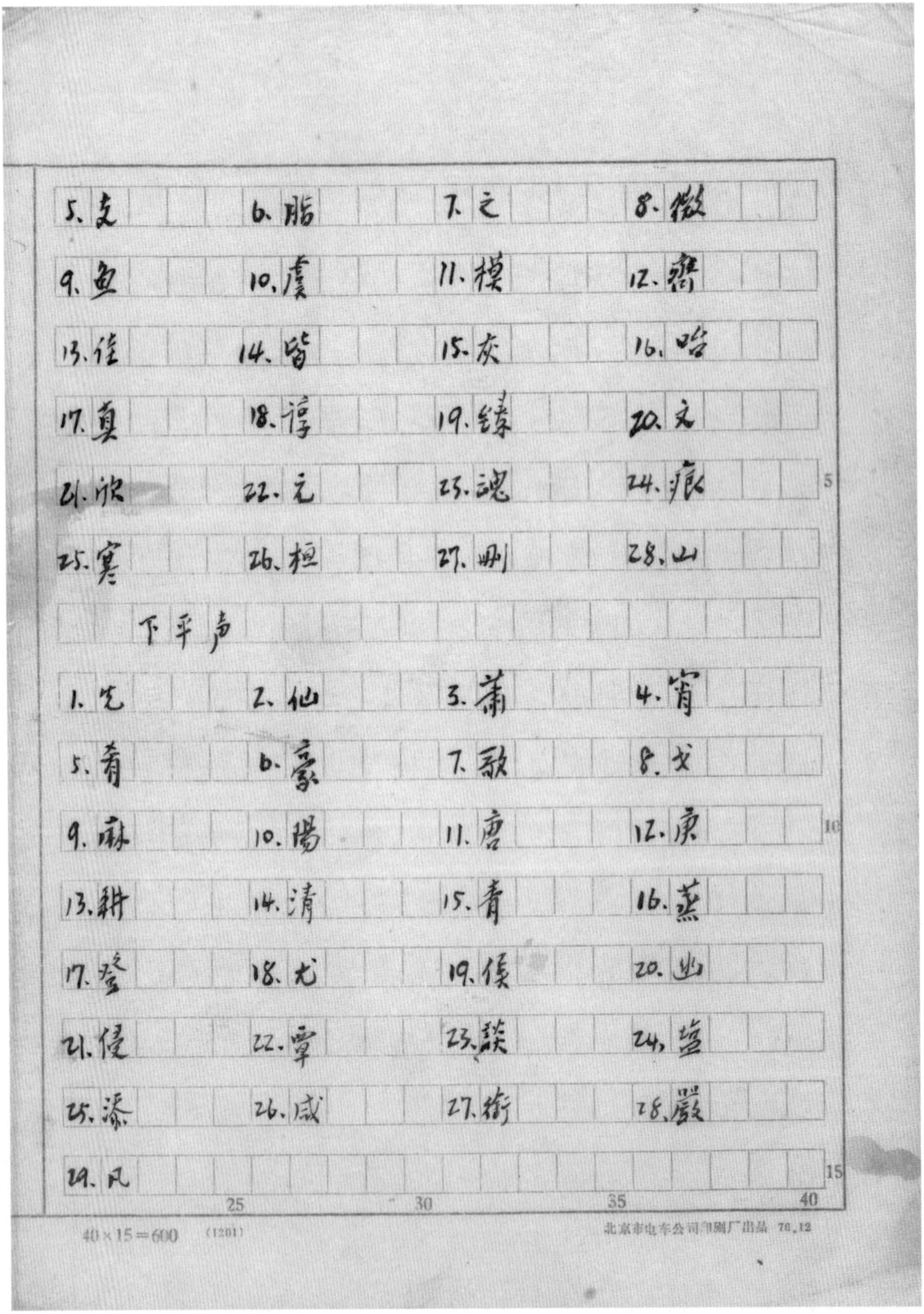

5、支	6、脂	7、之	8、微
9、鱼	10、虞	11、模	12、齊
13、佳	14、皆	15、灰	16、咍
17、真	18、谆	19、臻	20、文
21、欣	22、元	23、魂	24、痕
25、寒	26、桓	27、删	28、山

下平声

1、先	2、仙	3、萧	4、宵
5、肴	6、豪	7、歌	8、戈
9、麻	10、陽	11、唐	12、庚
13、耕	14、清	15、青	16、蒸
17、登	18、尤	19、侯	20、幽
21、侵	22、覃	23、談	24、盐
25、添	26、咸	27、衔	28、嚴
29、凡			

40×15=600 (1201)　　北京市电车公司印刷厂出品 76.12

2

(3)

上声

1. 董	2. 腫	3. 講	4. 紙
5. 旨	6. 止	7. 尾	8. 語
9. 麌	10. 姥	11. 薺	12. 蟹
13. 駭	14. 賄	15. 海	16. 軫
17. 準	18. 吻	19. 隱	20. 阮
21. 混	22. 很	23. 旱	24. 緩
25. 潸	26. 産	27. 銑	28. 獮
29. 篠	30. 小	31. 巧	32. 晧
33. 哿	34. 果	35. 馬	36. 養
37. 蕩	38. 梗	39. 耿	40. 静
41. 迥	42. 拯	43. 等	44. 有
45. 厚	46. 黝	47. 寑	48. 感
49. 敢	50. 琰	51. 忝	52. 豏
53. 檻	54. 儼	55. 范	

去声

1、送	2、宋	3、用	4、絳
5、寘	6、至	7、志	8、未
9、御	10、遇	11、暮	12、霽
13、祭	14、泰	15、卦	16、怪
17、夬	18、隊	19、代	20、廢
21、震	22、稕	23、問	24、焮
25、願	26、慁	27、恨	28、翰
29、換	30、諫	31、襇	32、霰
33、線	34、嘯	35、笑	36、效
37、号	38、箇	39、過	40、禡
41、漾	42、宕	43、映	44、諍
45、勁	46、徑	47、證	48、嶝
49、宥	50、候	51、幼	52、沁
53、勘	54、闞	55、豔	56、㮇

57. 陷	58. 鑑	59. 釅	60. 梵

入声

1. 屋	2. 沃	3. 燭	4. 覺
5. 質	6. 術	7. 櫛	8. 物
9. 迄	10. 月	11. 沒	12. 曷
13. 末	14. 黠	15. 鎋	16. 屑
17. 薛	18. 藥	19. 鐸	20. 陌
21. 麦	22. 昔	23. 錫	24. 職
25. 德	26. 緝	27. 合	28. 盍
29. 葉	30. 怗	31. 洽	32. 狎
33. 業	34. 乏		

韵書有反切。反切上字代表声母，下字代表韵母。據後人分析，《廣韵》的声母共有33類①，如下：

①这里依照罗常培的分析。陈澧《切韵考》分为40類，高本漢分為47類，又有人分為51類。

1、见类	2、溪类	3、群类	4、疑类
5、端知类	6、透徹类	7、定澄类	8、泥娘类
~~9、知类~~	~~10、徹类~~	~~11、澄类~~	~~12、娘类~~
9、帮非类	10、滂敷类	11、並奉类	12、明微类①
13、精类	14、清类	15、從类	16、心类
17、邪类	18、照类	19、莊类	20、穿类
21、初类	22、神类	23、牀类	24、審类
25、山类	26、禪类	27、影类	28、喻类
29、于类②	30、晓类	31、匣类	32、來类
33、日类			

《切韵》並不代表一时一地的语音系统。③

②在宋代韵图中，照莊合併為照母，穿初合併為穿母，神牀合併為牀母，審山合併為審母，喻于合併為喻母。

①《切韵》時代，帮非未分，滂敷未分，並奉未分，端知未分，透徹未分，定澄未分，泥娘未分，明微未分。

③罗常培说："《切韵》的性质本来是一部兼综'南北是非，古今通塞'的音案，对于当时的方音虽然有所取舍，却没有一種方音能够跟牠完全符合。"（《唐五代西北方音》1页。）陆志韦说："切韵代表六朝的汉语的整個局面，不代表任何一個方言。"他们的話是对的。

(5)

陆法言自己说："江东取韵與河北復殊。因论南北是非，古今通塞，欲更捃選精切，除削疏缓。萧颜多所决定。"《切韵》有很明显的存古性质。正因为這樣，《切韵》音系对於汉語語音史的研究，有很大的参考價值。

第二章 韵图

韵图是一種声母韵母配合表，每一个字音都有它的位置。這種韵图是從"胡僧"（印度和尚）学来的。现存最古的韵图是郑樵《通志略》中的《七音略》，後来有张麟之的《韵镜》(1203)①、託名司马光的《切韵指掌图》、無名氏的《四声等子》、元刘鑑的《经史正音切韵指南》(1336)、清初無名氏的《字母切韵要法》②等。

① 张麟之多次提到郑樵，并且明白表示《韵镜》是根據《七音略》的。

② 附在《康熙字典》卷首。

韵图可以分為三派。第一派以《七音略》、《韵镜》為代表，這一派韵图把《切韵》每一个字音都放進图表里。共有四十三个图。第二派以《切韵指掌图》、《四声等子》、《切韵指南》為代表，這一派韵图不再以《切韵》音系為標準，而是以宋元时代的实際语音為標準。《切韵指掌图》、《四声等子》各有二十个图，《切韵指南》有二十四个图。第三派以《字母切韵要法》為代表，這一派韵图是以明清时代的实際语音為標準，只有十二个图，而且韵部的排列也和前两派不同。

第二派和第三派都有韵摄的名称①。所谓"摄"，就是幾个韵合成一个图或两个图。《切韵指南》分為十六摄，即：

1.通摄　2.江摄　3.止摄　4.遇摄

①切韵指掌图没有韵摄之名，而有韵摄之实。

40×15=600　(1201)　北京市电车公司印刷厂出品　76.12

5

(6)

5.蟹攝　6.臻攝　7.山攝　8.效攝

9.果攝　10.假攝　11.宕攝　12.梗攝

13.曾攝　14.流攝　15.深攝　16.咸攝

《字母切韻要法》分爲十二攝，即：

1.迦攝　2.結攝　3.岡攝　4.庚攝

5.裓攝　6.高攝　7.該攝　8.傀攝

9.根攝　10.干攝　11.鉤攝　12.歌攝

相傳唐末和尚守溫制三十六字母，代表漢語的声母。這三十六字母是①：

~~脣音　幫滂並明　非敷奉微~~

脣音	重脣	幫滂並明
	輕脣	非敷奉微
舌音	舌頭	端透定泥
	舌上	知徹澄娘
牙音		見溪群疑

①三十六字母的次序依照《七音略》和《韻鏡》。

齒音	齒頭	精清從心邪
	正齒	照穿牀審禪
舌齒音	半舌	来
	半齒[①]	日
喉音		影曉匣喻

字母又有清濁的分别，細分為四類[②]，即：

清	帮非端知見精心照審影[③]
次清	滂敷透徹溪清 穿 曉
濁	並奉定澄群從邪牀禪匣
次濁	明微泥娘疑 喻来日[④]

在韵图中，以字母為经，韵部四声為纬。

②分類依《韵鏡》，只有"清濁"改稱"次濁"。

③心審二母，江永叫做"又次清"。

④江永把邪禪稱為"又次濁"，"来日"稱為"濁"，都不妥。

①鄭樵所謂"七音"，指唇、舌、牙、齒、喉、半舌、半齒。

6

(7)

在《切韵指掌图》、《字母切韵要法》中，三十六字母各佔一个直行。在《七音略》、《韵镜》、《四声等子》、《切韵指南》中，三十六字母只佔二十三直行，因爲重脣和輕脣同行，舌頭和舌上同行，齒頭和正齒同行。

宋元時代的韵图有"等呼"之分。所謂"呼"，指開口呼和合口呼。開口合口一般不同图，所以《切韵指南》十六攝有二十四个图：

開口呼獨图：咸深效流

合口呼獨图：通遇

開合口分图：果假①梗曾止蟹山臻宕

開合口同图：江②

韵图的字分爲四等。例如山攝四開口呼見母平

①《切韵指南》附假於果，假開与果開同图，假合与果合同图。

②江攝本来是開口呼，後来才变爲開合兩呼。

声干姦犍坚，"干"為一等，"姦"為二等，"犍"為三等，"坚"為四等。合口呼見母平声官関勬涓，"官"為一等，"関"為二等，"勬"為三等，"涓"為四等。後人不懂四等的分别。江永說："一等洪大，二等次大，三四皆细，而四尤细。"這話只說了个大概，沒有說出具体的读音。高本漢認為：一二三四等表示元音由後到前，例如山攝一等是[ɑ]，二等是[a]，三等是[æ]，四等是[e]。這个问题才算基本上解决了。

拿《廣韵》来說，206韵和四等的関係如下①：

一二三四等都有的：东屋

只有一等的：冬沃模泰灰咍魂没痕寒桓曷末豪歌唐鐸登德侯覃合談盍

只有二等的：江覺佳皆夬臻删山黠鎋肴耕麥咸洽銜狎

只有三等的：微文物欣迄元月嚴業凡乏

① 舉平声包括上去声。

7

~~只有二三等的：麻庚陌~~　~~尤侵緝幽蒸~~

~~只有二三四等的：東鍾支脂之魚虞真……陽蒸職~~

~~只有三四等的：鍾燭祭諄宵清昔~~

只有四等的：齊先蕭青錫幽添怗

只有二三等的：麻庚陌

只有三四等的：鍾燭祭諄宵清昔

只有一三四等的：戈

只有二三四等的：支脂之魚虞真質仙

薛陽藥蒸職尤侵緝鹽葉

這是就韵圖來說的。實際上，韵圖中許多四等字都是假四等，真三等。這是因爲韵圖規定齒頭音和正齒音同一直行，齒頭音精清從心邪只能在一四等，正齒音照穿牀審禪佔據了二三等，精清從心邪的三等字只好放在四等框里了。又喻母四等字實際上也是三等字，只因《切韵》于類字也在三等，和喻類字不同類，不能相混，所以喻類字只好放到四等框里去了。韵圖中許多二等字也都是假二等，真三等。上文說过，依照《切韵》分析，二等莊初牀山和三等照穿神審禪不同類，不能相混。但是它們同處一个直行，莊初牀山的三等字只好放到二等框里去了。為什麼知道這些字是假四等、假二等呢？這是因為這些字的反切下字往往是三等字，這就證明了它們實際上屬於三等。

除去假二等、假四等不算，《廣韵》206韵和四等的關係如下表：

一等：冬模泰灰咍魂痕寒桓歌唐登侯覃談

沃没曷末鐸德合盍

二等：佳皆夬臻刪山肴耕咸銜

黠鎋麥洽狎

8

(9)

三等：鍾支脂之微魚虞真諄文欣祭廢元仙宵陽清蒸尤侵鹽嚴凡

質術物迄月薛藥昔職緝葉業乏

四等：齊先蕭青幽添

一三等：东屋戈

二三等：麻庚陌

等呼的概念很重要。我们研究先秦古音的時候还用得上，所以這里講得詳细些。

第三派韵圖（《字母切韵要法》等）没有四等，只有四呼：

1. 没有韵头而主要元音為[a]、[ə]、[o]的，叫做開口呼；

2. 韵头為[i]，或主要元音為[i]的，叫做齊齿呼；

3. 韵头為[u]，或主要元音為[u]的，

40×15=600 (1201)

北京市电车公司印刷厂出品 七六·一

叫做合口呼；

4. 韵頭為[y]，或主要元音為[y]的，叫做撮口呼。

開齊合撮這些術語，在我們研究近代語音發展史的時候用得着，先在這里交代一下。

一般的說法是：宋元韵圖中的開口一二等屬於開口呼，開口三四等屬於齊齒呼，合口一二等屬於合口呼，合口三四等屬於撮口呼。

第三章 方言

漢語自古有方言的存在。《孟子·滕文公下》："有楚大夫於此，欲其子之齊語也，則使齊人傅諸？使楚人傅諸？"可见戰国时代就有方言的存在。漢揚雄著《方言》，主要是講各地詞彙的不同，但是我們可以想見，語音方面也会有

9

(10)

差别的。

因此，我们研究汉语语音史，就會遇到方言的问题。我们所根据的语音史料，是方言還是普通话？在各種同時代的语音史料中，有沒有方言的差别？在同时代的诗人用韵中，有沒有方言的差别？這些都是很难解决的問題。我曾经把《诗经》的十五国风分别研究过，沒有發现方言的痕迹。我曾经把《楚辭》和《诗经》对比，想找出華北方音和荆楚方音的異同。我雖然發现《楚辭》用韵的一些特點，但是也难断定那是方言的特點，还是時代的特点。我在写《南北朝诗人用韵考》的時候，曾经注意到诗人们的籍貫。但是古人的籍貫是靠不住的。例如朱熹是婺源人，但他是在建州（今福建建瓯）長大的。许多人都是以父親的籍貫為籍貫，

北京市电车公司印刷厂出品 七六·一

40×15=600 (1201)

甚至以地望為籍贯①。因此，我们不把籍贯作為方言的主要根據。在讲古音的时候，我们很少講到古代方音，因為我们对于古代方音知道得太少了。

我们研究汉语语音史，应该先大致了解现代漢語的方音。因為語音史的研究，要求我们講述漢语语音经过多少次的变革，成為今天的样子。如果我们只講成為今天普通话的样子，那是很不全面的。普通话也是以一種方言為基础形成的，它是以北方话为基础方言、以北京语音為標準音的。

现代漢语方言可以分為五大類②，即1.官话系(包括北方官话、下江官话、西南官话等)；2.

②有人加上湘方言，分為六大類，有人又把閩语分為閩北、閩南，共七大類。

①地望，指有声望的大族所在的地方。

吴语系；3.闽语系；4.粤语系；5.客家话。如果我们讲语音发展规律的时候，联系到五大方言的现况来讲，那就比较全面了。

第四章　方法

研究漢語語音史，要讲究方法。

第一，要掌握唯物辯證法。辯證法不是把自然界看作静止不動的狀態，停頓不变的狀態，而是看作不斷運動、不斷变化的狀態，不斷革新、不斷发展的狀態，其中始终都有某種东西在產生着和发展着，始终都有某種东西在敗壞着和衰頹着。由此看来，"古本纽"、"古本韵"的觀點是錯误的。就漢語来说，從上古到现代，歷時三四千年，其中不知经过多少次变化。应该承認，現代存在的語音，古代不一定有；更重要的是，古代存在过的语音，後代並没有保存下来。还有一種情况是，某種语音古今都有，但是它所代表的字已经不一樣了。漢語声母從古到今没有变化的还不少，那是由於我们研究得不够，可能上古的声母並不像我们知道的那樣简单；至於漢語的韵部，可以肯定地说，经过歷代的发展和演变，今天够得称为"古本韵"的，已经寥々無幾了。发展意味着变化。必须用发展观點武装我们的頭脑，然後漢语々音史才能研究得好。

接下页

25　30　35　40

40×15=600　(1201)　北京市电车公司印刷厂出品　76.12

106

(12)

~~吴语系；3.闽语系；4.粤语系；5.客家语。如果我们讲语音发展规律的时候，联系到五大方言的现状来讲，那就比较全面了。~~

~~第四章 方法~~

~~研究汉语语音史，要讲究方法。~~

第二，要讲究普通语言学的理论。语言是富有系统性的。语音的發展，就是新系统替代了舊系统。不從系统性观察语音的發展，那就是錯误的。江永把收-n的古韵分為弇侈兩類，同時把收-m的古韵分為弇侈兩類，是看出了语言的系统性。孔廣森講陰陽對轉，是看出了語言系统性。我發現了古韵脂微分立，使脂真質陰陽入三聲相配，微文物陰陽入三聲相配，也是看出了语言系统性。從系统性看问题，

北京市电车公司印刷厂出品 七六·一

40×15=600 (1201)

可以免除了許多葛藤。

第三，要講究比較语言学的理論。比較语言学有一个定律：在完全相同的條件下，不可能有兩種不同的演变。因此我们可以知道，顾炎武所谓古音"家"读如"姑"是错误的，汪荣寶所谓古音"姑"读如"家"同樣也是错误的。"家"和"姑"在古代如果完全同音，後来就沒有分化的條件了。比較语言学的另一个定律是有條件的变化。因此我们可以知道：钱大昕古無舌上音的說法是可信的。上古舌頭音一四等字直到今天還是舌頭音，二三等字到了晚唐时代变了舌上音。等呼不同，這就是变化的條件。從這上頭，我们就能發現语音發展的內部規律。

第四，要講究音位学。音位学的发明，解決了語音史上許多问题。例如，全濁声母送氣

10c

(13)

不送氣的问题，歷来有很多爭論。其实全濁声母送氣不送氣是互換音位，正如現代吴方言一樣，全濁声母可以送氣，也可以不送氣。這樣，我们用不送氣的音標（b，d，g等）表示就行了。又如东韵字，上海讀[uŋ]，苏州讀[oŋ]，我们应該把苏州的[oŋ]認爲是[uŋ]的变体，因爲苏州不另有[uŋ]和它对立。又如苏州先韵讀[iɪ]，屑韵讀[iəʔ]（據趙元任先生《現代吴语研究》），但是先韵应該標作[ie]，屑韵应該標作[ieʔ]，因爲先韵和屑韵是平声和入声的对应，它们的元音应該取得一致。

此外还有其他方法，這里不詳细討論了。

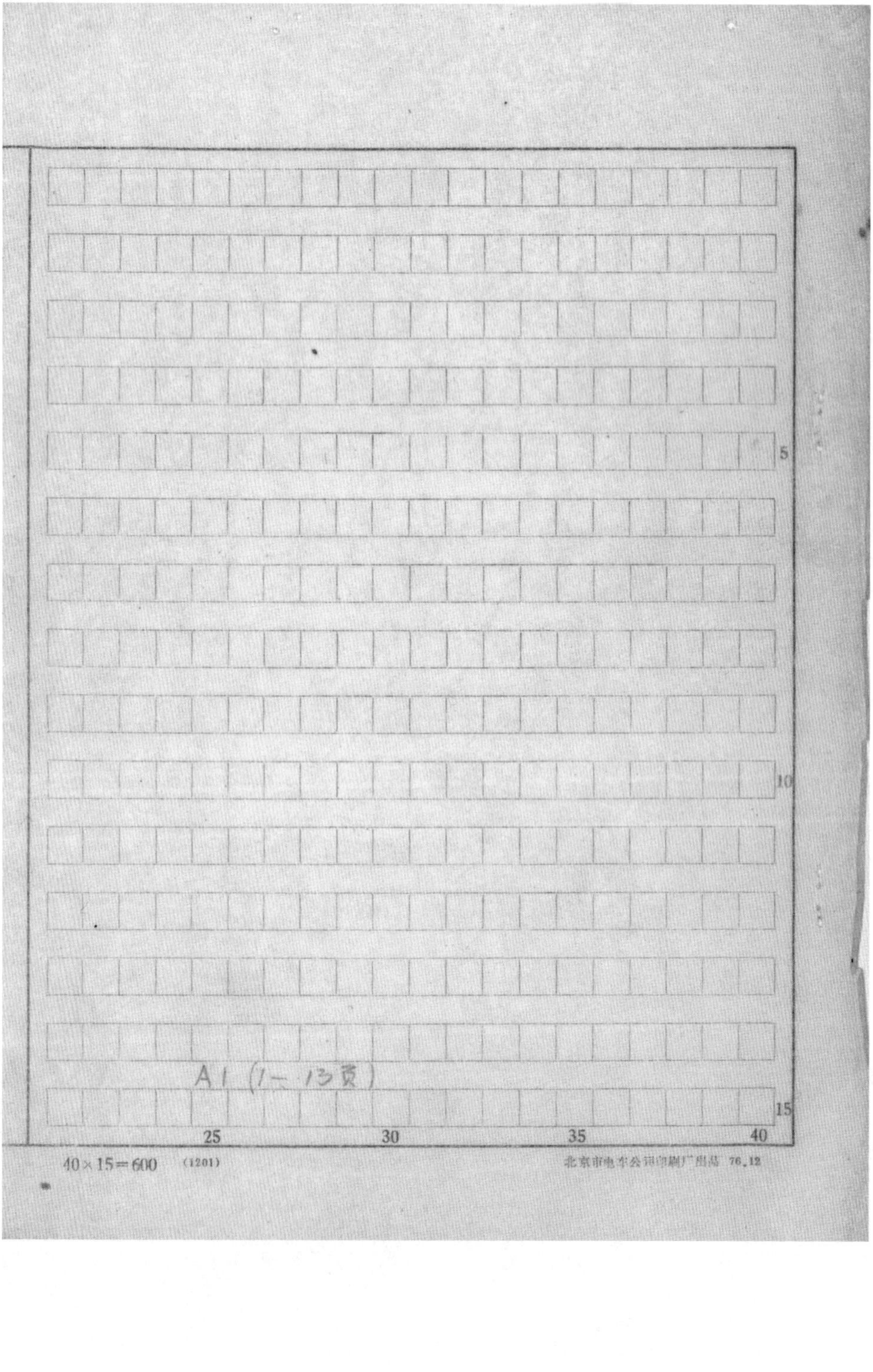
A1 (1—13页)

40×15=600 (1201)

北京市电车公司印刷厂出品 76.12

11

A2
(14)

卷上 歷代的音系

第一章 先秦音系（—前206）

關於先秦的音系，韵部和声调方面，我们根據是先秦的韵文，主要是《诗经》、《楚辞》，其次是《周易》、《老子》，又其次是先秦其他書籍中的韵语①。前人在這方面做了很多的研究，做出了很大的成绩。

關於声母方面，成绩就差多了。一般的根據是漢字的谐声偏旁，其次是異文。我们知道，声符和它所谐的字不一定完全同音。段玉裁說："同声必同部。"這是指韵部說的。這只是一个原则，還容許有例外②。如果我们說："凡同声

①參看江有诰的《诗经韵读》、《楚辞韵读》、《群经韵读》、《諸子韵读》。

②例如"怛"字《诗经》两次押韵都在月部，段玉裁在《說文注》中只好承認它在十四、十五部。

接下页

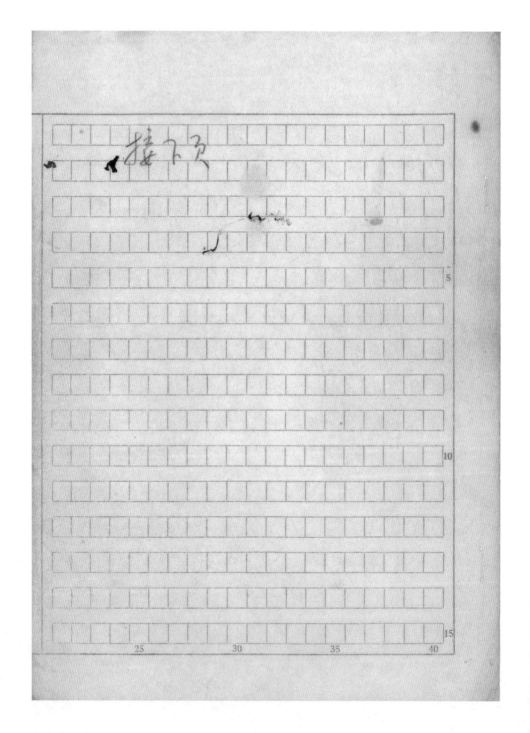

12

(15)

符者必同声母"，那就荒謬了。例如"詩、邿、時、塒、侍、恃、蒔、持、偫、庤、痔、峙、待、特、等、持、畤、洔"等字都从"寺"得声，"寺"是邪母字，"詩、邿"是審母字，"時、塒、侍、恃、蒔"是禪母字，"持、偫、庤、痔、峙"是澄母字，"待、特"是定母字，"畤、洔"是照母字，"等"是端母字，"持"是知母字。那麽，這些字的上古音該屬於哪个声母呢①？如果你説：這些字的上古音，既不是知澄等母（古無舌上音），也不是端定照審禪等母②，而是另一種辅音。那也講不通。因爲這些字多數屬三等字，如果上古声母完全相同，後来怎麽能有分化的條件呢？從諧声偏旁推測上古声母，各人能有不同的結論，而這些結論往々是不可靠的。其次是異文也不大可靠。異文可能

① 另據《説文》，"寺"从"之"得声，"之"声有"芝、蚩、事、市"等，問題更複雜了。

② 依照錢大昕的説法，正齒字多数也古屬舌頭。

北京市电车公司印刷厂出品 七六·一

40×15=600

是方言的不同，个别地方還是错别字。我们引用異文来證古音，也是要謹慎從事的。

有人引用外语譯文（主要是佛经譯文）来証明上古声母。這只能是次要證據，不能是主要證據。因為翻譯常々不可能完全譯出原音来。正如我们今天把英语的[r]譯成漢语的[l]，英语的[ʃ]譯成漢语的[ʂ]，英语的[h]譯成漢语的[x]一樣，我们不能要求古人把梵文的原音完全準確地譯成中文。單靠譯文来證明上古声母，看来不是很妥当的办法。

有人引用漢藏语系各族语言的同源词来證明漢语上古声母，這应该是比較可靠的办法。這種研究工作我们做得还很不够。上古声母問題的圓滿解决，只能寄希望於將来。

下面從先秦古音的声母、韵部、声调三方面分别加以叙述。

13

(16)

(一)先秦的声母

先秦共有三十三个声母，如下表：①

發音方法 \ 發音部位			双唇	舌尖前	舌尖中	舌葉	舌面前	舌根	喉
塞音	清	不送氣	p(幫非)		t(端知)		ȶ(照)	k(見)	0(影)
塞音	清	送氣	pʻ(滂敷)		tʻ(透徹)		ȶʻ(穿)	kʻ(溪)	
塞音	濁		b(並奉)		d(定澄)		ȡ(神)	g(群)	
鼻音			m(明微)		n(泥娘)		ȵ(日)	ŋ(疑)	
边音					l(来)		ʎ(喻四)		
塞擦音	清	不送氣		ts(精)		tʃ(莊)			
塞擦音	清	送氣		tsʻ(清)		tʃʻ(初)			
塞擦音	濁			dz(從)		dʒ(牀)			
擦音	清			s(心)		ʃ(山)	ɕ(審)	x(曉)	
擦音	濁			z(邪)		ʒ(俟)	ʑ(禪)	ɣ(匣、喻三)	
元音			[illegible]				[illegible]	[illegible]	0(影)

① 双唇，指上唇接触下唇；舌尖前，指舌尖接触门牙；舌尖中，指舌尖接触齿龈；舌葉，又称腭龈音，指舌尖和舌面接触龈腭间，舌面前，指舌面接触龈腭间。舌根，指舌根接触硬软腭间。

濁母字送氣不送氣，歷来有爭論。江永、高本漢認爲是送氣的，李榮、陸志韦認爲是不送氣的。我認爲這種爭論是多餘的。古濁母字，今北京話平声讀成送氣，仄声讀成不送氣（古入声字讀入陽平的也不送氣）。廣州話也是平声送氣，仄声（上去入）不送氣。長沙話平仄声一概不送氣；客家話平仄声一概送氣。在上海話里，濁母字讀送氣不送氣均可：[b]和[bʻ]是互換音位，[d]和[dʻ]是互換音位，等等。從音位觀點看，濁音送氣不送氣在漢語里是互換音位。所以我对濁母一概不加送氣符號。

關於古無輕脣音，自從錢大昕提出来以後，已經成爲定論。直到《切韵》時代，幫滂並明和非敷奉微在反切中還是混用的。這里沒有什麽可以爭論的問題。

邪母归心母是钱玄同的意见，参依《古音无邪纽证》，载《师大国学丛刊》一卷三期。

董同龢提出，上古应该有一个声母[m̥]（[m]的清音），這也是從谐声偏旁推測出来的。例如"悔"从每声，"墨"从黑声，"昏"（昬）从民声等。高本漢对於這一類字的声母則定為複輔音[xm]。上文說过，谐声偏旁不足為上古声母的確證。所以我们不採用董说或高说。

關於上古的齿頭音精清從心邪的问题，争論較少。章炳麟把精清從心邪併入照穿牀審禪，没有人贊成他。黄侃把邪母併入心母，也没有強有力的理由。高本漢認為邪母在上古是一个不送氣的[dz]，与從母[dz']配对，也没有確證。我们認為，上古的精清從心邪就是中古的精清從心邪，没有变化。

我们一向把精清從心邪与端透定泥都認為是齿音，只有發音方法不同，没有發音部位不同。但是古人把端系称為舌音，精系称為齿音，是不是發音部位也有所不同。现代北京話里，精系是舌尖前音，發音時舌尖接触门牙；端系是舌尖中音，發音时舌尖接触齿龈。我们的古音也应该是這樣，端系和精系不但發音方法不同，而且發音部位也不同。因此，在上古時代，端系字和精系字較少通假。

関於古無舌上音，自從錢大昕提出來以後，也是早就成為定論。在《经典释文》的反切中，大量事实證明，直到隋代，知系还没有從端系分化出來①。

関於正齿二等莊初牀山四母，在陈澧以前，没有人知道它们和正齿三等照穿神審禪是不同發音部位的。章炳麟也不懂這个區别。黄侃懂得這

① 参看王力《经典释文反切考》。

15

(18)

个區別。同時他把莊初牀山併入上古的精清從心。他合併得頗有理由。從聯綿字看，"蕭瑟"、"蕭疏"、"蕭森"、"瀟灑"等，都可以證明精莊兩系相通。我之所以躊躇未肯把莊系併入精系，只是由于一些假二等字和三等字發生矛盾，如"私"与"師"、"史"与"始"等。留待詳考。高本漢把莊初牀山的上古音擬測為[tṣ]、[tṣʻ]、[dẓʻ]、[ṣ]（莊二等擬成[tṣ]、[tṣʻ]、[dẓʻ]），我所不取。

三十六字母中沒有俟母。俟母是依照李榮的考証增加的①。證據確鑿，使我不能不相信。而且，從諧音的系統性來看，莊初牀山俟五母和精清從心邪五母、照穿神審禪五母相配，形成整齊的局面，是合理的。

錢大昕說："古人多舌音，後代多變為齒音，不獨知徹澄三母為然②。"他的意思是說照穿等母的字在上古時代也有許多讀舌音的。他所舉的

①參看李榮《切韻音系》92-93頁。

②錢大昕《十駕齋養新錄》卷五。

例子是：古读“舟”如“雕”，读“至”如“疐”，读“专”如“耑”，读“支”如“鞮”。他的话是颇有道理的，但是只限於少数照系三等字（主要是照母三等），与照系二等（莊初牀山）無関。這些照系三等字如果认為古读舌音，那就和知系三等字混同起来了。我们只能说它们的读音相近，不能说相同。高本漢把照穿神拟测為[ȶ]、[ȶʻ]、[ȡʻ]、[ɕ]，是合理的，我们採用了。他把禅母拟测為不送氣的[ȡ]，与送氣的神母[ȡʻ]相配，我们认為不可信。古禅母应是古審母的濁音，所以我们拟测為[ʑ]。

章炳麟作《古音娘日二紐歸泥说》①，企圖證明先秦沒有娘日兩个声母。说古無娘母是对的（這是钱大昕證明了的），说古無日母

①《章氏叢書·國故論衡》30—31頁。

16

(19)

則是错误的，因爲娘日都是三等字①。如果上古"女""汝"同音，"日""暱"同音，後來就没有分化的條件了。高本漢把泥娘二母的上古音拟测爲[n]，日母的上古音拟测爲[ȵ]，是完全合理的。今從高说。這樣，照穿神日与端透定泥正好相配，读音相近而不相同。如知徹澄娘到中古時代变爲[ȶ]、[ȶʻ]、[ȡ]、[ȵ]，那也和照穿神日不衝突，因爲照穿神日到中古時代已经变爲[ʨ]、[ʨʻ]、[ʥ]、[ʑ]了。

喻母四等的上古音，是最难解决的一个問題。曾運乾作《喻母古读考》，章炳麟黄侃以喻母的上古音併入影母，是完全錯误的。把喻母（应该说是喻母四等）的上古音併入定母，那就比章黄好多了，因爲無論從谐声偏旁看，或

① 娘母有一些二等字。

者從畧文看，都可以證明喻母四等字往往与定母字相通。但是還有一个問題沒有解決：喻母是三等字①，澄母也是三等字②，如果喻母歸定，澄母也归定（古無舌上音），勢必造成兩母衝突，以致"容""重"同音，"移""馳"同音，"夷""遲"同音，等等，後來便沒有分化的條件了。高本漢把喻四的上古音分為[d]，[z]兩類。[d]類是不送氣的[d]，和定母送氣的[dʻ]有所區別，這就算解決了曾運乾所沒有解決的問題：分化條件問題。高氏所定的[d]声母有"移也夷貽俞易攸由閱引陽懌盈役佚淫"等字，[z]声母有"邪與象羊酉"等字。高氏已經把邪母的上古音擬測為不送氣的[dz]，和從母[dzʻ]相配，他把喻四一部分字的上古音擬測為[z]是能自圓其說的。問題在於他不該把喻四的上古

① 喻母四等字是假四等，真三等，見上文。

② 有少數澄母字屬二等。

17

(20)

音硬分為兩類①。我在我的《漢語史稿》中批評了高氏硬分兩類，而接受他的不送氣的[d]。從語言的系統性看，我這个拟測是錯誤的。在先秦音系中，脣音、齒音、牙音（舌根音）都沒有送氣不送氣的对立，為什麼舌音能有送氣不送氣的对立呢？高本漢似乎注意到語言的系統性，所以他在齒音、牙音也都搞了送氣不送氣的对立。他把禪母的上古音拟測為不送氣的[dz]，和神母送氣的[dz']对立，喻母三等的上古音拟測為不送氣的[g]，和群母送氣的[g']对立②。我沒有接受他的齒音、牙音濁母送氣不送氣的对立，單單接受他的舌音濁母送氣不送氣的对立。那麼，我的喻三的上古音的拟測，就比高（四）

①單憑諧声偏旁是不足為證的。例如易声的字既有"湯"，又有"餳"（徐盈切）。

②他也做得不徹底。他沒有能够在脣音和莊系字搞出濁音送氣不送氣的对立。

氏的拟测更站不住脚。

現在我有新的拟測，把喻四的上古音拟測為[ʎ]①。這是与[ȶ]、[ȶʻ]、[ȡ]同發音部位的边音②。即古代法语所谓軟化的 l（l mouillé）。法语在 fille（女子）、bouillon（肉湯）、tailler（剪裁）等詞中，l 本是軟化的 l，後来变為半元音[j]（fille=[fi:j]，bouillon=[bu'jɔ̃]，tailler=[taje]）。漢語喻母四等也一樣，在上古時代是个[ʎ]，到中古時代变為半元音[j]。

黃侃把見溪群曉匣疑認為是淺喉音，影母認為是深喉音，他是对的。曉匣兩母在上古和見系相通的情况最為常見，和影母相通的[illegible]

② 國際音標表把[ʎ]放在[c ɟ]同發音部位，但是趙元任、李方桂、罗常培合译高本漢的《中國音韻学研究》把它放在[ȶ][ȡ]的發音部位，今依後者。

① 最近看見李方桂先生一篇文章，他把喻四的上古音拟測為某種 r，和我的意見相近。

情况反而罕见。黄氏把喻于两母归入影母，则是错误的。喻母（喻四）在上古应是某種l（即[ʎ]），于母（喻三）在上古应属匣母，直到唐初也还属匣母。于母属三等字，匣母無三等字，正好互補。高本漢把喻三的上古音拟成不送氣的[g]，是不可靠的。

影母自古至今都是零声母。所谓零声母，包括喉塞音和韵头[i]、[u]。

上古漢語有没有複輔音？這是尚未解决的問題。從谐声系统看，似乎有複輔音；但是，現代漢语為什麽没有複輔音的痕迹。人们常常举"不律為筆"為例，但是"不律為筆"只是一種合音，正如"如是為尔"、"而已為耳"、"不可為叵"一樣，我们不能以此證明"筆"的上古音就是[pliet]。一般拟测上古的複輔音，都是靠谐声偏旁作為證據的。高本漢擬測的複輔音聲母，有下列十九種：

(1) gl- 呂侶閭旅婁樓褸屢縷闌蘭練爛倮裸羸濫藍覽攬獫斂廉鐮倞亮諒涼椋洛烙絡酪雒駱路賂露离翏鏐飂戮僇勠蓼寥醪樂轢櫟礫林琳婪惏立笠粒笠拉陸癃學

(2) kl- 莒筥屨柬諫楝果裹裸監鑑劍兼京景憬各胳閣格骼胳隔膠樛鬲禁襟窌

(3) gl- 嫌籬儉勍鯨黥駱貉翮璆噤

(4) kʻl- 課嗛慊歉謙恰客泣

(5) ngl- 驗額樂

(6) xl- 險嶮嘐

(7) tʻl- 瘳离魑螭攄寵

(8) sl- 數孿率𨕖蟀帥曬纚灑史使

(9) ʂl- 爍鑠

19

(22)

(13) ml- 埋薶霾繆謬卯茆昴貿蠻滅

(10) bl- 䜌巒欒鑾鸞臠孌戀攣廩懍臨

(11) pl- 變筆稟

(12) p'l- 品　晦誨海麾憮膴耗威

(14) xm- 昏惛婚閽忽笏惚荒肓衁荒黑釁悔

(15) t'n- 嘆歎灘婼慝聃丑

(16) sn- 襄纕絮需璽獮隼產

(18) ɕn- 攘攝恕淰諗燒

(17) tɕn- 準

(19) k's- 僉檢譣

其实依照高本汉的原则去發現上古複輔音声母，遠遠不止十九種。高本汉所承認的谐声偏旁，应该拟测为複辅音，而高氏撇開不讲的，有彗声的"慧"(zx-)，埶声的"勢"(ɕŋ-)，辥声的"孽"(sŋ-)[1]，旨声的"詣"(tɕŋ-)，支声的"岐跂

40×15=600 (1201)

北京市电车公司印刷厂出品 七六·一

① 埶声的"藝"同。

俊枝茭"(tg-)，支声的"跂"(tk-)，氏声的"祇軝疧"(tg-)，歲声的"顤劌嚴"(sx-)，歲声的"穢"(s?-)，歲声的"劌"(sk-)，等等。①至於《說文》所說的諧声字，為高氏所不承認（或者是故意抹殺）的，那就更多。如谷声有"俗"(kz-)，公声有"松"(ks-)，盈声有"楹"(k'z-)，丙声有"更"(pk-)，號声有"饕"(t'-)，川声有"訓"(tx-)，并声有"荊"(tŋ-)，庚声有"唐"(kd-)，彥声有"產"(sŋ-)，多声有"宜"(tŋ-)等，不勝枚舉。上古的声母系統，能這樣雜亂無章嗎？所以我不能接受上古複輔音的擬測。

①有些地方，是高氏把字音弄錯了。如"均"從勻声，"勻"是喻四字，而高氏誤標為giwěn（喻三）；谷声有"欲慾浴鵒裕"，都是喻四字，而高氏把"欲慾浴鵒"誤標為giuk，"裕"誤標為giug（喻三）。

20

(23)

先秦33声母例字表①

(1) 帮母[p]

琫卜，風諷福；襆，封葑；邦剝；陂畀彼俾賁；悲鄙匕秘痹；非匪沸；逋餔布，膚甫付；箆閉；拜敗②；杯背；貝；擺；蔽；彬賓儐筆必；奔本；分粉糞弗；班版扮八；蕃反販髮；邊，鞭褊編變鼈；半撥；褒寶報；包飽豹；鑣飆表（虨）；波跛播；巴把霸；帮榜博；伯，兵丙柄；并餅摒辟；迸，鞞跰碧壁；掊；不③缶富；稟；砭貶窆，法；崩北；冰逼。

(2) 滂母[pʻ]

扑，豐賵蝮；峯覂；璞；披；丕紕嚭濞屁；菲斐費；鋪普怖，敷撫赴；批媲；肧醅；霈；

① 例字採自韵図（《七音略》、《韵鏡》），僻字不録。

②"敗"補邁切，破他曰敗。

③"不"甫鳩切。

有些字是先秦古書中沒有出現的，但我們可以假定有這个音。

派；湃；脈；續匹；噴；芬忿拂；礬盼；篇片瞥；潘判潑；翻；胞；漂縹剽；頗叵破；葩怕；滂，芳髣訪；烹拍，俜，劈；剖仆，副；品；汎。

(3) 並母［b］

蓬暴，馮鳳伏；僕；逢奉俸；龐雹；皮避陴被婢；裴佩；邳毗否備鼻；肥痱；蒲簿捕，符父附；倍；排，牌罷；鼙薜；僨敗；旆，蔽；吠；貧牝弼邲；盆勃；汾憤分佛；樸辯辨辮卞便別；盤伴畔跋；阪拔；袍抱暴，庖鮑；瓢摽驃；婆；爬；旁傍泊；房防縛；彭白，平病；並甓；浮婦復①；凡范梵乏；朋萠，凭憑。

(4) 明母［m］

蒙蠓木，瞢夢目；雺瑁；尨邈；縻彌靡弭；眉美郿寐；微尾未；無武務；模姥暮；迷米謎；

①"復"，扶富切。

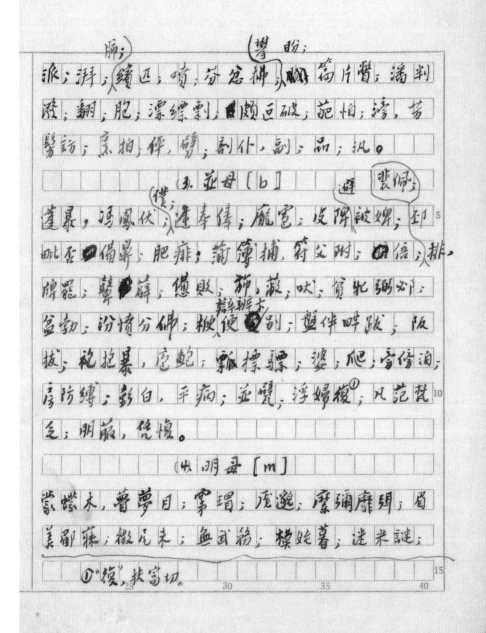

21

(24)

袂；眛；買賣；埋；邁；枚浼妹；黴；民珉泯愍
密蜜；文吻問物；晚萬韈；門懣悶沒；瞞滿
縵末；蠻慢；眠麪蔑；綿免緬面滅；苗眇妙廟；
茅卯貌；毛帽；摩麽磨；麻馬禡；茫莽莫；亡
罔妄；盲猛孟陌；明名皿命；甍夢，冥茗覓，
母茂，謀，繆謬；墨。

5. 端母[t]

東董凍，中竹；冬湩篤，冢瘃；椿戇斲；知智；
胝黹致，追；徵置；豬貯著；都覩妬，株拄駐；
等[1]戴；氐邸帝；對；帶，裰；珍鎮窒蛭；敦頓咄，
單亶旦怛；邅展哲；顛典殿[2]；端短鍛掇；轉囀
綴；刀倒到；啁罩；朝；貂鳥[3]弔；多嚲，朵；檛；
當黨，張長帳芍；打摘；貞；丁頂矴，登等嶝
德；徵陟，輈肘晝；兜斗鬥，磓敦搥𣪊；耽

①“等”，多改切。
②“殿”，都甸切。軍在前曰啟，後曰殿。
③“鳥”，都了切。

40×15=600(201)

北京市电车公司印刷厂出品 七六·一

忝，擔；霑輒；點店。

(6)透母[tʻ]

通桶痛禿，忡畜；統，傭①寵踵；慝；摛魑；絺；癡恥眙；攄楮；土兔，貙，胎貸；梯體替；骽(腿)退；太；吞，疢挾；椿黜；暾[illegible]；獺；灘坦炭闥；徹；天腆瑱鐵；湍疃彖，掾；饕討，超，挑朓糶；他拖，妥唾；侘姹詫；湯儻，倀昶暢；瞠坼；檉逞彳；汀珽聽逖；偷黈透，抽丑畜②；琛；探；覘鍤；添忝㮇怗；諂英榻。

(7)定母[d]

同動洞獨；彤毒，重躅；幢濁；馳豸，縋；墀雉緻，地，縋墜；治峙值③；除佇箸；徒杜渡；廚柱住；臺駘代，題弟第；頹隊；廌，大；兌；

①"傭"，丑凶切。

②"畜"，丑救切。

③"值"，直吏切。

22

(25)

陈紖陣秩，姪；屯囤鈍突，术；袒；壇但憚達，纏轍，田殄電；團斷段奪，椽篆傳；陶道導，桃棹，晁趙召；駝馱；墮惰；茶；堂蕩宕鐸；長丈仗著；棖宅，橙鄭擲，庭挺定狄；頭逗，儔紂胄；沈朕鴆蟄；覃禫醰沓，湛，甜簟牒；談啖蹋，騰鄧特，澄直。

(8) 泥母[n]

濃褥，醲；搦；尼膩；你；女；奴怒；能①乃耐，泥禰；餒内；奈；暱昵；嫩訥；難捺，赧，年撚涅；暖；猱腦，鐃橈，嬲尿；那，挼懦；挐；囊曩諾，孃(娘)釀；寧惄；能，匿；擩穀耨，狃糅；賃；南納，黏念捻。

(9) 來母[l]

籠弄祿，隆六；龍隴錄；犖；離邐詈，羸累；

①"能"，奴來切。

梨領利，纍壘類；釐里吏；驢呂慮；盧魯路，縷屢；來賚，黎禮麗，雷磊類；賴，酹；鄰嶙遴栗，論，倫律；斕，蘭嬾爛剌，連輦烈，蓮練；鑾(亂)(卵)捋，攣臠戀劣；勞老嫪，僚繚療，聊了；羅邏，嬴(螺)裸；郎朗浪落，良兩亮略；冷，領令，靈歷；楞稜勒，陵力；樓塿陋，劉柳溜，鏐；林廩臨立；婪壈拉，廉斂殮獵；藍覽濫臘。

(10) 照母[tʂ]

終衆粥；鍾腫種燭；支紙寘，捶惴；脂旨至，錐；之止志；諸鬻(煮)翥；朱主注；制，贅；真軫震質，諄準稕；饘戰折，專剸拙；昭沼照；遮者柘；征整政隻；蒸拯證職；章掌障灼；周帚呪；斟枕執；詹颭占讋。

(11) 穿母[tʂʻ]

充銃；衝觸；眵侈，吹揣；鴟，搋①；蚩齒熾；杵處；

①"搋"，春佳切。

23

(26)

樞；犫犨；瞋叱，春惷出；闡舛釧歜；[illegible]；車；昌敞唱綽；尺；赤；犨醜臭；觸；[illegible]。

(12) 神母 [dʑ]

舐；示；實，脣盾順術；舌，船；蛇射；射[1]；繩食；甚[2]。

(13) 日母 [ʑ]

戎肉；茸辱；兒尔，痿蘂；二，蕤蕊；而耳餌；如汝洳；儒乳孺；芮；人忍刃日，犉閏；然熱，軟爇；饒擾；穰攘讓弱；柔蹂；任荏絍；髯冉染。

(14) 喻母 [j]

融育；容勇用欲；移酏易；姨肄，惟唯遺[3]；飴以異；余與豫；逾庾裕；曳，銳[4]；寅引酳逸；匀尹聿；延演衍，沿兖掾悅；遙鷂燿；陽養漾藥；盈郢繹；營潁役；蠅孕弋；淫熠；鹽琰豔葉。

①"射"，食亦切。
②"甚"，食荏切。
③"遺"，以醉切。
④"銳"，以芮切。

(15) 審母 [ɕ]

叔；舂束；施弛翅；尸矢，水；詩始試；書暑恕；輸戍；世，税；申失，舜；羶扇設，說；燒少；奢捨舍；商賞餉鑠；聲聖釋；收首狩；升勝識；深沈濕；苫陝閃攝。

(16) 禪母 [ʑ]

孰；蜀；匙氏豉，垂睡；視嗜，誰；時市恃；蜍墅署；殊豎樹；辰腎慎，純；善折①，遄；韶紹邵；闍社；常上尚杓；成盛石；承剩寔；讎受授；諶甚十；剡贍涉。

(17) 莊母 [tʃ]

菑滓胾；菹阻詛；齋瘵；債；臻櫛；莊；札；爪；樝鮓詐，髽；莊壯斮；追；爭諍責，側；鄒皺；簪譖戢；斬蘸眨。

(18) 初母 [tʃʻ]

①"折"，常列切。

24

(27)

牕(窗)；差①；輜廁；釵搓；芻；嘬；差瘥；叉；櫬；剗剎；
鍤察；麤篡；煼(炒)抄；叉；[illegible]剏；柵；琤策；
測；攙[illegible]；讖；插。

(19)牀母[dʒ]

崇；漴潀；士事；鉏齟助；鶵；豺寨；柴；棧；潺；
撰饌；棠；[illegible]乍；牀狀；傖；崢賾；[illegible]；讒；岑；巉鑱。

(20)山母[ʃ]

縮；雙朔；釃躧徙；師，衰帥；史駛；疎所疏；數；
崽曬；革瑟；率；山產[illegible]；刷；刪潸訕殺；梢稍；
蕭灑；霜爽；生省索②；縮驟；色；森澀；摻霎。

(21)俟母[ʒ]

漦俟。

(22)精母[ts]

①"差"楚宜切。

②"索"山責切。

40×15=600 (1201)

北京市电车公司印刷厂出品 七六·一

㚇、緫稯(糉)鏓；宗綜；緃足；貲訾積①；咨姿恣，辭；兹子；觜；租祖作②，諏；哉宰載；齎濟霽；祭；最；津晉，尊卒，遵雋；煎翦箭，鐫；贊，𥳑劗薦節，鑽篹；糟早竈；焦勦醮；左佐，挫；嗟姐唶；臧駔葬作；將奬醬爵；精井積；菁績；增䁞，甑即；走奏，啾酒僦；祲浸；簪币(匝)，尖僭；接。

(23)清母[15]

怱樅從；雌此刺；次，翠；疽覰；麤(粗)厝，趨取娶；猜采菜，妻泚砌，𠊳倅；蔡，毳；親七，村忖寸猝，逡；遷淺竊，詮，餐粲攃(擦)，千倩切，竄撮；操草，鍫(鍬)悄陗；蹉瑳磋，脞剉；且；倉錯，鏘槍鵲；清請刺③，青戚；蹭；糙，秋；侵寢沁緝；參摻；憯，僉槧塹妾。

①"積"，子智切。
②"作"，臧祚切。
③"刺"，七迹切。

25

(28)

(24) 從母 [dz]

叢族，賨從；疵漬[1]；茨自，萃；慈字；咀；徂祚，聚；裁在，齊薺，摧罪；蕞；秦盡疾，存拵，崒；錢踐賊，全絕，殘瓚，前荐[2]截(截)；攢鄫；曹皂(皂)漕，樵噍；醝，坐座；藏昨，牆匠嚼；情靜淨籍，寂；層贈賊，繒；遒就；蕈集；蠶暫雜，潛漸捷。

(25) 心母 [s]

送速，嵩肅；鬆宋，淞悚粟；斯徙賜，髓；私死四，綏遂；思枲笥；胥絮，蘇訴，須；西洗細；碎，鰓賽，歲，辛信悉，孫損巽窣，荀筍恤；仙獮線薛，宣選雪，珊繖(傘)散，先銑霰屑；騷嫂(嫂)，蕭篠嘯，宵小笑；娑些[3]，莎鎖；些寫；桑顙喪索，相想削；騂省性昔，星醒錫；息；脩滫秀；涑叟，心；燮，銛。

①"漬"疾智切。

②"荐"在甸切。

③"些"蘇箇切。

(26) 邪母 [z]

松頌續；隨；兕、遂；詞似寺；徐敘；篲；燼、旬殉；涎羨、旋；邪灺謝；詳象；餳席；囚岫；尋習。

(27) 見母 [k]

公貢穀、弓菊；攻、恭拱供；江講絳覺；羇(羈)掎寄、媯規詭；飢几冀、龜軌癸媿季；姬紀記；機蟣既、歸鬼貴；居舉據；孤古顧、枸矩；該改溉、皆鍇誡、犗、雞計、傀憒、乖怪、夬、劌、圭桂；佳解懈、蓋、媧卦、儈；根艮、巾緊吉、昆骨、麕均橘、斤謹靳訖、君；閒簡澗、犍建訐、甄蹇揭、鰥刮、厥、絹、堅繭見結、干葛、姦諫戛、孑、官管貫括、關慣、卷眷蹶、涓畎玦；高誥、交絞教、驕嬌、驍皎叫；歌哿箇、戈果過；嘉賈駕、瓜寡；剛鋼各、薑繈腳、光廣郭；庚梗更格、京警敬戟、頸勁、觥礦、虢、璟、鵙、耕耿隔、經激、扃熲、蟈；亙、兢殛、國；

26

(29)

鉤苟遘，鳩久救，樛糾；金錦禁急；感紺閤，兼檢，頰，甘敢，監鑑甲，劫，劍。

(28)溪母[k']

空孔控哭，穹麴；恐曲；腔殼；綺企，虧闚跬，器棄，歸喟；欺起亟①；豈氣；墟②去；枯苦袴，區齲驅；開愷慨，揩楷，憩，谿啟契，恢塊，蒯，快，睽；虧，詰，坤閫困窟，闕，乞，屈；慳，揭，遣譴，闕，券缺，看侃渴，愆朅，牽俔，寬款闊，犬闋；尻考鎬(犒)，敲巧，磽鷇，蹻；珂可坷，科顆課；髂，誇髁跨；糠慷抗恪，羌却，曠廓；坑客，卿慶隙，輕（磬）傾頃，罄闃；肯刻，摳口寇，丘糗；欽泣；龕坎勘溘，恰，謙歉愜，闞檻；欠。

(29)群母[g]

窮；蛩共局；奇祇技芰，跪；耆跽逵葵揆匱悸；淇忌；

①"亟"，去吏切。

②"墟"，去魚切。

祈；渠巨遽；劬窶懼；僞；𩣡僅㚰佶，勤近，群郡㒖；健，虔，乾件傑，拳圈倦；喬嶠，翹；癄；伽；強，狂誑；擎競劇，擅；極；求臼舊，虯；琴噤及；儉，鉗笈；黔黚。

(30) 疑母 [ŋ]

䫏玉；嶽；宜螘(蟻)義，危僞；劓，疑擬；沂顗毅，巍魏；魚語御；吾五誤，虞麌遇；皚礙，騃，倪詣，睚，艾，外，刈；垠，銀，兀，崛；眼，言巘，頑刖，元阮，願月，岸，顏鴈，妍彥孽，研硯齧，玩；敖傲，聱樂①，堯；莪我餓，訛臥；牙雅迓，瓦；卬慃，仰虐；寓覬，迎逆；硬，藕偶，牛；吟岌；額，品頟，驗，巖，嚴，儼釅業。

(51) 曉母 [x]

烘，蓄；凶旭；犧戲，僖喜憙；希欷，暉虺諱；虛許嘘；

① "樂"，五教切。

呼虎，訏詡；咍海醢，灰賄誨，虺；喙。衅肸，昏忽，欣炘迄，薰訓；瞎，軒幰憲歇，暄，翾，罕漢，祆顯，歡喚豁，儇血；蒿好耗，虓孝，囂，曉；訶，火貨，靴；煆赫①，花化；臛，香響向謔，荒霍，亨嚇，馨，兄夐，謦，赩，黑，興；齁吼詬，休朽齅（嗅）；歆吸；顑，喊，闞，險，呷。

(32) 匣母 [ɣ]

洪閧縠，雄②；降項巷學；爲，帷，洧位；韋韙胃；于羽芋；衛，話，害，蟹邂，畫，會；痕很恨，隕，筠，魂混慁，雲運；閑限莧鎋，紇，袁遠越，寒旱翰曷，黠，賢峴見③，桓緩換活，還睆患滑，員瑗，玄泫縣穴；豪晧號，肴效，鴞；何荷賀，和禍；遐下暇，華；航沆涸，黃晃穫，行杏，橫蝗，王往旺；榮永詠，莖幸覈，刑婞脛檄，宏獲，熒迥；恒，弘；侯厚候，尤

①"嚇"，呼訝切。

②《廣韻》："雄"，羽弓切。"羽"是喻母三等字。這是古音的殘留。 ③"見"，胡甸切。

有宥；煨；合頜盒合，咸鹹陷洽，炎睞，嫌協。
酣憨蚶，銜檻狎，挾。

(33)影母［○］

翁甕屋，郁；沃，邕擁郁；𪊲；猗倚縊，逶委餧恚；伊懿；鷖意；依扆衣，威尉；於飫；烏鳴汙，紆傴嫗；哀欸愛，鷖翳，隈猥，謁，娃矮①隘，蛙，穢；恩，因印乙一，溫穩揾，殷隱，醖蘊；壒謁，鴛婉怨，安案遏，晏軋，焉，煙宴噎，宛椀(盌)斡，彎綰，噦，淵蜎抉；襖奧，妖殀(夭)，幺杳窔，要；阿，倭涴；鴉(鵶)啞亞；鶯泱盎惡，央鞅怏約，汪，枉；英影，嬰癭益，縈，罌厄，泓；膺應憶，謳歐(嘔)漚，優，幽黝幼，音飲蔭邑揖；諳晻暗，黯，淹掩，醃厭鴨。

①"矮"，烏蟹切。

A2 (14—30頁)

28

A3

(31)

(二)先秦的韵部

先秦共有二十九个韵部(戰國時代三十个韵部)，如下表[①]：

陰声		入声		陽声	
無韵尾	之部 ə	韵尾 -k	職部 ək	韵尾 -ŋ	蒸部 əŋ
	支部 e		錫部 ek		耕部 eŋ
	魚部 a		鐸部 ak		陽部 aŋ
	侯部 ɔ		屋部 ɔk		東部 ɔŋ
	宵部 o		沃部 ok		
	幽部 u		覺部 uk		[冬部] uŋ
韵尾 -i	微部 əi	韵尾 -t	物部 ət	韵尾 -n	文部 ən
	脂部 ei		質部 et		真部 en
	歌部 ai		月部 at		元部 an
		韵尾 -p	緝部 əp	韵尾 -m	侵部 əm
			盍部 ap		談部 am

①表中冬部是戰國時代的韵部，加方括號為記。

宋鄭庠分古韵爲六部：

(一)东冬鍾江陽唐庚耕清青蒸登；

(二)支脂之微齊佳皆灰咍；

(三)魚虞模歌戈麻；

(四)真諄臻文欣元魂痕寒桓删山先仙；

(五)蕭宵肴豪尤侯幽；

(六)侵覃谈鹽添咸銜嚴凡①。

鄭庠由宋代語音系统推测先秦語音系统，只知合併，不知分析，所以分韵嫌寬，按之《詩韵》，仍有出韵。

清初顾炎武開始離析唐韵。他以《诗经》实際用韵爲依据，把某些韵拆爲兩半，然後合併，這樣就得到古韵十部。單就平声来说，顾氏的

① 夏炘《诗古韵表二十二部集说》引鄭庠古韵用的是平水韵韵目，元熊朋来《熊先生经说》引鄭庠用的是唐韵韵目。今依《熊先生经说》。

29

(32)

古韵十部如下表：

(一)东冬鍾江；

(二)脂之微齊佳皆灰咍，支半，尤半①；

(三)魚虞模侯，麻半；

(四)真諄臻文欣元魂痕寒桓删山先仙；

(五)蕭宵肴豪幽，尤半；

(六)歌戈，麻半，支半；

(七)陽唐，庚半；

(八)耕清青，庚半；

(九)蒸登；

(十)侵覃談鹽添咸銜嚴凡。

顧氏的功绩在於他把支麻庚尤四韵拆開，各分屬兩部。即：

支韵分屬支歌兩部②，"支枝觿吹歧疷卑斯皉知麗"等

①所謂"半"，只是大概的説法，不是恰恰一半。

②顧氏未立韵部名称，這里加上韵部名称，以便了解。下文述及江永、段玉裁韵部时，仿此。

字屬支部，"為陂罷錡犧宜儀皮離羅施椅猗池馳"等字屬歌部；

麻韻分屬魚歌兩部，"華家奢邪牙爬瑕葭罝闍"等字屬魚部，"麻嘉差沙"等字屬歌部；

庚韻分屬陽耕兩部，"庚羹喤祊觥彭京䔥橫兵亨英明盟兄衡珩祊迎"等字屬陽部，"平苹驚鳴荊瑩生鏗牲笙"等字屬耕部；

尤韻分屬之幽兩部，"尤郵牛丘裘謀"等字屬之部，"鳩憂留流秋州"等字屬幽部。

江永把古韻分為十三部，比顧炎武多三部，即：

(1)顧氏的魚宵兩部，江氏分為魚宵幽三部；

(2)顧氏的真部，江氏分為真元兩部；

(3)顧氏的侵部，江氏分為侵談兩部。

江氏是經過詳細分析，才得出這个結論的。他也是離析唐韻：

虞韻分屬魚幽兩部，"娛訏芋夫膚"等字屬

30

(33)

鱼部，"愚隅株殳芻濡渝驅趨蔞躕駒"等字属幽部（当属侯部，见下文）；

萧韵分属幽宵两部，"萧潇條聊"等字属幽部，"佻苕僚哓"等字属宵部；

宵韵分属幽宵两部，"陶傜"等字属幽部①，"夭骄苗消飘昭"等字属宵部；

肴韵分属幽宵两部，"胶呶怓茅包苞匏炮"等字属幽部，"殽巢"等字属宵部；

豪韵分属幽宵两部，"牢醪櫜滔慆骚袍陶绹翱敖曹漕"等字属幽部，"號劳高膏蒿毛旄刀忉桃敖"等字属宵部；

先韵分属真元两部，"天坚贤阗年颠巅渊玄"等字属真部，"肩"等字属元部；

覃韵分属侵谈两部，"骖南男湛潭"等字属侵部，"涵"等字属谈部；

谈韵分属侵谈两部，"三"等字属侵部，"谈惔餤

① 其实宵韵没有幽部字，"陶"字属豪韵，只有皋陶的"陶"属宵韵。"傜"字在先秦当属宵部，不当属幽部。

甘藍"等字屬談部；

藍韻分屬侵談兩部，"綅潛"等字屬侵部，"詹瞻襜"等字屬談部。

~~這裏從江永之說。~~

~~段玉裁分古韻為十七部，比江永多四部~~

江氏另分入聲為八部：

(一)屋部（屋燭，沃半，覺半）

(二)質部（質術櫛物迄沒，屑半，薛半①）

(三)月部（月曷末黠鎋薛半，屑半）

(四)鐸部（藥鐸，沃半，覺半，陌半，麥三分之一，昔半，錫半）

(五)錫部（麥三分之一，昔半，錫半）

(六)職部（職德，麥三分之一）

---

①江氏於質部收"設徹"二字。從諧音的系統性看，"設徹"二字當依江有誥歸月部。

(七)緝部（緝、合半、葉半、洽半）

(八)盍部（盍葉帖業狎乏，合半、葉半、洽半）

江氏看見了入声的獨立性，入声另立韵部，都是很合理的。但是他分析还不够细：屋部应分為屋覺兩部，質部应分為質物兩部，錫部应分為錫沃兩部。

段玉裁分古韵為十七部，比江永多四部，即：

(1)江永的脂部，段玉裁分為支脂之三部；

(2)江永的真部，段玉裁分為真文兩部；

(3)江永的幽部，段玉裁分為幽侯兩部。

段氏的最大功績是把支脂之分為三部。他說："自三百篇外，凡群經有韵之文及楚騷諸子、秦漢六朝詞章所用，皆分别謹嚴。"事實上確是如此。至於真文分立、幽侯分立，段氏也是對孔氏也能離析唐韵。他把东韵分屬兩部，"中宮蟲螽忡窮沖彤戎融終潨宗"等字屬冬部，"僮公东同蓬童功空"等字屬东部。

正確的。

段氏也能離析唐韵。他把真韵分屬兩部。"姻駰因新薪臣人仁神親申身賓濱鄰麟陳塵頻蘋民"等字屬真部，"振麕緡貧巾囷閔晨辰禋昒"等字屬文部。

孔廣森分古韵爲十八部[①]，比段玉裁多了一部。他的古韵分部和段氏不同之點是：

(1)他把段氏的东部分爲东冬兩部[②]；

(2)他把段氏的侵談兩部分爲侵談緝三部；

(3)他把段氏的真文兩部併爲一部。

孔氏的功績是發現一个獨立的冬部。

孔氏首創"陰陽對轉"的學說。所謂"陰"，指元音收尾的韵部；所謂"陽"，指鼻音收尾的

---

①孔廣森《詩聲類》說："近世又有段氏《六書音均表》出。"可見他采用了段氏支脂之三部分立之說。

②段氏晚年也承認孔氏东冬分立是對的。見段氏《江氏音學序》。

32

(35)

韵部。只要元音相同，陰陽可以对转（如a, aŋ对转）。孔氏所定的对转系统是：

(1) 歌部——元部①

(2) 支部——耕部

(3) 脂部——真部

(4) 魚部——陽部

(5) 侯部——东部

(6) 幽部——冬部

(7) 宵部——侵部

(8) 之部——蒸部

(9) 緝部——談部

歌元对转(ai-an)，脂真对转(ei-en)，魚陽对转(a-aŋ)，侯东对转(ɔ-ɔŋ)，幽冬对转(u-uŋ)，之蒸对转(ə-əŋ)都是正确的，只有宵侵对转是靠不住的。緝談对转不是陰

北京市电车公司印刷厂出品 七六·一

40×15=600

(1) 為了统一名称，我们改变孔氏原用的韵部名称。下面関於戴震、王念孙、江有诰、章炳麟、黄侃韵部名称，準此。

陽对转，而是陽入对转。孔氏認為古無入声，却又認為古有一个入声韵部——緝部，這是自相矛盾。而且他的緝部應該分為緝盍兩部，緝侵对转，盍談对转。而他沒有這樣做，這是他不够精密的地方。

戴震把古韵分為九類二十五部①，如下：

(一)	1.歌部	2.魚部	3.鐸部
(二)	4.蒸部	5.之部	6.職部
(三)	7.东部	8.侯部	9.屋部
(四)	10.陽部	11.宵部	12.沃部②
(五)	13.耕部	14.支部	15.錫部
(六)	16.真部	17.脂部	18.質部
(七)	19.元部	20.祭部	21.月部

① 段玉裁、孔廣森都是戴震的學生，但是戴氏的古韵學說在段孔之後，所以我們把戴氏放在後面叙述。

② 戴氏屋沃兩部字很亂，這里只講一个大概。

33

(36)

(八) 22.侯部 — 23.緝部

(九) 24.談部 — 25.盍部

戴震自己说：如果入声不算，古韵是十六部。他和段玉裁的十七部相比，不同之点是：~~因为他没有把真文分为两部。而他这样做是错误的。~~

(1)段氏侯幽分立，戴氏合併；

(2)段氏真文分立，戴氏合併；

(3)段氏没有祭部，戴氏有祭部。

他的功绩是發现一个祭部。而他把侯幽合併，真文合併，則是錯误的。

戴氏以陰陽入三声相配，這个原則是很好的。但是，他对具体韵部的陰陽入相配，則有很多錯误。其中最嚴重的錯误有兩點：(1)歌部應屬陰声（如孔广森所定），而误作陽声；(2)祭部原是古入声字，應与月部合為一部（譬与月只有長入短入的分别），戴氏把祭部認为陰声，是错误的。

王念孫把古韵分為二十一部，比段玉裁多四部，即：

(1)段氏把真質合為一部（質作為真的入声），王氏分為兩部（把質部叫做至部）；

(2)段氏把月部認為脂部入声，王氏把月部獨立出来（叫做祭部，包括戴震的祭月兩部）；

(3)段氏把緝部認為侵部入声，王氏把緝部獨立出来。

(4)段氏把盍部認為談部入声，王氏把盍部獨立出来。

王氏的功绩在於他發现了質部（至部）。

江有诰把古韵分為二十一部，基本上和王念孫相同，只是他採用了孔廣森的冬部，不接受王念孙的質部(至部)。

章炳麟分古韵為二十三部，他接受王念孙、江有诰的古韵分部，另從脂部中分出一个隊部。

章炳麟的功绩在於發现一个隊部。但是他的概念不明確。在《文始》中，章氏說："隊脂相近，同居互轉，若聿出内术戾骨兀鬱勿弗卒諸声，谐韵則《詩》皆獨用，而'自隹靁'或与脂同用。"在《國故論衡·二十三部音準》中，章氏却以"追惟靁"等字屬脂部，而以隊部為去入韵。後来黄侃採取他的後一説，叫做沒部，也就是我们所谓物部。

黄侃分古韵為二十八部，比章炳麟多五部，即：章氏的之支魚侯宵幽六部，黄氏分為支錫、魚鐸、侯屋、宵沃、幽、之職十一部①。

①黄氏根據他的"古本韵"的学説，把先秦韵部的名称都改了：1.歌戈(=歌)；2.灰(=脂)；3.齊(=支)；4.模(=魚)；5.侯(=侯)；6.豪(=宵)；7.蕭(=幽)；8.咍(=之)；9.寒桓(=元)；10.先(=真)；11.痕魂(=文)；12.青(=耕)；13.唐(=陽)；14.东(=东)；15.冬(=冬)；

黄氏的功绩是陰陽入三分。入声完全獨立。他继承了戴震的传统，比戴震分得更细些。戴氏真文不分，侯幽不分，質物不分，黄氏分了，所以他的二十八部比戴氏的二十五部多了三部。可惜的是他拘泥於"古本韵"学说，没有把沃觉两部分立。

王力分先秦古韵為二十九部，戰國時代三十部。這三十部比黄侃多了两部，即：

(1)黄侃合沃觉為一部，王力分開了；

(2)黄侃合脂微為一部，王力分開了。

脂微分立是王力的發現。他從章炳麟早年在《文始》中把"自隹靁"等諧声偏旁歸入隊部這一件事得到啟發，並在他所寫的《南北朝詩人用韵考》中得到證明，脂微兩部直到南

16.登(=蒸)；17.覃(=侵)；18.添(=談)；19.曷末(=月)；20.屑(=質)；21.沒(=物)；22.錫(=錫)；23.鐸(=鐸)；24.屋(=屋)；25.沃(=沃)；26.德(=職)；27.合(=緝)；28.怗(=盍)。

北朝時代还是分立的。

王力也能剖析唐韻：

脂韻分屬兩部，"私飢祁夷遲姨脂眉湄師蓍騤氐毗茨葵尸資郿祗"等字屬脂部，"追蕤衰帷惟維遺纍綏錐雖騅誰椎推蓷鎚槌藟"等字屬微部；

皆韻分屬兩部，"皆偕稭階湝喈諧儕癠"等字屬脂部，"懷槐淮排"等字屬微部。

王力的入聲韻部收字比黃侃入聲韻部收字多，詳見下文先秦古韻例字表。

由上文可見，從顧炎武算起，積累三百多年音韻学家的研究成果，我们对先秦的韻部系统，才得到一个比較可靠的結論。

先秦韻部的音值拟测問題

先秦韻部系统问題解决了，先秦韻部的音

值問題还沒有解決，音韵学家们还没有一致的意見。

我在《汉语音韵学》中说：“古韵学家只知道分析韵部，不知道研究各韵的音值①。”這話說得不对。古代音韵学家所謂“古本韵”，就是先秦古韵的音值。段玉裁说：

“之者，音之正也；咍者，之之变也。蕭宵者，音之正也；肴豪者，蕭宵之变也。尤侯者，音之正也；幽者，音之变也。魚者，音之正也；虞模者，魚之变也。蒸者，音之正也；登者，蒸之变也。侵者，音之正也；鹽添者，侵之变也。嚴凡者，音之正也；覃談咸銜者，嚴凡之变也。冬鍾者，音之正也；东者，冬鍾之变也。陽者，音

① 王力《漢語音韵学》，397页。

36

(39)

之正也；唐者，陽之變也。耕清者，音之正也；庚青者，耕清之變也。真者，音之正也；先者，音之變也。諄文欣者，音之正也；魂痕者，諄文欣之變也。元者，音之正也；寒桓刪山仙者，元之變也。脂微者，音之正也；齊皆灰者，脂微之變也。支者，音之正也；佳者，支之變也。歌戈者，音之正也；麻者，歌戈之變也。大略古音多斂，今音多侈。①”

這是以今音證古音。段氏的意思是，古本韻還保存在今天的口語中。所謂古斂今侈，是說古多細音（齊齒、撮口），今多洪音（開口、合口）。若用音標表示，段氏古韵十七部的音值是：

（1）之部[i]　　（2）宵部[iau]

① 段玉裁：《六書音均表·古十七部音變說》。

40×15=600 (1201)
北京市电车公司印刷厂出品 七六·一

(3) 幽部 [iu]　　(4) 侯部 [əu]

(5) 魚部 [y]　　(6) 蒸部 [iaŋ]

(7) 侵部 [im]　　(8) 谈部 [iam] [yam]

(9) 东部 [iuŋ]　　(10) 陽部 [iaŋ] [yaŋ]

(11) 耕部 [ieŋ] [yeŋ]　　(12) 真部 [in] [yn]

(13) 文部 [ian] [yan]　　(14) 元部 [ian] [yan]

(15) 脂部 [i] [ui]　　(16) 支部 [i] [ui]

(17) 歌部 [o] [uo]

這樣，上古支脂之三部的读音就没有分别了。所以他晚年写信给江有誥，問江氏是否確知支脂之分为三之本源，"僕老耄，倘得聞而死，豈非大幸也！"

黄侃对先秦古韵音值的拟测，与段氏大不相同。他以只有古本纽（即古声母）的韵为古本韵，按照今音定為古音。若用音標表示，

37

(40)

黄氏所拟测先秦古韵二十八部的音值如下表：

(1)之部(咍)[ai]	(2)職部(德)[ək]
(3)宵部(豪)[au]	(4)沃部(沃)[ᵒuk]
(6)冬部(冬)[ᵒuŋ]	(7)侯部(侯)[ou]
(8)屋部(屋)[ᵒuk]	(9)东部(東)[ᵒuŋ]
(10)魚部(模)[u]	(11)鐸部(鐸)[ok][uok]
(12)陽部(唐)[aŋ][uaŋ]	(14)侵部(覃)[am]
(15)緝部(合)[ap]	(16)談部(添)[iam]
(17)盍部(怗)[iap]	(18)耕部(青)[iŋ][yŋ]
(19)真部(先)[ian][yan]	(20)文部(痕魂)[en][uen]
(21)元部(寒桓)[an][uan]	(22)脂部(灰)[uei]
(23)沒部(沒)[uet]	(24)支部(齊)[i][yi]
(25)錫部(錫)[ik][yk]	(26)歌部(歌戈)[o][uo]
(27)月部(曷末)[at][uat]	(28)質部(屑)[iat][yat]
(5)幽部(蕭)[iau]	(13)蒸部(登)[eŋ][ueŋ]

前人所謂古本韵，或只有洪音，沒有細音；或只有細音，沒有洪音。因此，即使是同部的字，如果与古本韵洪細不同，也必须改读。例如《诗经·魏風·伐檀》首章叶"檀干漣廛貆餐"，本来已经很谐和了，而江有诰还要读"檀"为徒連反，读"干"为"飦"（居言反），读"餐"为"還"①，因為他認為元韵（包括仙韵）是古本韵。黄侃读来，正好相反，他对於"檀干餐"並不改读，反而读"漣"為"蘭"，读"廛"為"檀"，读"貆"為"桓"，因為他認為寒桓韵是古本韵。其实江有诰、黄侃的古韵音值拟測都是错误的。如果上古"檀廛"同音，"干飦"同音，"漣蘭"同音，"餐還"同音，後來就沒有分化的條件了②。

古本韵说是不科学的。語言是發展的。

① 见江有诰《诗经韵读》卷一。

② "貆"字在《廣韵》有况袁、胡官、呼官三切，這是一字三音，既不能证明古读况袁切，也不能证明古读胡官切或呼官切。

先秦古韵，经过两千多年的多次演变，决不能直到今天还原封不動地保存着古读。应该承認，绝大多数的先秦古韵音值到今天已经起了很大变化，乃至面目全非。這樣拟測，才是合乎比較語言學原則的。

古本韵说又是和陰陽对轉衝突的。例如段玉裁把魚部拟测为[y]，陽部拟测为[iang]，黄侃把魚部拟测为[u]，陽部拟测为[ang]，[uang]，魚陽元音不同，怎麽能对轉呢？黄侃的歌寒对轉（o：an），之蒸对轉（ai：eng）等，也有同樣的毛病。古本韵说在陰陽对轉的问题上，是到處碰壁的。

高本漢的上古韵部音值，打開了一个新的局面。他的古韵分部，基本上是採用王念孙、江有诰的；至於古韵音值的拟測，則是

~~别调甚图的。他的拟测如下表：~~④

1. 歌部甲②（包括歌部大部分字） a ①
（包括魚部大部分字）
2. 魚部甲 o
侯部甲
3. （即我们的侯部字） u
4. 元部 an
5. 月部入声 at
月部去声 ad
6. 歌部乙（"果火妥哀毁委此彌頭"等字） ar
7. 真部 en
8. 質部去声 et
質部 声 ed

③ 高氏歌部分為 â, a 等，魚部分為 o 等。今只舉其大概。下仿此。

④ 这些字很杂，"果妥"屬我们的歌部（但"毁"在微部），"火哀毁"在我们的微部，"此彌"在我们的支部。

① 参看 Karlgren: Grammata Serica, 124–450页。

② 高氏未立部名，部名是我加的。

~~③ 高氏未用国際音標，今改為国際音標。下仿此。~~

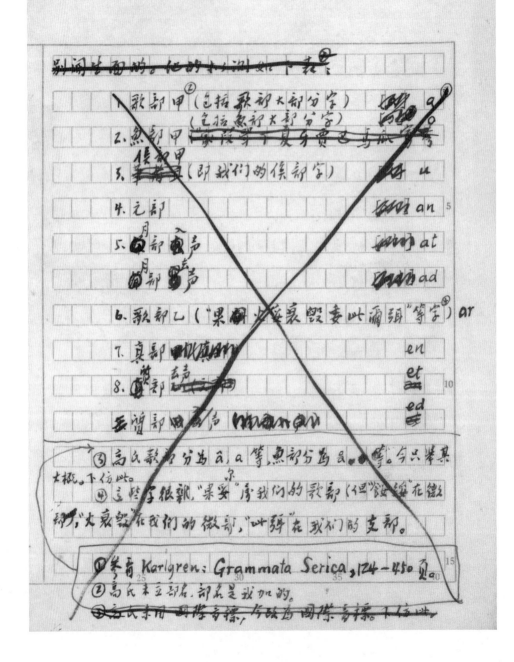

39

(42)

别间生面的。他的拟测如下表①：

(1) 元部②	an③
(2) 月部甲（入声）	at
(3) 月部乙（去声）	ad
(4) 文部	ən
(5) 物部甲（入声）	ət
(6) 物部乙（去声）	əd
(7) 脂部（包括我们的脂微两部）	ər
(8) 歌部甲（"果火妥綏衰毀委此彌尔"等字④）	ar
(9) 真部	en

④ 這些字很雜，"果妥尔"属我们的歌部，"綏火衰毀"属我们的微部，"此彌"属我们的支部。

② 高氏未立部名，部名是我加的。

③ 高氏元部细分为 ân, an, ăn 等，這里只举其大概。下仿此。

① 参看高本汉《中古及上古汉语语音学简编》（1954年英文本）。

北京市电车公司印刷厂出品 七六·一

(10)質部甲（入声）	et
(11)質部乙（去声）①	ed
(12)談部	am
(13)盍部	ap
(14)侵部	əm
(15)緝部	əp
(16)陽部	aŋ
(17)魚部甲（鐸部入声）	ak
(18)魚部乙（鐸部去声）	ag
(19)之部甲（職部入声）	ək
(20)之部乙（我们的之部及職去）	əg
(21)蒸部	əŋ
(22)耕部	eŋ
(23)支部甲（錫部入声）	ek

①高氏文物真質四部收字相当乱，和我们不一致。

(24) 支部乙（我们的支部及锡去） eg

(25) 宵部甲（沃部入声） ok

(26) 宵部乙（我们的宵部及沃去） og

(27) 幽部甲（觉部入声） ôk

(28) 幽部乙（我们的幽部及觉去） ôg

(29) 冬部 ôŋ

(30) 侯部甲（屋部入声） uk

(31) 侯部乙（屋部去声） ug

(32) 东部 uŋ

(33) 魚部丙（我们的魚部） o

(34) 侯部丙（我们的侯部） u

(35) 歌部乙（我们的歌部） a

這里有許多問題要討論。

(1) 関於之支魚侯宵幽六部

中國传统音韵学分為兩派：考古派和審音

北京市电车公司印刷厂出品 七六·一

40×15=600 (1201)

派。考古派以顾炎武、段玉裁为代表，他们不承认入声独立；审音派以江永、戴震、黄侃为代表，他们承认入声独立。孔广森、王念孙、江有诰、章炳麟也尊考古派，孔广森认为除缉部外，古无入声，王念孙只承认月质缉盍四部独立，江有诰只承认月缉盍三部独立，不承认之支鱼侯宵幽六部的入声独立。章炳麟乾脆否认这六部有入声①。

为什么考古派不承认之支鱼侯宵幽六部的入声独立，甚至不承认它们有入声呢？这是因为，这六部的字，平上去声和入声之间有密切关系，不但在谐声偏旁（如叔声有"椒"，寺声有"特"），而且在押韵方面（如《诗经·周南·关雎》"芼""乐"押韵，《小雅·大东》"来""服"押韵），都有不可分

①章氏说："古音本无药觉职德沃屋烛铎陌锡诸部，是皆宵之幽侯鱼支之变声也"（《国故论衡》上，三十页）。

亂的现象。我早年是考古派，没有把職錫鐸屋沃覺從之支魚侯宵幽六部中分離出來。後來我在1954年講授汉语史，在擬測先秦韵部音值時遭遇困难。如果說，這六部在上古根本沒有入声，這是講不通的，因為如果是那樣，後代這六部的入声從何而來？如果說，這六部終有入声，但是這些入声字的韵母与平上声字的韵母相同，只是念得短促一點（段玉裁大概就是這樣看的），那应該就像現代吳語一樣，入声一律收喉塞音[ʔ]。那也不行。如果這六部入声都收喉塞音，其餘各部入声也应該都收喉塞音，那麼，後來怎能分化為-k、-t、-p三種入声呢？事实逼着我们承認上古從一開始就有-k、-t、-p三種入声，而我只好承認之支魚侯宵幽六部都有收-k的入声。于是我由考古派变成了審音派。

40×15=600 (1201)

北京市电车公司印刷厂出品 七六·一

高本漢另有一種巧妙的擬測，他把之支宵幽四部的字都擬成入声字，平上去声擬測為-g，入声擬測為-k。我們知道，漢語音韵所謂入声字，是收塞音韵尾的，無論是-k，-g，-t，-d，-p，-b，都該認為是入声字。這樣，高本漢不但不同於審音派，而且不同於考古派。考古派不承認這四部入声独立成部，甚至不承認這四部有入声，而高本漢正相反，他把這四部全都歸到入声韵部里去，這在傳統音韵学是格格不入的，而且是不合理的。

高本漢魚侯兩部各分為三類。魚侯甲類是平上声字以及与入声不發生関係的去声，擬測為o，uo；乙類是入声字~~与入声関係的去声~~字，擬測為ok，uk；丙類是与入声發生関係的去声字，擬測為og，ug。這种做得很不徹底莫声有"模"，尃声有"博"，鱼部入声不也与平声发生关系吗？娄声有"数"（"数"字有所矩、所句、所角三切），具声有"俱"，有"輂"（居玉切），朱声有"咮"（"咮"又同"噣"，有都豆、陟救、竹角三切），取声有"趣"，"趣"又通"促"，侯部平上声不也与入声发生关系吗？陆志韦、董同龢都批评了高本汉的不彻底，他们把高本汉的鱼部甲乙两部併为一部，一律拟测为 ag，侯部甲乙两部併为一部，一律拟测为 ug。彻底是彻底了，但是更加不合理了。据我所知，世界各种语言一般都有开音節（元音收尾）和闭音節（辅音收尾）。个别语言（如哈尼语）只有开音節，没有闭音節；但是我们没有看见过只有闭音節、没有开音節的语言。如果把先秦古韵一律拟测成为闭音節，那将是一种虚构的语言。高本汉之所以不彻底，也许是为了保留少数开音節。但是他的闭音節已经足够多的了，仍舊可以认为是虛構的语言。

把之支魚侯宵幽六部拟测为 -g、-k 兩種韵尾，也是站不住脚的。大家知道，汉语入声字的塞音韵尾都是一種唯闭音（只有成阻，没有除阻，叫做“不爆破”），唯闭音要听出清濁兩種塞音来是困难的，它不像英语的塞音收尾一般是爆破音，清濁可以分辨出来。因此，高氏的 -g、-k 分立也是一種虛構。

高氏把平上去声拟测成为濁尾，入声拟为清尾（不但之支魚侯宵幽六部是這样，其他各部也是這样），這樣造成入声与平上去三声的对立，也是不对的。段玉裁说：“古平上為一類，去入為一類。上与平一也，去与入一也。上声備於三百篇，去声備於魏晋。”段氏的话完全正確。黄侃赞成段氏古無去声之說，把与入声有關的去声字（即高氏收-g）都歸到入声韵部里去，也是对的。高氏把關係密切的去入声析成兩類，把關係疏遠的上去声合成一類，則是完全錯誤的。

(2)關於微脂歌物質月六部

高本漢对於微脂歌物質月六部的擬測，也有許多不合理的地方。

脂微应分為兩部，質為脂之入，物為微之入。高氏不知道脂微分立，這是他的缺點。

高氏於脂部字和歌部一小部分字都擬測一个-r尾，這是從諧声偏旁看問題。斤声有“旂”，軍声有“輝”等，文微对轉，高氏以為文部既收音於-n，微部（高氏併入脂部）應該收音於-r（-n与-r發音部位相同）。高氏的歌部甲。果声有"裸"，尔声有"獮"等。高氏以為可見-n、-r相通；妥声有"綏"，衰声有"蓑"（"衰"即"蓑"的本字）等，高氏以為脂微既收尾於-r，歌部甲也应收尾於-r。這些論據都是很脆弱的。現在我们把脂微歌三部拟測為-i尾，-i是舌面元音，不是也可以和舌面-n尾对轉嗎？

高氏把物質月各分兩類，去声收-d，入声收-t，陸志韋、董同龢更進一步，把脂微兩部也一律收-d。這个錯误和高氏把之支魚侯宵幽六部拟測為-g、-k的錯误是一樣的。唯閉音韵尾不可能有清濁音。去入為一類，不宜分為兩類。陸志韋把歌部拟測為收-g，那更可怪了。

（3）関於陰陽对轉

孔廣森陰陽对轉学説，是很大的發明。陰

陽对轉，可以解释谐声偏旁，可以解释通假，可以解释合韵（不完全的。如《诗经·郑风·女曰鸡鸣》以"赠"dzəŋ叶"来"lə）。我们可以由此判断古韵拟测是否合理。高本汉把歌月元拟测為a:at(ad):an，侯屋东拟测為u，uk(ug):uŋ等，是合乎原则的①。至於他把魚部拟测為o，却又把鐸陽拟测為ak(ag):aŋ，那就不合乎陰陽对轉的原则了，对於上古"莽"读如"姥"，"亡"读為"無"，就不好解释了。

（4）关於等呼

依照前人"古本韵"的理論，对於上古韵部音值的拟测，没有等呼的问题。因為如果古本

① 我并不同意他把侯屋东拟為u：uk(ug)：uŋ。我只是说，按陰阳对轉的原则说，他既把侯拟测為u，就不能不把屋东拟测為uk(ug)：uŋ。

韵是洪音，就没有細音；如果古本韵是細音，就没有洪音。古本韵只有一个等，没有几个等，所以没有等呼问题。但是，上文说过，古本韵的理論是不符合比較語言學原則的。一个上古韵部，到了中古分化為几个韵，那麼，中古這几个韵的字的韵母在上古必然不完全相同，或者是韵头不同，或者是主要元音不同。高本漢採用的是後一種方式，即主要元音不同。試舉先秦古韵元部為例：

開一寒 ân 干安單歎看檀旦难攤侃散

合一桓 wân 官冠桓團潘鑽算澣

開二删 an 姦菅顏潸晏諫雁慢赧訕汕

合二删 wan 関还班蠻患慣串篡宦皖板

開二山 ăn 间閑山简綻僝產辦蕑澗

合二山 wăn 頑①

①"頑"删韵字，高氏依《韵镜》入山韵。

45

(48)

开三元 ǎn 轩言建揵鍵騫献巘

合三元 wǎn 元袁原源冤烦樊番喧怨反

开三仙 i̯an 乾褰仙延綫遷免面賤羨变

合三仙 i̯wan 權拳圓宣缘喘卷眷绢

开四先 ian 邊骈研肩前顯見宴徧片

合四先 iwan 涓翾縣懸夐

這樣，先秦古韵元部共有三个主要元音：ân, an, ǎn。這恐怕是不符合事实的。《诗经》用韵是很谐和的（段玉裁有《古音韵至谐说》），决不会是不同的几个元音通韵。我们不应该用拟测韵摄的方法拟测先秦的韵部。现在我们採用的拟测是：同韵部开合四等的分别只是韵头的不同，不是主要元音不同。我们认为：开口一等无韵头，二等韵头e（或全韵为e），三等韵头i̯，四等韵头i；合口一等韵头u，二等韵头o，三等韵头ĭ，四等韵头i。这样，先秦古韵元部的音值是：

开一寒 an　　　　合一桓 uan

开二删山 ean　　　　合二删山 oan

开三元仙 ĭan　　　　合三元仙 ĭuan

开四先 ian　　　　合四先 iuan

删山本是一韵，元仙本是一韵①，所以不必加以区别。其余各部照此类推。

此外还有一个唇音开合口的问题。在《广韵》反切中，唇音开合口的系统相当乱，主要是三等字。例如"变"字读方眷切，"眷"属合口，所以《韵镜》把"变"字归入合口三等。其实"变"字应该属开口，高本汉把它归入开口三等是对的，《七音略》仙韵合三不收"变"字也是对的。高本汉

①元部三等喉牙音和三等合口唇音后来变为元韵，其余变为仙韵。

46

A4

(49)

解释這種脣音開合混亂的現象，認為合口呼是韵头圆脣，所以脣音開口字容易被誤会為合口。高氏的話是有道理的。但是他所分的脣音開合口尚未十分恰当。例如他把"慢"字归開口，而"蛮"字归合口，"蛮""慢"同音異調，怎能有開合口的不同？应该認為，"蛮"字也屬開口。《廣韵》中一部分脣音合口三等字，应该改為開口三等。列表如下：

支韵①	陂彼
脂韵	悲丕邳鄙嚭郿濞秘
真韵	愍
仙韵	辯免变褊缅面滅②
庚韵	兵平明丙皿柄病命
昔韵	碧

① 举平声包括上去入。

② "褊缅面滅"是假四等，真三等。

40×15=600

北京市电车公司印刷厂出品 七六·一

以上關於先秦韻部音值的討論，是為了說明本書的擬測系統的。

先秦29韻部例字表①

(1)之部[ə]

開一[ə] 哉來偲臺萊才采戴紿宰在怠改海能災待財駘態辭旗字寺，備；←霾薶埋②。

合一[uə] 佩鋂梅脢悔晦痗每媒倍；畝母；怪③。

開三[iə] 絲治思淇姬甾期塒貽其騏狸基時矣箕詩僛飴熹茲趾子沚事祀以李裏已耳齒止俟涘里杞士喜屺鯉耜祉芑試仕史使似恃梓恥起耔敏薿杞；鄙駓秠丕。

① 例字採自段玉裁《詩經韻分十七部表》、《群經韻分十七部表》，適當地增減一些字。

② "霾埋"等字後來變入二等。

③ "怪"字後來讀入二等。

47

(50)

合三[ĭuə] 訧謀尤丘裘郵牛紑友否有久右婦玖負舊疚祐肬侑；龜洧鮪。

(2) 職部[ək]

開一[ək] 克得特北德忒則螣賊黑匐慝塞纆默；革麥；戒。①

合一[uək] 國或惑；馘②

開三[ĭək] 識食翼式側弋極飾力直息襋棘億稷飭敕穡色亟薿織；異意。

合三[ĭuək] 緎域蜮；囿或牧伏福服；富葍。

(3) 蒸部[əŋ]

開一[əŋ] 憎增恒崩朋騰登縢。

合一[uəŋ] 薨肱。

開三[ĭəŋ] 繩掤升興承懲兢勝冰陾馮膺陵凝凌仍孕。

①"戒革麥"後來轉入二等。

②"馘"後來轉入二等。

合三 [i̯uaŋ] 弓夢雄。

(4) 支部 [e]

闭二 [e] 佳鞵解懈邂街厓崖睚。

合二 [oe] 卦挂絓刲蛙鼃。

闭三 [i̯e] 支知斯枝岐伎技訾此祇虒兒卑疧粺埤企跂翅只咫是氏。

合三 [i̯ue] 危規窺闚跬恚。

闭四 [ie] 提隄鞮題倪霓奚谿蹊徯。

合四 [iue] 鑴圭攜桂奎閨畦。

(5) 錫部 [ek]

闭二 [ek] 簀責册隔厄軛㲉；隘派。

合二 [oek] 畫。

闭三 [i̯ek] 易辟刺揥適益讁蜴；賜譬脊避。

合三 [i̯uek] 役。

闭四 [iek] 皙翟鬄錫甓鷊惕績滑踖蹢霹狄覓鬩迹歷荻鼏；帝。

合四 [iuek] 鶪。

48

(51)

(6) 耕部 [eŋ]

開二 [eŋ] 嚶耕爭。

合二 [oeŋ] 轟。　　敬荊生甥笙牲平命領萍鳴令。①

開三 [ieŋ] 成城盈征旌營聲清名正蜻菁

姓莖驚檉醒政程楨性嬴敬聘騁，鶯。

合三 [iueŋ] 縈營瓊傾瓊頃穎穎。

開四 [ieŋ] 丁星青庭寧聽冥定經屏靈涇馨刑

霆零苓。

合四 [iueŋ] 熒垌扃炯迥。

(7) 魚部 [a]

開一 [a] 瘏乎烏都苏闍荼蘆素壺租胡帑圖

塗徒辜幠屠徂罟祜土顧苦怒虎組五滸戶杜盬

怙鼓股酤午祖堵皀榖吐蘇虜瞽罟故沽古固

呼。

合一 [ua] 痡鋪浦孤呱觚狐刳瓠污袴蒲匍補，圃

40×15=600　①"令"字和從"令"得声的字，应依孔廣森入耕部，不入真部。

北京市电车公司印刷厂出品　七六·一

捕溥布怖。

開二[ea] 家牙葭豝瑕騢馬下夏稼暇斝假嘏禡豭迓。

合二[oa] 華瓜寡夸鏵誇跨。

開三[ia] 車居諸虛旟琚著渠餘輿苴砠樗攄（去豫除廬洳）書魚廬菹胥饗紓輿沮袪筥處渚阻暑紵予許巢所鱮鼠黍湑禦紵語藇糈旅御圉助茹緒秬且楚。

合三[iua] 盱夫虞娛膚盱羽雨禹舞甫父武踽栩麌鬴賦雩脯噳瞿釜芋訏。

開四[ia][1] 罝邪且舍野。

(8)鐸部[ak]

開一[ak] 莫惡度作落擇薄酢駱錯涸橐咢壑貉柞諾格；度暮惡露愬路鷺妒蠹。

合一[uak] 濩樸鞹廓郭藿霍。

---

① 這類字後來轉入開三。

49

(52)

開三[i̯ak] 若腳卻著略掠斫;庶著。

合三[i̯uak] 矍攫縛。

開四[iak]① 夕石席蓆綌斁戟奕舄繹懌~~柘射夜写~~

踖炙籍逆尺昔;夜射柘写。

~~[illegible][i̯ak]②~~

開二[eak] 伯澤宅客格白柏赫貊。

合二[oak] 獲虢。

(9)陽部[aŋ]

開一[aŋ] 岡頏鏜藏旁唐堂桑湯杭旁狼蕩蒼稂

剛臧倣倉抗伉喪康囊卬綱螗鶬芒行牂。

合一[uaŋ] 黄荒肓簧光皇遑洸廣。

開二[eaŋ] 行[illegible]盲彭衡珩亨祊羹庚梗。

合二[oaŋ] 觥喤。

開三[i̯aŋ] 傷將裳良涼央襄詳長鄉姜上疆爽梁

① 這類字後來轉入開三。

~~② 這類字後來轉入合三~~

40×15=600

北京市电车公司印刷厂出品 七六·一

梁陽牆揚翔昌瀼蹌霜嘗常楊場饗羊析享祥牀
痒漿章箱慶仰張讓商璋相糧尚腸粻餳鍚穰
香莊養掌兩向。

合三[ǐwaŋ] 筐方亡忘防狂望房魴王往貺。

開四[iaŋ]① 兵英明盟炳景競。

合四(iwaŋ)② 兄永詠。

(10)侯部[ɔ]

開一[ɔ] 婁侯逅笱後耇口厚餱鏂(歐)句鍭斗漏覯豆后媾。

開三[ǐɔ] 駒姝隅踰驅殳濡渝樞榆芻株諏趣趨
揄愚枸楰瘉僂樹數主醹乳具孺咮句取附臾。

(11)屋部[ɔk]

開一[ɔk] 祿木谷族屋樕鹿讀穀僕彀卜霂沐；奏。

開二[eɔk] 角椓椓濁渥握嶽。

開三[ǐwɔk] 屬欲獄足束玉辱曲賣續粟綠局，酷。

①這類字後來轉入開三。
②這類字後來轉入合三。

(53)

(12)东部[ɔŋ]

开一[ɔŋ] 僮公东同蓬罿聰童功濛攻訌空侗菶懞唪動總控送洪。

开二[eɔŋ] 雙龐邦江尨巷降鋒洚。

开三[ĭɔŋ] 墉訟從縫縱[illegible]豵封庸容凶松龍充顒饔傭訩誦用邛共重衝樅鏞鐘鍾廱豐[illegible]勇僮踵丰。

(13)宵部[o]

开一[o] 勞旄敖桃忉號膏蒿嗷刀藻盜耄到謟鞀潦高咷逃鷔蹈。

开二[eo] 殽巢徼教。

开三[ĭo] 夭驕鑣朝瑤苗搖(撟)消麃喬遙漂要儦謠飄嘌鴞譙翹昭旐悄蕉鷂潦笑小少摽沼熇(照)廟芼

开四[io] 苕膋曉恌寮(窕)憭。[illegible]姚撓。

(14)沃部[ok]

北京市电车公司印刷厂出品 七六·一

40×15=600 (1201)

開一[ok] 鑿襮沃翯熇樂；暴。

開二[eok] 駁濯邈樂；罩貌。

開三[ĭok] 籥爵藥躍削；曜燿。

開四[iok] 翟櫟的溺；弔。

(15) 幽部[u]

合一[u] 漕陶翱好袍矛綯臯櫜叟曹牢騷老牡道鴇茂栲考保皓懆棗稻蚤草戊禱擣昊寶冒報誥。

合二[eu][①] 昴膠茅炮匏苞包飽卯茆。

合三[ĭu] 鳩洲逑流求逵休仇讎售悠滺遊稠猶舟憂游救脩抽瘳周收觩幽孚臭輈絿遒蓚柔醻浮醜酒妯櫌蹂酋劉優囚搜球旒誘手軌埽狩首阜魗杻簋缶懰受壽韭舅咎罶莠柳朽。

---

①幽部合口二等不擬成[ou]，是因為[ou]是複合元音，[u]就變為韻尾。

51

(54)

合四[iu] 𣝗蕭聊條蜩調鳥。

(16)覺部[uk]

合一[uk] 篤毒督鋈；奧，告。

合二[euk] 覺學嚳嶨；覺。

合三[i̯uk] 蓼淑軸宿匊燠菊叔畜復蹙俶肅蕭穆
祝六鞠覆育陸逐腹竹肉熟目。

合四[iuk] 戚迪蹢；糴。

(17)微部[əi]

開一[əi] 凱愷哀

~~[eəi] 排俳~~

~~開三[i̯əi] 幾畿饑祈沂希衣豈頎悲依~~

合一[uəi] 嵬隤壘纍枚靁雷崔推火罪積。

開二[eəi] 排俳。

合二[oəi] 懷壞淮。

開三[i̯əi] 衣依悲幾畿饑機希晞豈祈沂頎。

合三[i̯uəi] 飛歸綏薇遺霏非妃畏騑緋維推追圍
威尾燬毀嶲菲煒葦韡遺巍襄幃。

(18) 物部[ət]

開一[ət] 齕紇，概溉慨愾愛僾。

合一[uət] 忽兀軏沒歿；寐妹內退悖。

開三[i̯ət] 仡乞訖迄；塈既氣。

合三[i̯uət] 出卒述律聿遹弗茀拂；謂潰遺遂繸
醉檖隧萃瘁蔚渭位貴沸。

(19) 文部[ən]

開一[ən] 根痕艮懇墾很恨恩。

合一[uən] 孫門奔啍昆存論鵾飧亹遯豚壼。

開二[eən] 詵艱盼。

合二[oən] 鰥。

開三[i̯ən] 振緡殷貧巾勤旂閔晨殷瘽芹欣辰
墐忍。

合三[i̯uən] 麕春君隕湣聞諄雲員輪淪閏群
錞煇焞云雰熏芬川焚濆純訓順問允愠。

52

(55)

開四 [iən] 先珍。

(20) 脂部 [ei]

開二 [ei] 開[1]喈階皆偕。

開三 [ǐei] 私飢祁夷遲姨眉湄坻師蓍毗糜伊資鄙鴟祇死姊指几旨矢兕比佽鑇視匕穉妣秭美尸次咨洟胝紕。

合三 [ǐuei] 夔葵騤睽揆癸。

開四 [iei] 妻萋荑蠐犀凄躋隮氐體薺稊濟弟泲禮鱧泥禰黎藜細。

(21) 質部 [et]

開二 [et] 戛黠八瑟櫛；屆。密秩匹；肆棄利渭四駟肆畀。

開三 [ǐet] 疾實室七吉日宓慄栗一窒逸秘、抑畢

開四 [iet] 噎袺襭節即耋結垤跌；棣替戾翳逮。

合四 [iuet] 闋穴血；惠穗。

[1] "開"字後來轉入一等。

合三 [ǐuet] 恤；季悸。

北京市电车公司印刷厂出品 七六·一

(22) 真部 [en]

開二 [en] 蓁榛溱臻轃莘。

開三 [ien] 人蘋濱身信薪姻申仁粼鄰駰親陳臣賓矜民泯燼頻神盡引。

合三 [iuen] 洵均詢鈞旬。

開四 [ien] 天田千顛年闐[illegible]翩賢甸堅填電。

合四 [iuen] 淵玄。

(23) 歌部 [ai]

開一 [ai] 鮀歌何河他佗磋阿羅多荷莪瘥左俄傞那儺可瑳我拖賀左。

合一 [uai] 過磨蓏吪和娑破訛禍。

開二 [eai] 珈麻加嘉蕸駕沙。

合二 [oai] 瓦。

開三 [iai] 皮離施儀宜犄靡羅池陂縭錡椅馳羆議犧掎侈地哆、尔禰邇瀰猕。

53

(56)

合三[i̯uai] 爲吹。

開四[iai][1] 嗟虵蛇。

(24) 月部[at]

開一[at] 渴達葛闥褐曷；害大艾旆帶蓋丐。

合一[uat] 沬茇拔闊活濊撮斡捋奪脫；外祋兑蜕噦。

開二[eat] 舝轄，敗邁瘵蠆拜。

合二[oat] 刮，夬快噲獪話。

開三[i̯at] 揭列烈栵桀孽碣偈滅烕舌傑哲蘖；憩厲逝泄晢晣勩愒世勢藝。

合三[i̯uat] 伐茷蕨撅月說悅閱發髮閲雪越；歲帨稅吠衛蹶脆芮。

開四[iat] 蔑絜潔截~~缺決玦抉~~僁；契。

合四[iuat] 缺決玦抉；嘒。

(25) 元部[an]

① 這類字後來轉入開口三等。

北京市电车公司印刷厂出品 七六·一

40×15=600 (1201)

開一[an] 干歎乾檀餐安單殘嘽癉亶旦岸粲罕爛衎翰漢難。

合一[uan] 寬端管冠欒摶莞丸漙痯泮館渙貫亂鍛段。

開二[ean] 顔姦菅諫板鴈晏慢蠻班；閒蕳澗閑僩簡山訕。

合二[oan] 関還儇卝。

開三[ian] 言展連遷廛旃然焉軒蹇僊獻漣巘虔梴洒淺鮮踐愆褰羨衍幝偃。

合三[iuan] 拚嬽垣圜鬈卷悁原蠕怨樊反遠燸嫙繁宣譞番轉選咺貆讂阪願娩援。

開四[ian] 肩典禋霰宴燕。

合四[iuan] 縣涓懸犬畎。

(26) 緝部[əp]

開一[əp] 合荅蛤沓遝雜颯。

合一[uəp] 納軜。

54

(57)

開二[eəp] 洽。

開三[iəp] 揖蟄及溼邑隰翕濈集緝入輯急。

合三[iuəp] 立泣笠岦粒。

(27) 侵部[əm]

開一[əm] 三南耽驂湛男。

合一[uəm] 冬潨宗宋。

開二[eəm] 咸鹹緘減黯摻。

合二[oəm] 降絳洚。

開三[iəm] 林心音甚黔欽陰岑琴駸諗壬煁飲諶譖簪臨深琛綅黮寢錦甚枕。

合三[iuəm] 風中宮蟲螽忡襛窮沖躬戎濃融終崇仲隆豐；凡。

開四[iəm] 忝簟念僭。

合口呼一二三等到戰國時代分化為冬部。

(28) 盍部[ap]

開一[ap] 盍闔嗑蹋榻臘。

開二[eap] 甲狎匣壓。 劫怯脅；

開三[ǐap] 葉涉韘業捷獵[illegible]饁燁厭聶慴讋妾。

開四[iap] 疊牒蝶燮協莢俠挾。

合三[ǐuap] 法乏。

(29)談部[am]

開一[am] 談惔涵甘錟藍炎敢菡濫。

開二[eam] 巖斬監讒檻。

開三[ǐam] 瞻詹襜儼貶淹炎箝掩險儉檢鹽沾閻廉諂占冉髯染殲僉漸嚴劍欠。

合三[ǐuam] 犯范範氾泛。

開四[iam] 玷恬銛點兼謙蒹嫌歉。

詩經用韻例證

(1)之部[ə]

君子于役，不知其期[giə]。

55

(58)

曷至哉[tsə]？

雞棲于塒[ʑiə]。

日之夕矣，牛羊下來[lə]。

君子于役，如之何勿思[siə]？

（王風·君子于役）

(2)職部[ək]

坎坎伐輻[piuək]兮，

寘之河之側[tʃiək]兮。

河水清且直[diək]猗。

不稼不穡，胡取禾三百億[iək]兮？

不狩不獵，胡瞻爾庭有縣特[dək]兮？

彼君子兮，不素食[dʑiək]兮。

（魏風·伐檀）

(3)蒸部[əng]

爾牧來思，以薪以蒸[tɕəŋ]，

40×15=600 (1201)

北京市电车公司印刷厂出品 七六·一

以雌以雄[ɣi̭uəŋ]。
尔羊来思，矜矜兢兢[ki̭əŋ]，
不骞不崩[pəŋ]。
麾之以肱[kuəŋ]，
毕来既升[ɕi̭əŋ]。

（小雅·无羊）

(4)支部[e]

鹿斯之奔，维足伎伎[gi̭e]。
雉之朝雊，尚求其雌[tsi̭e]。
譬彼坏木，疾用无枝[ȶi̭e]。
心之忧矣，宁莫之知[ti̭e]？

（小雅·小弁）

(5)锡部[ek]

玼兮玼兮，其之翟[diek]也①。

---

①"翟"读如"狄"。

56

(59)

鬒髮如雲，不屑髢[tiek]也①。

玉之瑱也，象之揥[tiek]也。

揚且之皙[siek]也。

胡然而天也，胡然而帝[tiek]也！

（鄘風·君子偕老）

（6）耕部[eŋ]

不弔昊天，亂靡有定[dieŋ]。

式月斯生[ʃeŋ]，

俾民不寧[nieŋ]。

憂心如酲[dieŋ]。

誰秉國成[ʒieŋ]？

不自為政[tieŋ]，

卒勞百姓[sieŋ]！

（小雅·節南山）

（7）魚部[a]

①"髢"，同"鬄"。

40×15=600 (1201)

北京市电车公司印刷厂出品 七六·一

韓侯出祖[tsa]，
出宿于屠[da]。
顯父餞之，清酒百壺[ɣa]。
其殽維何？炰鼈鮮魚[ŋĭa]。
其蔌維何？維筍及蒲[bua]。
其贈維何？乘馬路車[kĭa]。
籩豆有且[tsĭa]。
侯氏燕胥[sĭa]。

（大雅·韓奕）

(8)鐸部[ak]

執爨踖踖[tsiak]，
為俎孔碩[ʑiak]，
或燔或炙[ȶiak]。
君婦莫莫[mak]，
為豆孔庶[ɕĭak]。

為賓為客[keak]，
獻酬交錯[tsʻak]。
禮儀卒度[dak]，
笑語卒獲[ɣoak]。
神保是格[keak]。
報以介福，萬壽攸酢[dzak]。
（小雅·楚茨）

(9)陽部[aŋ]

篤公劉，匪居匪康[kʻaŋ]。
迺埸迺疆[ki̯aŋ]，
迺積迺倉[tsʻaŋ]，
迺裹餱糧[li̯aŋ]，
于橐于囊[naŋ]。
思輯用光[kuaŋ]。
弓矢斯張[ti̯aŋ]，

干戈戚揚[ʎiaŋ]。

爰方啟行[ɣeaŋ]。

（大雅·公劉）

(10)侯部[ɔ]

山有樞[ɕiɔ]，

隰有榆[ʎiɔ]。

子有衣裳，弗曳弗婁[liɔ]；

子有車馬，弗馳弗驅[k'iɔ]。

宛其死矣，他人是愉[ʎiɔ]！

（唐風·山有樞）

(11)屋部[ɔk]

誰謂雀無角[keɔk]？

何以穿我屋[ɔk]？

誰謂女無家？何以速我獄[ŋiɔk]？

雖速我獄[ŋiɔk]，

室家不足[tsĭɔk]！

（召南·~~甘棠~~行露）

(12) 东部 [ɔŋ]

我車既攻[kɔŋ]，

我馬既同[dɔŋ]。

四牡龐龐[beɔŋ]，

駕言徂东[tɔŋ]。

（小雅·車攻）

(13) 宵部 [o]

碩人敖敖[ŋo]，

說于農郊[keo]。

四牡有驕[kĭo]，

朱幩鑣鑣[pĭo]，

翟茀以朝[dĭo]。

大夫夙退，無使君勞[lo]。

（衛風·碩人）

(14)沃部 [ok]

為謀為毖，亂況斯削 [si̯ok]。
告爾憂恤，誨爾序爵 [tsi̯ok]。
誰能執熱，逝不以濯 [deok]？
其何能淑？載胥及溺 [niok]！

（大雅·桑柔）

(15)幽部 [u]

思樂泮水，薄采其茆 [meu]。
魯侯戾止，在泮飲酒 [tsi̯u]。
既飲旨酒 [tsi̯u]，
永錫難老 [lu]。
順彼長道 [du]，
屈此群醜 [tʼi̯u]。

（魯頌·泮水）

(16)覺部 [uk]

昔我往矣，日月方奧[i̯uk]。
曷云其還，政事愈蹙[tsi̯uk]！
歲聿云莫，采蕭穫菽[ɕi̯uk]。
心之憂矣，自詒伊戚[tsʰi̯uk]！
念彼共人，興言出宿[si̯uk]。
豈不懷歸？畏此反覆[pʰi̯uk]！

（小雅·小明）

(17)微部[əi]

陟彼崔嵬[ŋuəi]，
我馬虺隤[duəi]。
我姑酌彼金罍[luəi]，
維以不永懷[ɣoəi]。

（周南·卷耳）

(18)物部[ət]

日居月諸，東方自出[tɕʰi̯uət]。

父兮母兮，畜我不卒[tsĭuət]。
胡能有定？报我不述[dʑĭuət]！

（邶风·日月）

(19)文部[ən]

坎坎伐轮[lĭuən]兮，
寘之河之漘[dʑĭuən]兮。
河水清且沦[lĭuən]猗。
不稼不穑，胡取禾三百囷[kʰĭuən]兮？
不狩不猎，胡瞻尔庭有县鹑[ʑĭuən]兮？
彼君子兮，不素飧[suən]兮！

（魏风·伐檀）

(20)脂部[ei]

~~手如柔荑[diei]~~，
~~[illegible]~~
~~肤如凝脂[tɕĭei]~~。
~~领如~~
天之方懠[dziei]，

60

(63)

無爲夸毗[bi̯ei]。
威儀卒迷[mi̯ei]。
善人載尸[ɕi̯ei]。
民之方殿屎[xi̯ei]，
則莫我敢葵~~giuei~~[gi̯uei]。
喪亂蔑資[tsi̯ei]，
曾莫惠我師[ʃi̯ei]。

（大雅·板）

(21) 質部[et]

山有漆[tsʻi̯et]，
隰有栗[li̯et]。
子有酒食，何不日鼓瑟[ʃet]？
且以喜樂，且以永日[ȵi̯et]。
宛其死矣，他人入室[ɕi̯et]！

（唐風·山有樞）

北京市电车公司印刷厂出品 七六·一

40×15=600 (1201)

(22) 真部[en]

如何昊天[tʻien]，

辟言不信[sĭen]！
如彼行邁，則靡所臻[tʃen]。
凡百君子，各敬爾身[ɕĭen]。
胡不相畏？不畏于天[tʻien]！
（小雅·雨無正）

(23) 歌部[ai]

鳧鷖在沙[ʃeai]，
公尸來燕來宜[ŋĭai]。
爾酒既多[tai]，
爾殽既嘉[kea]。
公尸燕飲，福祿來為[ɣĭuai]。
（大雅·鳧鷖）

(24) 月部[at]

武王載旆[bat]，
有虔秉鉞[ɣĭuat]。
如火烈烈[lĭat]，
則莫我敢曷[at]①。
苞有三櫱[ŋĭat]，
莫遂莫達[dat]，

①"曷"韓詩作"遏"。

九有有截[dziat]。
韋顧既伐[bĭuat]，
昆吾夏桀[gĭat]。

（商頌·長發）

(25) 元部[an]

坎坎伐檀[dan]兮，
寘之河之干[kan]兮。
河水清且漣[lĭan]猗。
不稼不穡，胡取禾三百廛[dĭan]兮！
不狩不獵，胡瞻爾庭有縣貆[xĭuan]兮！
彼君子兮，不素餐[ts'an]兮！

（魏風·伐檀）

(26) 緝部[əp]

中谷有蓷，暵其濕[ɕĭəp]矣。
有女仳離，啜其泣[k'ĭəp]矣。

啜其泣[k'ĭəp]矣。

何嗟及[gĭəp]矣！

（王風·中谷有蓷）

(27)侵部[əm]

旱既大甚，蕴隆蟲蟲[dĭuəm]。

不殄禋祀，自郊徂宫[kĭuəm]。

上下奠瘞，靡神不宗[tsuəm]。

后稷不克，上帝不臨[lĭəm]。

耗斁下土，寧丁我躬[kĭuəm]。

（大雅·雲漢）

《詩經》時代，冬侵應該合韵。嚴可均古韵十六部，冬侵合韵。章炳麟晚年也主張冬侵合韵①。他們是对的。這樣，《七月》協"沖陰"，《公刘》協"飲宗"，《蕩》協"諶終"，都得到了解释。至於《文王有聲》二章，段玉裁認為協"功、

①參看章炳麟《音論》（見光華大學《中國語文學研究》）。

62

(65)

崇豐"，其實"功"字不入韵，"豐"則是侵部字①。到了戰國時代，侵部分化為侵冬兩部，開口呼屬侵，合口呼（韵头u、iu）屬冬。

(28) 盍部 [ap]

芄蘭之葉[ʎĭap]，
童子佩韘[ɕĭap]。
雖則佩韘[ɕĭap]，
能不我甲[keap]？
（衛風·芄蘭）

(29) 談部 [am]

節彼南山，維石巖巖[ŋeam]。
赫赫師尹，民具爾瞻[tɕĭam]。
憂心如惔[dam]，
不敢戲談[dam]。

①"豐隆"是疊韵連綿字。戰國時代轉入冬部。

國既卒斬[tʃeam]，

何用不監[keam]！

（小雅·節南山）

（三）先秦的声调

關於先秦的声调，在我以前，有各種不同的說法，這里擇要叙述，並加以評論。

(1)古無四声說。陳第說："四声之辨，古人未有。"① 這種議論是站不住脚的。《詩經》一般都是以平協平，以上協上，以入協入。偶然以平上相協，那只是平上通押，像元曲和今天的曲藝一樣。至於平去相協，則因那个去声字在上古本讀平声（如"慶"本讀如"羌"）；上去相協，則因那去声字本讀上声（如"濟"）。

①陳第《毛詩古音考》。

(2)四声一貫說。這是顧炎武的主張。

A4（49—65頁）

63　　A5

(66)

所谓四声一贯，就是四声通押。通押的说法是可以成立的，但是我们得承认古有四声，並且得承认，在《诗经》里，以同调相押为常规，以异调相押（通押）为变格。顾炎武自己也说：

> "《诗》三百篇中亦往往用入声之字。其入与入为韵者什之七；入与平上去为韵者，什之三。以其什之七，而知古人未尝无入声也；以其什之三，而知入声可转为三声也。"①

"什之七"，已经足以证明是常规，何况实际上远远不止什之七。入与平上为韵非常罕见②，入与去为韵比较常见，则因那些去声字本属入声。

②而且可以认为一字两读。例如"来"字可能有平入两读。

①顾炎武：《音学五书·音论》。

北京市电车公司印刷厂出品　七六·一

40×15=600 (1201)

(3)古有四声说。江永主张这一说。此说和四声一贯说不同。它不强调通押，而强调常规。江永说：

"四声虽起江左，按之，实有其声。平自韵平，上去入自韵上去入者，恒也。亦有一章两声或三四声者，随其声讽诵咏歌，亦自谐适，不必皆出一声。"

江有诰起初也认为古无四声，后来他走另一个极端，不但承认古有四声，而且基本上否认通押。他以为，《诗经》除两处外，用韵都是同调相协，绝对没有异调通押的情况。他说：

"至今反复细绎，始知古人实有四声，特古所读之声与后人不同。陆氏编韵时，不能审明古训，特就当时之声误为分析。有古平而误收入上声者，如'享饗頸顙'等

64

(67)

字是也。有古平而误收入去声者，如'訟化寰患'等字是也。有古上而误收入平声者，'偕'字是也。有古上声而误收入去声者，如'狩'字是也。有一字平上两音而仅收入上声者，如'怠'字是也。有一字平上两音而仅收入平声者，如'懋'字是也。有一字平去两音而仅收入去声者，如'信'字是也。有一字平去两读而仅收入平声者，如'居'字是也。有一字上去两音而仅收入上声者，如'喜'字是也。有一字上去两音而仅入去声者，如'顧'字是也。有一字去入两音而仅收入去声者，如'意'字是也。有一字去入两音而仅收入入声者，如'得'字是也。有一字平上去三音而遗其上去者，如'時'字是也。有一字平去入三音而遗其去入者，如'來'字是也。有一字上去入三声，而遗其上入者，如'至'字是也。有一字平上去三声而遗其平声者，如'上'字是也。有一字平上去三声而遗其平去者，如'静'字是也。有诰因此撰成《唐韵四声正》一书。"

江有诰关于古四声的议论是错误的，是不合逻辑的。他不是用归纳的方法，而是用演绎的方法去考证古四声。他先假設一个大前提：上古韵文必须同调相协，然後得出结论说，如果用今音读来不是同调相协，那么必然是那字在古代另有某调。他的大前提是站不住脚的（上古韵文可以有異调通押的情况），他的整个结论都将被推翻。按照他的原则来推断古声调，那就有很大的偶然性：假如他所根据的材料少，一字数调的情况就会少；假如他所根据的材料

65

(68)

多，一字数调的情况就会多，怎能得到正确的结论呢？王念孙不赞成"至"字古有上声，就是因為他不承认《诗经·小雅·宾之初筵》的"至"字和"禮"字押韵（王念孙是对的），同时他也没有看見江有诰所举"至"字读上声的例子。江有诰举了许多一字三声的字，差不多等於四声一贯，表面上承认古有四声，实际上是说每字古無定声。

(4)古無入声说。孔广森主此说。孔广森是曲阜人，為方音所囿，以致斥入声為吴音。此说显然是不合理的，不必详加讨论。

(5)古無去声说。段玉裁主此说。他说：

"古四声不同今韵，猶古本音不同今韵也。考周秦漢初之文，有平上入而無去。洎乎魏晋，上入声多轉而為去声。"

在諸家之說中，段玉裁古無去声說最有價值。他所說的"洎乎魏晉，上入声多轉而為去声。"這一句話最值得玩味。這就是說，中古的去声来自上古的上声和入声。什麽字来自上声，什麽字来自入声呢？可以拿諧声偏旁作為標準。凡從平上声字得声，或此字作為平上声的諧声偏旁者，应認為古上声。例如"怒"從奴声，《廣韵》"怒"字有上去兩讀，应以上声為古讀。"恕"字從如得声，"恕"字在上古应屬上声。"顧"字從雇得声，"顧"字在上古应屬上声。凡從入声字得声，或此字作為入声字的諧声偏旁者，应認為古入声。例如"代"從弋声，应以入声為古讀。"極"從亟声，《廣韵》"亟"字有去入兩讀，应以入声為古讀。"察"從"祭"声，"祭"在上古应屬入声。

段玉裁的古韵十七部，所包括的声調有三

種情況：

(1)具備平上入三声者：之部、幽部、魚部、脂部；

(2)只有平上兩声者：侯部；

(3)只有平入兩声者：侵部、談部、真部、支部；

(4)只有平声者：宵部、蒸部、东部、陽部、耕部、文部、元部、歌部。

段氏在這里有五个錯误。第一，侯部应有入声，段氏幽部入声字，一半应改屬侯部；①第二，侵談兩部的入声应该獨立；第三，支宵兩部应有上声和入声；第四，歌元真文东陽耕等部应有上声；第五，真部应無入声，段氏真部入声字，应獨立成為質部。若依段氏的体系，也应改屬脂部。

①段氏晚年在《答江晉三論韵》中，承認了這个錯誤。

段氏古無去声之說，可以認為是不刊之論。只是需要補充一點，就是上古有兩種入声，即長入和短入，下文將再談到。

(5)古無上去兩声說。 黄侃主此說。他說：

"古無去声，段君所說。今更知古無上声，惟有平入而已。"①

黄侃的論據並不充分。段玉裁《詩經韵分十七部表》中，有六部是有上声的，確鑿可據。黄侃說上古只有平入兩声，等於否認有声調，因為入声字和平声字的差別只是有無塞音韵尾的差別，並不就是声調的差別。古無上去兩声的說法是不能成立的。

(6)五声說。 王國維主此說。他說：

"古音有五声。陽類一，與陰類之平上

---

① 黄侃：《音略》。

去入四，是也。說以世俗之語，則平声有二（實則陽類自爲一声，謂之平声，語不甚切），上去入各一，是爲五声。自三百篇以至漢初，此五声者大抵自相通叶，罕有出入。漢中葉以後，陽類之声，一部分變爲上去，於是有陽声三，陰声四，而古之五声增而爲七矣。①

王氏看见段玉裁《诗经韵分十七部表》蒸部、东部、陽部、耕部、文部、元部都只有平声，惟於侵談真三部有入声，而這三部有入声是錯误的，王念孙把缉盍質獨立是对的。因此得出结論：陽類只有平声，沒有入声。

王氏把韵类与调類混爲一談是不对的。陽声与陰声是韵類，平上去入是调類，不能混爲

① 王國維《观堂集林》卷八。

40×15=600 (1201)

北京市电车公司印刷厂出品 七六・一

一谈。依照江永異平同入说，陽類未嘗不可以有入声。依我看，陽類也能有上声。例如《诗经·小雅·斯干》"簟、寝"相协，《大雅·召旻》"玷、贬"相协，《王风·大車》"檻、菼、敢"相协，《陈风·泽陂》"菡、儼、枕"相协，《齐风·南山》"两、蕩"，《小雅·北山》"仰、掌"相协，《小雅·桑扈》的"领、屏"，《小雅·楚茨》的"盡、引"，《邶风·柏舟》的"轉、卷、選"，《鄘风·载驰》的"反、遠"，《豳风·伐柯》的"遠、践"，《小雅·杕杜》的"幝、痯、遠"，《小雅·角弓》的"反、遠"，《周颂·执竞》的"简、反、反"，《周易·坎卦》的"坎、窞"，又"坎、枕、窞"，《损卦》的"往、享"，《楚辞·九章·抽思》的"敢、憺"，《惜诵》的"忍、轸"等，都可以認為上声韵。因此，王氏陽類只有平声的说法也不能成立。

(7)長去短去说。 陆志韦主此说。他说：

"我猜想上古跟入声通转的那个去声正

68

(71)

可以是這樣一个短音。上古的短去声通入声，因為音量的相像，後来混入長去声，因為調子的相像。上古長去声通平上声，那是另一回事。這可升可降的短去声可以叫做上古的第五声。”

陸氏的结論和我的结論有很相近似的地方。他把去声分為兩類：一類是促音（短去），来自入声；另一類是舒声（通平上声），来自平上声。這是完全正確的。但是他的结論和我的结論也有不同之點。第一，他認為上古有兩種去声（長去、短去），我認為上古沒有去声（依段玉裁說）；第二，他認為上古短去声通入声是因為音量相像，我的意見正相反，我認為上古入声有兩種，一種是長入，其音較長，後來變為去声；另一種是短入，其音較短，直到今天許多方言里还保存這種促音。

現在應該談到我的結論了。我認為上古有四个声调，分為舒促兩類，即：

舒声 ⟨ 平声，高長调
　　　 上声，低短调

促声 ⟨ 長入，高長调
　　　 短入，低短调

上古四声不但有音高的分别，而且有音長（音量）的分别。必須是有音高的分别的，否則後代声调以音高為主要特徵無從而来；又必須是有音長的分别的，因為長入声的字正是由於讀音較長，然後把韵尾塞音丟失，變為第三種舒声（去声）了。

所謂高调、低调，不一定是平调。高调可能是高升调或高降调，低调可能是低升调或低

69

(72)

降調。年代久遠，我们不可能作太具体的拟测。

《公羊傳·莊公二十八年》："春秋伐者為客，伐者為主。"何休注："伐人者為客，讀伐長言之，齊人語也；見伐者為主，讀伐短言之，齊人語也。"長言之就是長入，短言之就是短入。"伐"字本有長入、短入两读。《詩經·泮水》："其旂茷茷。"釋文："伐，蒲害反，又普貝反。本又作茷。"陸德明所見的《詩經》本作"其旂伐伐"，但"伐"讀"茷"音，蒲害反，又普貝反。今《廣韵》"茷"讀符廢切，音吠，即釋文的蒲害反（音稍變）；又讀博蓋切，音貝，即釋文的普貝反（音稍變）。《一切經音義》卷六引《白虎通》："伐者何？伐，敗也，欲敗去之。"《古微書》引《春秋說題辭》："伐之為言，敗之也。"《廣雅·釋詁三》："伐，敗也。"這些都可以證明，"伐"

北京市电车公司印刷厂出品 七六·一

40×15=600 (1201)

字古有去声一读，也就是長入一读。

由"伐"字類推，許多入声字都可以有去入兩读，也就是長入、短入兩读。例如：

積，子智切[tsi̯e:k][①]；又子昔切[tsi̯ek]。

刺，七賜切[tsʻi̯e:k]；又七亦切[tsʻi̯ek]。

易，以豉切[ʎi̯e:k]；又以益切[ʎi̯ek]。

帥，所類切[ʃi̯uə:t]；又所律切[ʃi̯uət]。

質，陟利切[ti̯e:t]；又之日切[tɕi̯et]。

比，毗至切[bi̯e:t]；又扶必切[bi̯et][②]。

出，尺類切[tɕʻi̯uə:t]；又昌律切[tɕʻi̯uət]。

識，職吏切[tɕi̯ə:k]；又賞職切[ɕi̯ək]。

植，直吏切[di̯ə:k]；又市力切[ʑi̯ək]。

食，祥吏切[zi̯ək]；又乘力切[dʑi̯ək]。

亟，去吏切[kʻi̯ə:k]；又紀力切[ki̯ək]。

---

① 長音符號[:]。

② "比"字共有房脂、必履、毗至、扶必四切。

70

(173)

尉，於胃切[i̯uəːt]；又紆物切[i̯uət]。

气（乞），去既切[kʻi̯əːt]；又去訖切[kʻi̯ət]。

著，陟慮切[ti̯aːk]；又張略切①[ti̯ak]。

醵，其據切[gi̯aːk]；又其虐切[gi̯ak]。

足，子句切[tsi̯ɔːk]；又即玉切[tsi̯ɔk]。

數，所據切[ʃi̯ɔːk]；又色角切②[ʃeɔk]。

搏，方遇切[pi̯uaːk]；又布莫切[pak]。

趣，七句切③[tsʻi̯aːk]；又親足切[tsʻi̯ɔk]⑤。

莫，莫故切[maːk]；又慕各切[mak]。

度，徒故切[daːk]；又徒各切[dak]。

惡，烏路切[aːk]；又烏各切[ak]。

錯，倉故切[tsʻaːk]；又千各切[tsʻak]。

作，臧故切[tsaːk]；又則落切[tsak]。

---

⑤"趣"字还有七俱、倉苟二切。

①"著"字还有長略一切。

②"數"字还有色矩一切。

切，七計切[ʦʻie:t]；又千結切[ʦʻiat]。

契，苦計切[kʻia:t]；又苦結切[kʻiat]。

閉，博计切[pie:t]；又方结切[piet]。

綴，陟衛切[ti̯ua:t]；又丁劣切[ti̯uat]

掣，尺制切[ʨʻi̯a:t]；又尺折切[ʨʻi̯at]。

泄，餘制切[ʎi̯a:t]；又私列切[si̯at]。

揭，起例切[kʻi̯a:t]；又丘竭切①[kʻi̯at]。

啜，嘗芮切[ʑi̯ua:t]；又臣劣切[ʑi̯uat]。

害，胡蓋切[ɣa:t]；又何割切②[ɣat]。

阸，烏懈切[e:k]；又於革切[ek]。

畫，胡卦切[ɣoe:k]；又胡麥切[ɣoek]。

責，側賣切③[ʧe:k]；又側革切[ʧek]。

殺，所拜切[ʃea:t]；又所八切[ʃeat]。

悖、孛、誖，蒲昧切[buə:t]；又蒲沒切[buət]。

①《廣韵》作居謁切，此依《经典释文》。

②此依《集韵》。

③此依《集韵》。

71

(74)

蟈，古对切[kuəːk]；又古獲切[koək]。

塞，先代切[səːk]；又蘇則切[sək]。

祓，方肺切[pi̯uaːt]；又敷物切[phi̯uat]①。

弔，多嘯切[tiuːk]；又都歷切[tiuk]。

激，古弔切[kioːk]；又古歷切[kiok]。

溺，奴弔切②[nioːk]；又奴歷切[niok]。

約，於笑切[i̯oːk]；又於略切[i̯ok]。

覺，古孝切[keuːk]；又古岳切[keuk]。

較，古孝切[keuːk]；又古岳切[keuk]。

樂，五教切[ŋeoːk]；又五角切③[ŋeok]③。

菿，陟孝切④[teoːk]；又竹角切[teok]。

告，古到切[kuːk]；又古沃切[kuk]。

暴，薄報切[boːk]；又蒲木切[bok]。

奧（澳燠），烏到切[uːk]；又於六切⑤[i̯uk]⑤。

嚇，呼訝切[xeaːk]；又呼格切[xeak]。餘仿此。

① 敷物切應是[phi̯uət]，但上古音應是[phi̯uat]。

② 此依《集韻》。

③"樂"又讀盧各切。

④"菿"又讀都導切。

⑤ 此依《經典釋文》。

藉，慈夜切[dzia:k]；又慈亦切[dziak]。

借，子夜切[tsia:k]；又將昔切[tsiak]。

炙，之夜切[ȶia:k]；又之石切[ȶiak]。

射，神夜切[ȡia:k]；又食亦切①[ȡiak]。

囿，于救切[ɣi̯uə:k]；又于目切[ɣi̯uək]。

咮，噣，陟救切[ti̯ɔ:k]；又竹角切[teɔk]。

祝，職救切[ȶi̯ɔ:k]；又之六切[ȶi̯ɔk]。

輻，方副切[pi̯uə:k]；又方六切[pi̯uək]。

副，敷救切[pʰiuə:k]；又芳福切[pʰi̯uək]。

宿，息救切[si̯u:k]；又息逐切[si̯uk]。

畜，许救切[xi̯u:k]；又許竹切②[xi̯uk]。

復，扶富切[bi̯u:k]；又房六切[bi̯uk]。

伏，扶富切[bi̯uək]；又房六切[bi̯uək]。

勠，力救切[li̯u:k]；又力竹切[li̯uk]。

踣，匹候切[pʰə:k]；又蒲北切[bək]。

①"射"又讀羊謝、羊益二切，又音石。

②"畜"又讀丑六切。

72

(75)

讀，大透切① [dɔ:k]；又徒谷切[dɔk]。

蔟，倉奏切[tsʰɔ:k]；又倉谷切[tsʰɔk]。

以上諸例，絕大多數都是去声與入声等呼相同，甚至整个字音相同，只是音量（長短）不同，足以證明段玉裁"去入同一類"的說法。段氏又說：

"古無去声之說，或以為怪。然非好學深思，不能知也。不明乎古四声，則於古諧声不能通。"②

的確，從諧声系統看，去声字和入声字的關係最為密切。例如：

1. 声符為入声，所諧的字為去声者。

背，北声。　　代，弋声。

廁，則声。　　富，畐声。

① 此依《集韻》。

② 段玉裁：《六書音均表》。

北京市电车公司印刷厂出品 七六·一

40×15=600

漬，責声。　縊，益声。
繫，毄声。　路賂，各声。
臂、譬、避，辟声。　護，蒦声。
赦，赤声。　耗，毛声。
措醋，昔声。　柘，石声。
訴、泝，斥声。　竇，賣声。
赴，卜声。　裕，谷声。
彀、轂、穀，㱿声。　耨，辱声。
漱，敕声。　嗾，族声。
罩、淖、焯、棹，卓声。　豹、釣，勺声。
爝、釂，爵声。　噭、竅，敫声。
玃、躩，矍声。　躓，質声。
祟，出声。　翠、萃、粹、悴、醉，卒声。
沸，弗声。　怪，圣声。
殪、饐、䭿、曀，壹声。　秘、閟、駜，必声。

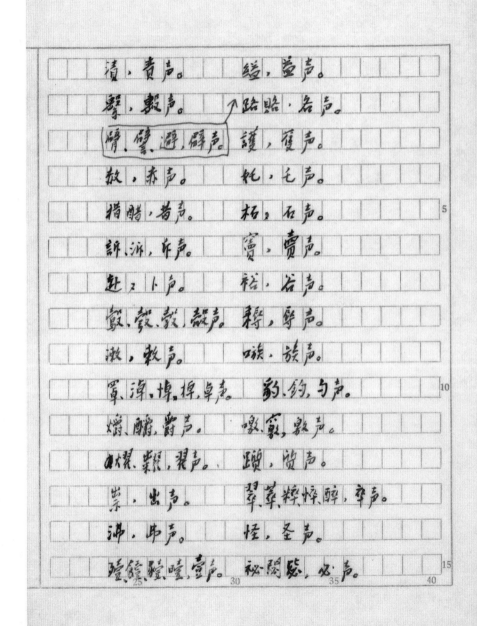

73

(76)

愒(憩)，曷声。　　藹，謁声。

歲，戌声。　　逝、誓，折声。

綴，叕声。　　例，列声。

酹，寽声。　　廢、癈，[illegible]發声。

沛、旆、肺，巿（普活切）声。　蹶、鱖，厥声。

話，𠯑（古活切）声。　賴，剌声。

紧接下页！

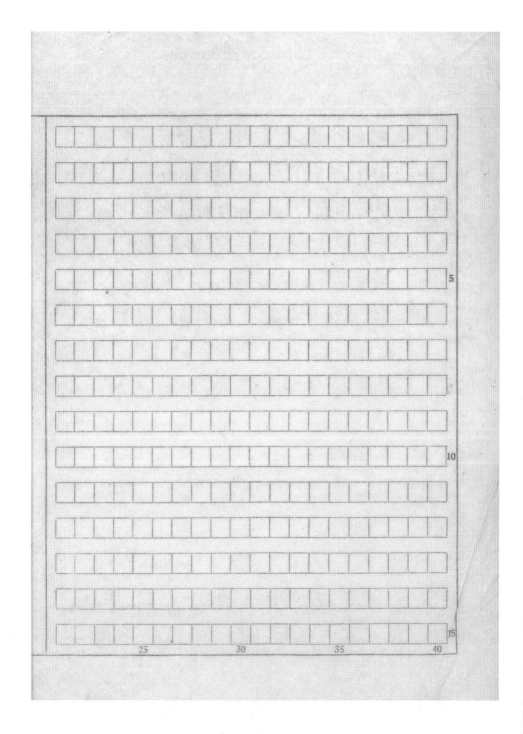

(77)

2、聲符爲去声，所諧的字爲入声者。

適、謫、嫡、滴，啻声。　堊，亞声。

昨，乍声。　液、掖，夜声。

薁，奧声。　鵠、梏、牿，告声。

桎、室、窒、耋、挃、姪、絰、蛭、垤、銍，至声。

夲（他骨切），大声。　脫、說、閱，兑声。

撮，最声。　割、豁、轄，害声。

決、缺、抉、玦，夬声。　㕯，内（丙）声。

泄，世声。　察，祭声。

熱、藝、暬，埶（藝）声。　獺，賴声。

由此可見，中古去声与入声發生關係的字，在上古就是入声字。

我所訂的上古声調系統，和段玉裁所訂的上古声調系統基本一致。段氏所謂平上爲一類，就是我所謂舒声；所謂去入爲一類，就是我所謂促声。只有我把入声分為長短兩類，和段氏稍有不同。為什麽上古入声應該分為兩類呢？這是因為，假如上古入声沒有兩類，後来就沒有分化的條件了。

既然長入、短入有所不同，所以《詩经》長入、短入分用的情况佔百分之九十四，合用的情况只佔百分之六。長入、短入合用，和平上合用的情况是一样的。現在把《詩经》長入獨用的情况列举如下：

召南·甘棠二章：敗憩

召南·甘棠三章：拜説①

周南·汝墳二章：肄棄

召南·摽有梅三章：塈謂

召南·野有死麕：脱帨吠②

①"説"音税。

②"脱"，音兑；"帨"音帥。

15

(178)

邶風·終風三章：曀々嚏

邶風·匏有苦葉：厲揭①

邶風·谷風六章：潰肄塈

邶風·二子乘舟二章：逝害

衛風·芄蘭一、二章：遂悸

衛風·有狐二章：厲帶

王風·黍離二章：穗醉

王風·采葛三章：艾歲

魏風·陟岵二章：季寐棄

魏風·十畝之間二章：外泄逝②

唐風·蟋蟀二章：逝邁外蹶③

秦風·晨風三章：棣檖醉

陳風·東門之枌：逝邁

陳風·東門之楊：肺晢④

①"揭"，去例切，音憩。

②"泄"，餘制切。

③"蹶"，居衛切。

④"晢"，征例切。

北京市电车公司印刷厂出品 七六·一

40×15=600

陈風·墓门二章：萃誶

曹風·候人一章：殺芾

小雅·出車二章：旆瘁

小雅·庭燎二章：艾晰噦①

小雅·小旻五章：艾敗

小雅·楚茨五章：備戒告

小雅·小宛四章：邁寐

小雅·小弁四章：嘒淠屆寐

小雅·蓼莪二章：蔚瘁

小雅·大田三章：穗利

小雅·采菽二章：淠嘒駟屆

小雅·菀柳二章：愒瘵邁

小雅·都人士四章：厲蠆邁

小雅·隰桑四章：愛謂

①"晰"，征例切，同"晢"。"噦"，呼會切。

76

(179)

小雅·白華五章：外邁
大雅·大明五章：妹渭
大雅·皇矣二章：翳栵
大雅·生民四章：旆穟
大雅·既醉五章：匱類
大雅·假樂四章：位塈
大雅·泂酌三章：溉塈
大雅·民勞四章：愒泄厲敗大
大雅·板二章：蹶泄
大雅·蕩三章：類懟对内
大雅·抑四章：寐内
大雅·桑柔六章：僾逮
大雅·桑柔十三章：隧類对醉悖
大雅·瞻卬一章：惠厲瘵屆
大雅·瞻卬五章：類瘁

魯頌泮水一章：茷噦大邁①

魯頌閟宮五章：大艾歲害

由此可見，長入（去声）是有它的獨立性的。長入与短入，既有関係，又有分別。有関係，所以同屬促声（入声）；有分別，所以分為長入、短入。這大概可以作為定論。

* * * *

以上我们对先秦音系作了較详细的叙述，因為這是漢语的源頭，後代的語音都是由此演变出来的。

②现代某些漢语方言也有長入短入的分別，如廣州话的"八"[pa:t]和"不"[pat]。漢藏语系某些語言（如壯语）也有長入短入的分別。這可以作為上古漢语有長入短入的分別的旁證。參看歐陽覺亞：《声调与音節的互相制约関係》

①"茷"，博蓋切；"噦"，呼會切。

A5（66－179页）

（《中国语文》1979年5期）。

77

A6

(80)

第二章　漢代音系（前206—公元220）

這里講漢代音系，主要是講公元一、二世紀即張衡時代的音系。這是因為西漢時代音系和先秦音系相差不遠，到东漢变化才較大；同時也因為張衡詞賦材料較多，容易考證出一个音系来。

(一)漢代的声母

關於漢代的声母，我们没有足够的材料可供考證，這里缺而不論。可以假定，漢代声母和先秦声母一样，或者說变化不大。

(二)漢代的韵部

根據張衡及其同時代的作家（如馬融）的韵文分析，漢代共有二十九个韵部，如下表：

陰声			入声			陽声		
無韵尾	之部	ə	韵尾-k	職部	ək	韵尾-ŋ	蒸部	əŋ
	支部	e		錫部	ek		耕部	eŋ
	歌部	a		鐸部	ak		陽部	aŋ
	魚部	ɔ		藥部	ɔk			
	宵部	o		屋部	ok		東部	oŋ
	幽部	u		覺部	uk		冬部	uŋ
韵尾-i	微部	əi	韵尾-t	物部	ət	韵尾-n	文部	ən
	脂部	ei		質部	et		真部	en
				月部	at		元部	an
			韵尾-p	緝部	əp	韵尾-m	侵部	əm
				盍部	ap		談部	am

乍看起來，漢代韵部與先秦韵部基本相同；其实差别相當大。首先应當注意音值有所改变。歌部由ai变為a，魚部由a变為ɔ，藥部由ok变為ɔk①，屋

①隨着讀音的演变，原名沃部也改名藥部。

部由ɑk变为ok，东部由ɑŋ变为oŋ。陰陽入三声的对应関係也有一些改变，歌部与陽鐸两部对应，鱼部与藥部对应，宵部与东屋两部对应，都和先秦不同。

其次，更重要的是各部包括~~[illegible]~~的字的問题。漢代韵部与先秦韵部基本相同，但是许多韵部包括的字与先秦韵部不盡相同，或大不相同。应该注意下面這些韵部的变遷：

~~（1）耕部範圍擴大。先秦陽部"英[illegible]兵明庚兄行[illegible][illegible][illegible]橫慶亨[illegible][illegible][illegible][illegible][illegible][illegible][illegible][illegible]"等字轉入耕部。~~

~~（2）歌部範圍改变。先秦魚部"家華牙邪車葭[illegible]瓜芽[illegible][illegible][illegible][illegible][illegible][illegible]"等字轉入歌部。先秦歌部"儀[illegible]奇[illegible][illegible][illegible][illegible]宜~~

（1）支部範圍擴大。先秦歌部"儀宜移施麾

北京市电车公司印刷厂出品 七六·一

40×15=600 (1201)

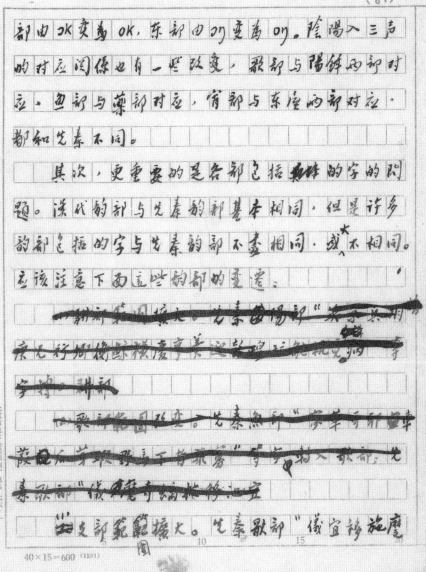

奇螭披池跛皮垂罷犄陂隨議撝褵誼犧疲馳義儀爲迤羈虧被靡彌篪欹崎觭罹地”等字轉入支部。

(2)耕部範圍擴大。先秦陽部“英京兵明萌庚兄行卿衡橫慶亨羹迎彭喤坑觥秔竟病景”等字轉入耕部。

(3)歌部範圍改變。先秦魚部“家華牙邪車葭瑕瓜夸野馬下夏者社寡”等字轉入歌部；先秦歌部“儀宜”等字轉入支部（見上文）。

(4)陽部範圍縮小。先秦陽部“英京”等字轉入耕部（見上文）。

(5)魚部範圍改變。先秦侯部“符臾珠姝儒俱隅驅腴區趣愚踰煦榆渝殊窶誅枸駒愉嶇朐株廚軀芻須樞躕襦諏濡逾嵎顒鄒”等字轉入魚部；先秦魚部“家華”等字轉入歌部（見上文）。

(6)宵部範圍擴大。先秦幽部“嘷咆曹皋翱牢陶嘈醪騷袍濤茅庖雕綢聊蕭條彫寥調保考道草抱稻皂寶造好導報奧老棗浩早掃巧爪卯飽鳥篠擾"等字轉入宵部。

(7)幽部範圍改變。先秦侯部"侯投逗頭厚後藕口偶走斗垢后苟狗詬構偷候"等字轉入幽部①；先秦幽部"曹陶包"等字轉入宵部（見上文）。

(8)文部範圍縮小。先秦文部"辰珍震貧振鄰銀"等字轉入真部。

由上文所述，可以看見，漢代韻部已經接近《切韻》的韻部了。茲更按等呼分析如下：

(1)之部[ə]

開一[ə]　切韻咍(大部分)　例字：來臺

合一[uə]　切韻灰(小部分)　例字：灰梅

開三[iə]　切韻之　例字：時期

①漢代沒有侯部，因為先秦侯部字都轉入魚幽兩部去了。

合三 [iuə] 切韵尤(小部分) 例字：谋尤

(2) 職部 [ək]

开一 [ək] 切韵德 例字：得塞

合一 [uək] 切韵德 例字：國惑

开三 [iək] 切韵職 例字：極直

合三 [iuək] 切韵屋三等(小部分) 例字：服郁

(3) 蒸部 [əŋ]

开一 [əŋ] 切韵登 例字：朋騰

合一 [uəŋ] 切韵登 例字：弘肱

开三 [iəŋ] 切韵蒸 例字：興升

合三 [iuəŋ] 切韵东三等(小部分) 例字：夢

(4) 支部 [e]

开二 [e] 切韵佳 例字：佳柴

合二 [oe] 切韵佳 例字：蛙

80

(83)

开三[i̯e] 切韵支 例字：知卑

开三[ǐe] 切韵支(来自歌) 例字：離儀

合三[i̯ue] 切韵支 例字：危規

合三[ǐue] 切韵支(来自歌) 例字：爲隨

开四[ie] 切韵齐开(小部分) 例字：谿堤

合四[iue] 切韵齐合 例字：畦攜

(5)锡部[ek]

开二[ek] 切韵麦 例字：策翮

合二[oek] 切韵麦 例字：畫

开三[i̯ek] 切韵昔(部分) 例字：益適

合三[i̯uk] 切韵昔 例字：役

开四[iek] 切韵锡(大部分) 例字：歷擊

合四[iuek] 切韵锡 例字：鶪

(6)耕部[eŋ]

开二[eŋ] 切韵耕 例字：耕争

開二 [eŋ]　切韻庚（來自陽）　例字：行羹

合二 [oeŋ]　切韻耕　例字：轟

合二 [oeŋ]　切韻庚（來自陽）　例字：橫觥

開三 [i̯eŋ]　切韻清　例字：城鳴

開三 [i̯eŋ]　切韻庚（來自陽）　例字：迎明

合三 [i̯ueŋ]　切韻清　例字：傾營

合三 [i̯ueŋ]　切韻庚（來自陽）　例字：兄

開四 [ieŋ]　切韻青　例字：形庭

合四 [iueŋ]　切韻青　例字：扃螢

(7) 歌部 [ɑ]

開一 [ɑ]　切韻歌　例字：河羅

合一 [uɑ]　切韻戈①　例字：和波

開二 [ea]　切韻麻　例字：沙嘉

開二 [ea]　切韻麻（來自魚）　例字：家牙

合二 [oa]　切韻麻　例字：瓦②

②"瓦"是麻韻的上声字。

①陸法言《切韻》無戈韻，這里據《廣韻》。

合二[oa] 切韵麻(来自魚) 例字：華瓜

開三[i̯a] 切韵麻 例字：嗟蛇

(8)鐸部[ak]

開一[ak] 切韵鐸(大部分) 例字：作閣

合一[uak] 切韵鐸 例字：郭霍

開二[eak] 切韵陌 例字：客宅

合二[oak] 切韵陌 例字：虢獲

開三[i̯ak] 切韵藥(小部分) 例字：若略

合三[i̯uak] 切韵藥(部分) 例字：攫縛

開四[iak]① 切韵陌 例字：逆戟

開四[iak]① 切韵昔(部分) 例字：石液

(9)陽部[aŋ]

開一[aŋ] 切韵唐 例字：岡郎

合一[uaŋ] 切韵唐 例字：光黄

① 鐸部開四的字，後來轉入開三。

开三[i̯aŋ] 切韵陽 例字：張長

合三[i̯uaŋ] 切韵陽 例字：狂方

(10)魚部[ɔ]

开一[ɔ] 切韵模 例字：都姑

合一[uɔ] 切韵模 例字：孤逋

开三[i̯ɔ] 切韵魚 例字：居書

合三[i̯uɔ] 切韵虞 例字：娱扶

合三[i̯uɔ] 切韵虞(来自侯) 例字：珠驅

(11)藥部[ɔk]

开一[ɔk] 切韵鐸(小部分) 例字：樂鶴

开一[ɔk] 切韵沃(小部分) 例字：沃襮

开二[eɔk] 切韵覺(部分) 例字：駁卓

开三[i̯ɔk] 切韵藥(大部分) 例字：酌虐

开四[iɔk] 切韵錫(小部分) 例字：激的

(12)宵部[o]

开一[o] 切韵豪 例字：桃高

82

(85)

開一[o] 切韻豪(來自幽) 例字：陶袍

開二[eo] 切韻肴 例字：交巢

開二[eo] 切韻肴(來自幽) 例字：茅庖

開三[i̯o] 切韻宵 例字：朝橋

開四[io] 切韻蕭 例字：苕堯

開四[io] 切韻蕭(來自幽) 例字：條聊

(13)屋部[ok]

開一[ok] 切韻屋一等 例字：穀鹿

開二[eok] 切韻覺(大部分) 例字：角濁

開三[i̯ok] 切韻燭 例字：玉足

(14)東部[oŋ]

開一[oŋ] 切韻東一等 例字：功同

開二[eoŋ] 切韻江(大部分) 例字：江邦

開三[i̯oŋ] 切韻鍾 例字：封龍

(15)幽部[u]

合一 [u]　切韵侯　例字：侯頭

合三 [ĭu]　切韵尤（大部分）　例字：流求

合四 [iu]　切韵幽　例字：幽彪

(16) 觉部 [uk]

合一 [uk]　切韵沃（大部分）　例字：毒鵠

合二 [euk]　切韵觉（小部分）　例字：覺学

合三 [ĭuk]　切韵屋三等（大部分）　例字：目宿

合四 [iuk]　切韵锡（小部分）　例字：戚迪

(17) 冬部 [uŋ]

合一 [uŋ]　切韵冬　例字：宗農

合二 [euŋ]　切韵江（小部分）　例字：降絳①

合三 [ĭuŋ]　切韵东三等（大部分）　例字：中宫

(18) 微部 [əi]

开一 [əi]　切韵咍（小部分）　例字：哀鎧

①"絳"是江韵去声字。

合一[uəi]　切韵灰（大部分）　例字：回雷

开二[eəi]　切韵皆（小部分）　例字：排俳

合二[oəi]　切韵皆　例字：怀淮

开三[ǐəi]　切韵微　例字：祈衣

合三[ǐuəi]　切韵微　例字：飛歸

合三[ǐuəi]　切韵脂（合口大部分）　例字：衰追

(19)物部[ət]

开一[ət]　切韵没（小部分）　例字：龁纥

合一[uət]　切韵没　例字：骨勃

开三[ǐət]　切韵迄　例字：乞訖

合三[ǐuət]　切韵物　例字：忽佛

合三[ǐuət]　切韵術（大部分）　例字：卒出

(20)文部[ən]

开一[ən]　切韵痕　例字：恩根

合一[uən]　切韵魂　例字：門存

~~開二[eən] 切韵山部分 例字、艱~~

~~合二[eən] 切韵山[illegible] 例字、鰥~~

開三[i̭ən] 切韵欣 例字：勤斤

合三[i̭uən] 切韵文 例字：雲聞

合三[i̭uən] 切韵諄(大部分)① 例字：春倫

(21) 脂部[ei]

開二[ei] 切韵皆(大部分) 例字：階齋

開三[i̭ei] 切韵脂開 例字：師飢

合三[i̭uei] 切韵脂合(小部分) 例字：葵夔

開四[iei] 切韵齊(大部分) 例字：妻泥

(22) 質部[et]

開二[et] 切韵櫛 例字：瑟櫛
開二[et] 切韵黠 例字：黠八
開三[i̭et] 切韵質 例字：日室

合三[i̭uet] 切韵術(小部分) 例字：恤

開四[iet] 切韵屑(大部分) 例字：結節

① 陸法言《切韵》没有諄韵，此據《廣韵》。

合四[iuet] 切韵屑 例字：血穴

(23)真部[en]

開二[en] 切韵臻 例字：榛莘

開三[ien] 切韵真 例字：人辰

合三[iuen] 切韵諄(小部分) 例字：均旬

開四[ien] 切韵先(部分) 例字：天賢

合四[iuen] 切韵先 例字：淵玄

(24)月部[at]

開一[at] 切韵曷 例字：達葛

合一[uat] 切韵末 例字：闊奪

開二[eat] 切韵黠(部分) 例字：殺察

開二[eat] 切韵鎋 例字：舝轄

合二[oat] 切韵鎋 例字：刮

開三[iat] 切韵薛 例字：列折

開三[iat] 切韵月 例字：竭訐

合三[iuat] 切韵薛 例字：絶説

合三[iuat] 切韵月 例字：越伐

開四[iat] 切韵屑(小部分) 例字：絜臬

合四[iuat] 切韻屑(小部分) 例字：決玦

(25)元部[an]

開一[an] 切韻寒[①] 例字：安餐

合一[uan] 切韻桓 例字：冠盤

開二[ean] 切韻刪 例字：姦蠻

開二[ean] 切韻山(大部分) 例字：山間

合二[oan] 切韻刪 例字：關還

開三[i̯an] 切韻仙 例字：然鞭

開三[i̯an] 切韻元 例字：言軒

合三[i̯uan] 切韻仙 例字：宣傳

合三[i̯uan] 切韻元 例字：原繁

開四[ian] 切韻先(部分) 例字：前肩

合四[iuan] 切韻先(部分) 例字：懸涓

(26)緝部[əp]

---

①陸法言《切韻》無寒韻，此據《廣韻》。

85

(88)

開一[əp] 切韵合 例字：雜納

開二[eəp] 切韵洽 例字：洽

開三[i̭əp] 切韵緝 例字：集入

(27)侵部[əm]

開一[əm] 切韵覃 例字：南潭

開二[eəm] 切韵咸 例字：咸鹹

開三[i̭əm] 切韵侵 例字：音心

合三[i̭uəm] 切韵凡(部分) 例字：凡帆

開四[iəm] 切韵添(小部分) 例字：簟念①

開三[i̭əm] 切韵鹽(小部分) 例字：潛

(28)盍部[ap]

開一[ap] 切韵盍 例字：榻臘

開二[eap] 切韵狎 例字：甲翣

開三[i̭ap] 切韵葉 例字：接獵

開三[i̭ap] 切韵業 例字：脅劫

合三[i̭uap] 切韵乏 例字：法乏

開四[iap] 切韵怗 例字：協牒

①"簟"是添韵的上声，"念"是添韵的去声。

(29) 谈部[am]

开一[am]	切韵谈	例字：甘蓝
开二[eam]	切韵衔①	例字：巖监
开三[iam]	切韵盐(大部分)	例字：廉瞻
开三[ǐam]	切韵嚴	例字：嚴醃
合三[ǐuam]	切韵凡(部分)	例字：犯範②
开四[iam]	切韵添(大部分)	例字：谦兼

汉代韵文例證

(1) 之部[ə]

坚冰作於履霜，寻木起於蘖栽[tsə]。

昧旦丕显，後世猶怠[də]。

况初制於甚泰，服者焉能改裁[dzə]？

故相如壮上林之观，扬雄骋羽猎之辞[zǐə]，

虽系以隤墙填壍，乱以收罝解罘[bǐuə]，

①"衔"字原属侵部，转入谈部。

②"犯範"是凡韵的上声。

86

(89)

卒無補於風規，祇以昭其愆尤[ɣi̯uə]。
臣濟奓以陵君，忘經國之長基[ki̯ə]。
故函谷擊柝於東，西朝顛覆而莫持[di̯ə]。
（張衡东京賦）

(2)職部[ək]

恭夙夜而不貳兮，固終始之所服[bi̯uək]。
夕惕若厲以省諐兮，懼余身之未敕[ťiək]。
苟中情之端直兮，莫吾知而不恧[ȵiuək]。
（張衡思玄賦）

(3)蒸部[əŋ]

神明崛其特起，井幹疊而百增[tsəŋ]。
跱遊極於浮柱，結重欒以相承[ȡi̯əŋ]。
累層構而遂隮，望北辰而高興[xi̯əŋ]。
消雰埃於中宸，集重陽之清澂[di̯əŋ]。
瞰宛虹之長鬐，察雲師之所憑[bi̯əŋ]。

上飛闥而仰眺，正睹瑶光與玉繩[dʑiəŋ]。
將乍往而未半，怵悼慄而慫兢[ki̭əŋ]。
非都盧之輕趫，孰能超而究升[ɕi̭əŋ]？
（張衡西京賦）

(4) 支部[e]

百馬同轡，騁足並馳[di̭e]。
橦末之伎，態不可彌[mi̭e]。
彎弓射乎西羌，又顧發乎鮮卑[pi̭e]。
（張衡西京賦）

(5) 錫部[ek]

正殿路寢，用朝群辟[pi̭ek]。
大夏耽耽，九戶開闢[bi̭ek]。
高門有閌，列坐金狄[diek]。
嘉木樹庭，芳草如積[tsi̭ek]。
（張衡西京賦）

87

(90)

(6)耕部[eŋ]

其内则含德章臺，天禄宣明[mieŋ]。
温飭迎春，壽安永寧[nieŋ]。
飛閣神行，莫我能形[ɣieŋ]。
（張衡东京賦）

(7)歌部[a]

若夫翁伯濁質，張里之家[kea]，
擊鐘鼎食，連騎相過[kua]，
东京公侯，壯何能加[kea]？
（張衡西京賦）

(8)鐸部[ak]

若夫游鷸高翬，絶阬踰斥[ȶʻiak]，
毚兔聯猭，陵巒超壑[xak]，
比之东郭，莫之能獲[ɣoak]。
（張衡西京賦）

40×15=600 (1201)

北京市电半公司印刷厂出品 七六·一

(9) 陽部 [aŋ]

俗遷渝而事化兮，泯規矩之員方 [pi̯uaŋ]。

寶蕭艾於重笥兮，謂蕙芷之不香 [xi̯aŋ]。

斥西施而不御兮，縶騾驢以服箱 [si̯aŋ]。

行頗僻而獲志兮，循法度而離殃 [i̯aŋ]。

惟天地之無窮兮，何遭遇之無常 [ʑi̯aŋ]！

不抑操而苟容兮，譬臨河而無航 [ɣaŋ]。

欲巧笑以干媚兮，非余心之所嘗 [ʑi̯aŋ]。

襲溫恭之黻衣兮，被禮義之繡裳 [ʑi̯aŋ]。

辮貞亮以為鞶兮，雜技藝以為珩 [ɣeaŋ]。

昭綵藻與琱琭兮，璜聲遠而彌長 [di̯aŋ]。

淹棲遲以恣欲兮，耀靈忽其西藏 [dzaŋ]。

恃已知而華予兮，鶗鴂鳴而不芳 [pʰi̯uaŋ]。

冀一年之三秀兮，遒白露之為霜 [ʃi̯aŋ]。

時亹亹而代序兮，儔可與乎比伉 [kʰaŋ]。

88

(91)

踏嶓嵺之巖崟兮，想依韓以流亡[mi̯uaŋ]。

恐漸冉而無成兮，留則蔽而不彰[ȶi̯aŋ]。

（張衡思玄賦）

(10)魚部[ɔ]

美人贈我貂襜褕[ʎi̯uɔ]，

何以報之明月珠[ȶi̯uɔ]。

路遠莫致倚踟躕[di̯uɔ]，

何為懷憂心煩紆[i̯uɔ]。

（張衡四愁詩）

(11)藥部[ɔk]

通天訬以竦峙，徑百常而莖擢[deɔk]。

上辯華以交紛，下刻陗其若削[si̯ɔk]。

翔鶤仰而不逮，況青鳥與黃雀[tsi̯ɔk]！

伏櫺檻而頫聽，聞雷霆之相激[ki̯ɔk]。

（張衡西京賦）

(12)宵部[o]

故其應清風也，纖末奮蕱[seo]，
錚鐄謍嗃[xeo]，
若絙瑟促柱，號鐘高調[dio]。

（馬融長笛賦）

(13)屋部[ok]

綠碧紫英，青雘丹粟[si̯ok]。
太一餘糧，中黃瑴玉[ŋi̯ok]。
松子神陂，赤靈解角[keok]。
耕父揚光於清泠之淵，游女弄珠於漢皋之曲[ki̯ok]。

（張衡南都賦）

(14)東部[oŋ]

春日載陽，合射辟雍[i̯oŋ]。
設業設虡，宮懸金鏞[ki̯oŋ]。

鼖鼓路鼗，樹羽幢幢[deoŋ]。

於是備物，物有其容[ʎi̯oŋ]。

伯夷起而相儀，后夔坐而為工[koŋ]。

（張衡东京賦）

(15)幽部[u]

追荒忽於地底兮，軼無形而上浮[bi̯u]。

出石密之闇野兮，不識蹊之所由[ʎi̯u]。

速燭龍令執炬兮，過鍾山而中休[xi̯u]。

瞰瑤谿之赤岸兮，弔祖江之見劉[li̯u]。

（張衡思玄賦）

(16)覺部[uk]

於有陰陽交和，庶物時育[ʎi̯uk]。

卜征考祥，終然允淑[ʑi̯uk]。

乘輿巡乎岱嶽，勸稼穡於原陸[li̯uk]。

同衡律而壹軌量，齊急舒於寒燠[i̯uk]。

省幽明以黜陟，乃反旆而迴復[bĭuk]。

（張衡东京賦）

(17)冬部[uŋ]

邇宇乂寧，思和求中[tĭuŋ]。
睿哲玄覽，都茲洛宫[kĭuŋ]。
曰止曰時，昭明有融[ʎĭuŋ]。
既光厥武，仁洽道豐[p'ĭuŋ][①]。
登岱勒封，與黃比崇[dʒĭuŋ]。

（張衡东京賦）

(18)微部[əi]

悲離居之勞心兮，情悁而思歸[kiuəi]。
魂眷々而屢顧兮，馬倚輈而徘徊[ɣuəi]。
雖遊娛以媮樂兮，豈愁慕之可懷[ɣoəi]？

（張衡思玄賦）

---

①"豐"字應屬冬部，理由見上文。

(19) 物部[ət]

尔乃廓開九市，通闤帶闠[ɣĭuət]。
旗亭五重，俯察百隧[zĭuət]。
周制大胥，今也惟尉[ĭuət]。
瓌貨方至，鳥集鱗萃[dzĭuət]。
鬻者兼贏，求者不匱[gĭuət]。
（張衡西京賦）

(20) 文部[ən]

都邑游俠，張趙之倫[lĭuən]。
齊志無忌，擬跡田文[mĭuən]。
輕死重氣，結黨連群[gĭuən]。
寔繁有徒，其從如雲[ɣĭuən]。
（張衡西京賦）

(21) 脂部[ei]

經途九軌，城隅九雉[diei]。

度堂以筵，度室以几[kiei]。

京邑翼翼，四方所視[ʑiei]。

漢初弗定，故宗緒中圮[biei]①。

（張衡东京賦）

(22)質部[et]

尔乃振竹之管，雲和之瑟[ʃet]。

雷鼓䨻䨻，六變既畢[piet]。

冠華秉翟，列舞八佾[ʎiet]。

元祀惟稱，群望咸秩[diet]。

颺槱燎之炎煬，致高煙乎太一[iet]。

神歆馨而顧德，祚靈主以元吉[kiet]

（張衡东京賦）

(23)真部[en]

彼天監之孔明兮，用棐忱而祐仁[ȵien]。

① 説文："圮，从土，己声。"重文"𢳆"，"从非，配省声。"按，"圮"当是脂部字，疑"圮"亦当从配省声。

湯蠲體以祈禱兮，蒙褫以拯民[mĭen]。

景三慮以營國兮，熒惑次於他辰[ʑĭen]。

魏顆亮以從治兮，鬼亢回以斃秦[dzĭen]。

（張衡思玄賦）

(24)月部[at]

奉引既畢，先輅乃發[pĭuat]。

鸞旗皮軒，通帛綪旆[bat]。

雲罕九斿，闟戟轇輵[kat]。

髶髦被繡，虎夫戴鶡[ɣat]。

駙承華之蒲梢，飛流蘇之騷殺[sat]①。

總輕武於後陳，奏嚴鼓之嘈囋[dzat]。

戎士介而揚揮，戴金鉦而建黃鉞[ɣĭuat]。

（張衡東京賦）

(25)元部[an]

①"殺"，這里讀桑葛切。

北京市电车公司印刷厂出品 七六·一

40×15=600 (1201)

於是蚩尤秉鉞，奮鬣被般[1][pean]。
禁禦不若，以知神姦[kean]。
螭魅魍魎，莫能逢旃[ȶi̯an]。
陳虎旅於飛廉，正壘壁乎上蘭[lan]。
（張衡西京賦）

(26)緝部[əp]

尚前良之遺風兮，恫後長而無及[gi̯əp]。
何孤竹之嶢嶢兮，子不群而介立[li̯əp]！
感鸞鷖之特棲兮，悲淑人之稀合[ɣəp]。
（張衡思玄賦）

(27)侵部[əm]

收疇昔之逸豫兮，卷淫放之遐心[si̯əm]。
修初服之娑娑兮，長余佩之參參[tʃʰi̯əm]。
文章奐以粲爛兮，美紛紜以從風[pi̯uəm]。
御六藝之珍駕兮，遊道德之平林[li̯əm]。

①"般"，通"班"。

結典籍而為罟兮，敺儒墨以為禽[gĭəm]。

玩陰陽之變化兮，詠雅頌之徽音[ĭəm]。

嘉曾氏之歸耕兮，慕歷阪之嶔崟[ŋĭəm]。

（張衡思玄賦）

(28)盍部[ap]

乃覽秦制，跨周法[pĭuap]。

狹百堵之側陋，增九筵之迫脅[xĭap]。

正紫宮於未央，表嶢闕於閶闔[ɣap]。

疏龍首以抗殿，狀巍峨以岌嶪[ŋĭap]。

亘雄虹之長梁，結棼橑以相接[tsĭap]。

蔕倒茄於藻井，披紅葩之狎獵[lĭap]。

飾華榱與璧璫，流景曜之韡曄[ɣĭap]。

（張衡西京賦）

(29)談部[am]

於東則洪池清籞，淥水澹々[dam]。

內阜川禽，外豐葭菼[tʻam]。

北京市电车公司印刷厂出品 七六・一

40×15=600 (1201)

獻鼈蜃與龜魚，供蝸蠯與菱芡[giam]。

（張衡《東京賦》）

分部歸字問題

之職蒸三部，與先秦古韻一致。

支部加入先秦歌部三等字。馮衍《顯志賦》叶"知儀"，班固《西都賦》叶"池涯隄椅陂"，張衡《南都賦》叶"螭觿蛇池陂涯"等，皆可為證。

錫部與先秦古韻一致。

耕部加入先秦陽部二等字和等字（《切韻》庚韻字）。這些字（"京、明"等字）在西漢時代还屬陽部，到了东漢時代就轉入耕部了①。馮衍《顯志賦》叶"英征京"，又叶"冥英"，班固《西都賦》叶"情京"，又叶"精靈成明京"，又叶"庚營生"，又叶"嶸莖英刑庭寧"，《辟雍詩》叶"光明行成"，《幽通

① 參看羅常培、周祖謨：《漢魏晉南北朝韻部演變研究》，181—198頁。

賦》叶"榮聲京"，《南巡頌》叶"經明庭旌"，《竇將軍北征頌》叶"明冥城經庭"，皆可爲證。

歌部加入先秦魚部的二等字和部分開口三等字（《切韻》麻韻字）。東漢時代歌麻不分，和越南語的漢語借詞一樣。班固《荅賓戲》叶"波華"，張衡《西京賦》叶"家過加"，又叶"歌葭阿娥蛇"，又叶"颬車葩蛇"，又叶"家華何"，《南都賦》叶"荷瓜"，皆可爲證。這樣一來，造成"麻蟆"同音，"嗟罝"同音，"瓜騧"同音，"嘉家"同音，與《切韻》相一致了。

鐸部與先秦鐸部一致。

陽部減去先秦陽部二、四等字（《切韻》部分庚韻字）。

魚部加入先秦侯部三等字（《切韻》部分虞韻字）。王逸《九思·逢尤》叶"愚虛蘇隅"，班固《典

北京市电车公司印刷厂出品 七六·一

40×15＝600 (1201)

引》叶"趣如"。張衡《思玄賦》叶"符敷居廬"(又叶"娱嘔"),《东京賦》叶"圖誅",《西京賦》叶"衢榆渝",《南都賦》叶"欐嶇紆隅踰",《歸田賦》叶"舒劬廬書模如",皆可為證。這樣一來,造成"虞愚"同音,"衢劬"同音,"扶符"同音,與《切韻》相一致了。

西漢時代,魚部还加入先秦侯部一等字(《切韻》侯韵字)。例如揚雄《解嘲》叶"餘傳漁侯軀",《長楊賦》叶"隅侯",枚乘《七發》叶"注構",王褒《四子講德論》叶"蘧仆",《僮約》叶"具竇鬬",又叶"驅偷"等。但是,到了东漢時代,先秦侯部一等字已經轉入幽部去了(見下文)。

藥部与先秦沃部一致。

宵部加入先秦幽部一、二、四等字(《切韻》豪肴蕭韵字)。西漢時代已经是這樣。例如枚乘《柳赋》叶"醪庖彫寥鬐陀毛醪橑"，王褒《責鬚髯奴辭》叶"调茵飆"，《四子講德論》叶"寶老"。揚雄《羽獵賦》叶"道草鎬杳"，《長楊賦》叶"道笑"，《解嘲》叶"鳥少"，《城門校尉箴》叶"少保"。到了东漢時代，也一樣常见了。例如王逸《九思·守志》叶"遥峣條鹞怊"，張衡《思玄賦》叶"教陶濤聊"，班固《竹扇賦》叶"妙篠"，崔駰《達旨》叶"表寶道"，無名氏《大學中謠八俊》叶"交俘"，《婦病行》叶"交抱道"，傅毅《七激》叶"妙好奥"等。凡此皆可為證。

冬部与先秦冬部一致。

东部与先秦东部一致。

东漢時代，幽部加入先秦侯部一等字（《切韵》侯韵字）。其实從西漢時代起，先秦侯部一等字就有一些轉入幽部。例如枚乘《七發》叶"酒口"，王褒《四子講德論》叶"歎茂母"。到了东漢時代，那就更多了。張衡《歸田賦》叶"丘流鈎鰌"，《西京賦》叶"阜守久朽茂"，又叶"疚酒叟壽"，又叶"裒郭舊"，《东京賦》叶"壽叟"，無名氏《太學中謡八俊》叶"秀茂"，馬融《廣成頌》叶"舟情流謳浮游"，趙壹《迅風賦》叶"求謳留"，無名氏《箭山父老歌》叶"流頭周憂遊"，《皚如山上雪》叶"頭流"。《古歌》叶"愁愁憂頭脩"，杜篤《首陽山賦》叶"喬壽"，崔駰《酒箴》叶"酒缶後"，李尤《平樂观賦》叶"擾叟虬逑耦首[illegible]阜缶①"，闕名《樊毅脩華嶽碑》叶"后寶久"，《高頤碑》叶"冑偶"，皆可為證。

冬部与先秦冬部一致。漢代冬部，極少和

①"擾"疑作"柔"上声。

95

(98)

东部押韵。漢武帝《策封齊王閎》叶"中終窮"，司馬相如《美人賦》叶"忠宫"，又叶"中宫"，《封禪文》叶"戎隆終"，刘胥《歌一首》叶"終窮"，刘向《九歎遠遊》叶"宫窮"，揚雄《甘泉賦》叶"中宫"，《羽獵賦》叶"宫崇"，《兗州箴》叶"忠宗"，刘歆《甘泉宫賦》叶"宫中融"，無名氏《紫宫諺》叶"雄宫"①，班固《西都賦》叶"宫中"，崔駰《車左銘》叶"躬中"，黄香《九宫賦》叶"宫崇"，李尤《平城門銘》叶"中宫融"，張衡《思玄賦》叶"宫彤終"，《西京賦》叶"隆宫中"，~~崔瑗《和帝誄~~王延壽《魯灵光殿賦》叶"宫崇"，都是冬部獨用的。

"弓穹雄"等字，本屬蒸部三等，漢代轉入冬部。早在秦代，呂不韋《呂氏春秋·本生》

~~①"雄"字本属蒸部，漢代轉入冬部。~~

北京市电车公司印刷厂出品 七六·一

40×15=600 (1201)

揚雄《羽獵賦》叶"窮雄中"①，已叶"中宮"。西漢無名氏《紫宮諺》叶"雄宮"，東漢崔瑗《和帝誄》叶"宮窮"。

"風"字本屬侵部合口三等，與"中宮"等字同呼同等。冬部從侵部分化出來後，"風"字應即隨同"中宮"等字一起轉入冬部，至少在漢代已經轉入了。因此，西漢劉勝《文木賦》叶"風隆"，東漢邊讓《章華臺賦》叶"終風中雄隆"，都應該認爲用本韻，不應該認爲是冬侵合韻。趙壹《迅風賦》叶"風充中終"②。

~~冬部雖從侵部分化出來了，但是在某些方言裏，直到漢代，還沒有分化出來。[illegible]~~

①《羽獵賦》："野盡山窮，囊括其雌雄。沇沇溶溶，遥噱乎紘中。"溶字應認爲不入韻，或爲"㴔"字之誤。

②"充"字本屬東部，在漢代轉入冬部。

~~玄·進》叶"陰融"，《太玄·玄瑩》叶"深崇中"。~~

微物兩部与先秦一致。

文部減去先秦文部"辰珍"等字（《切韻》真韻字）。

脂質兩部与先秦一致。

真部加入先秦文部"辰珍"等字（《切韻》真韻字）。賈誼《弔屈原文》叶"珍嬪"，司馬相如《子虛賦》叶"銀鱗"，梁竦《悼騷賦》叶"珍仁真"，傅毅《北海王誄》叶"親晨"，崔駰《东巡頌》叶"宸轔"，李尤《平乐觀賦》叶"珍鄰"，張衡《思玄賦》叶"仁民辰秦"，《东京賦》叶"陳轔嶙神"，《七辯》叶"榛珍"，《鮑德誄》叶"鄰頻宸"，馬融《廣成頌》叶"淵佃宸年"，《东巡頌》叶"辰神"，皆可為證。這樣一來，就造成"真振"同音，"因禋"同音，"辰臣"同音，"珍鎮"同音①。

① "振""鎮"皆讀平聲。

与《切韵》相一致了。

月元两部与先秦一致。

缉盍谈三部与先秦一致。

侵部减去先秦侵部合口呼的字（《切韵》冬韵及东韵三等字），只有唇音合口三等"凡帆"等仍留在侵部内。

冬部虽从侵部分化出来，但在某些方言里，直到西汉，还没有分化出来。司马相如《子虚赋》叶"参风音宫穷"，《长门赋》叶"心音宫临风淫阴音襟闇吟南中宫崇穷"①，扬雄《太玄·沈》叶"阴宫"，《太玄·进》叶"阴融"，《太玄·玄莹》叶"深崇中"，可见当时四川方言侵冬两部尚未分立②。

①"襟"字是合韵，"闇"可能是错字。

② 司马相如、扬雄都是成都人。

97

(100)

韵部音值的拟测

我对漢代音系拟测的总原则是：要把漢代音系看成是上古音系到中古音系的过渡，特别对韵部是如此。

之職蒸三部的音值没有变化。

支部是先秦歌部三等和先秦支部的合流。這个韵部应仍拟成[e]。

錫部的音值没有变化。

耕部是先秦陽部二、四等和先秦耕部的合流。原四等字併入三等，於是"京驚"同音，"黥擎"同音，和《切韵》相一致了。這个韵部仍应拟成[eŋ]。

歌部是先秦歌部一、二、四等和先秦魚部二、四等的合流。原四等字併入三等。這个韵部应該

北京市电车公司印刷厂出品 七六·一

40×15=600 (1201)

拟成原鱼部的[a]呢，还是拟成原歌部的[ai]呢？我認為应該是[a]，因為這是向中古歌韵的[ɑ]和麻韵的[a]过渡。漢代鱼部已演变為[ɔ]（見下文），所以和歌部的[a]並不衝突

錫部的音值没有变化。

陽部減去二等字和四等字。音值没有变化。

鱼部減去二等字和四等字，加入先秦侯部三等字。音值拟成[ɔ]，是向中古的[o]过渡。《切韵》鱼韵应該是个[o]，見下文。

藥部在先秦是[ok]，漢代演变為[ɔk]。藥部字大多數在《切韵》的藥韵。漢代藥部三等字拟成[i̯ɔk]，是向中古的[i̯ak]过渡。

宵部的音值没有变化，只是宵部收字多了。原幽部的一、二、四等字都与宵部合流，成為《切韵》蕭宵肴豪四韵。

98

(101)

屋部在先秦是[ɔk]，漢代演變爲[ok]。屋部一等字，直到《切韵》時代仍是[ok]；屋部三等字，在《切韵》里屬燭韵，讀[i̯uk]。漢代讀[i̯ok]，是由[i̯ɔk]向[i̯uk]过渡。參看下文第四章。

东部在先秦是[ɔŋ]，漢代演变爲[oŋ]。东部一等字，直到《切韵》時代仍是[oŋ]；东部三等字，在《切韵》里屬鍾韵，讀[i̯uŋ]。漢代讀[i̯oŋ]，是由[i̯ɔŋ]向[i̯uŋ]过渡。參看下文第四章。

幽部在《切韵》屬尤侯幽三韵，音值没有变化，只是收字少了。《切韵》侯韵字在先秦屬侯部，漢代併入幽部。在漢代，侯韵爲幽部一等，讀[u]，和"老好"等字没有矛盾，因爲後者已經轉入宵部去了。幽部三等讀[i̯u]，四等讀[iu]，与先秦同。

觉部音值没有变化。觉部一等字，在《切韵》屬沃韵，讀[uk]；觉部二等字，在《切韵》屬觉韵，漢代讀[euk]，《切韵》時代讀[ɔk]；觉部三等字，在《切韵》

北京市电车公司印刷厂出品 七六·一

屬屋韻三等，漢代讀[iuk]，《切韻》時代讀[iok]。

冬部音值沒有變化。冬部一等字，在《切韻》屬冬韻，讀[uŋ]；冬部二等字，在《切韻》屬江韻，漢代讀[euŋ]，《切韻》時代讀[ɔŋ]；冬部三等字，在《切韻》屬东韻三等，漢代讀[iuŋ]，《切韻》時代讀[ioŋ]。

微物文月元五部音值沒有變化。

緝侵盍談四部音值沒有變化。

（三）漢代的声调

漢代的声调系统和先秦的声调系统是否一致？漢代是否產生一个新的声调——去声？這是我们所要解决的問題。

有些音韵学家（如江有诰等）認為上古有去声。我在上章已经批評了他们。我深信段玉裁古無去声的説法。現在的问题是：汉代是否產生了去声；我起初以为汉代已经产生去声了；后来经过仔细考察，我认为汉代还没有产生去声。段玉裁说："去声备于魏晋。①"我认为他的话是对的。现在我从六个方面来证明汉代没有去声。

(1)原属平声，《切韵》歸去声。

"諫鳳控頌誦訟衆議義戲畏去壞震信運獻憲患眩化愴悵壯葬抗伉慶命性經定"原读平声。

《易林·復之需》叶"凍通功"，《易林·家人之剥》叶"鳳公通"，班固《西都賦》叶"蹤鋒控雙"，揚雄《羽獵賦》叶"叢頌"，闕名《武榮碑》叶"功同誦"，《易林·節之訟》叶"戎衆鋒"，东方朔《七諫·怨世》叶"嵯多移加何戲議為"。

①段玉裁：《六書音均表·古四声说》。

崔駰《達旨》叶"虧隨議"，王逸《九思·傷時》叶"施戲"，《九思·疾世》叶"馳羲乖池羲岐"，枚乘《七發》叶"異隈追壞"，《淮南子·俶真》叶"委居衞無"，《易林·蒙之既濟》叶"東滿其廬"，《師之革》叶"歸其夫"，《比之革》叶"東其夫居"，《賁之震》叶"廬其"，《大畜之小過》叶"東其輿"，《蹇卦》叶"輿其夫居"，《解之比》叶"其歸輿"，《夬之謙》叶"歸其"，揚雄《兗州箴》叶"震晨殷"，班固《西都賦》叶"震天淵"，《東都賦》叶"珍文雲震"，《荅賓戲》叶"鱗雲震門根"，崔駰《大將軍西征賦》叶"雲震"，《東巡頌》叶"震轔"，蔡邕《李林碑》叶"勤恤兮遵欣震仁珍文鄰年"，馮衍《顯志賦》叶"信親"，班固《幽通賦》叶"信真"，《竇將軍出征頌》叶"先垠軍仁信"，李尤《河銘》叶"信津殷鄰珍"，班昭《东征赋》叶"仁人神信"，張衡《思玄赋》叶"真信身"，蔡邕《述行赋》叶"溱遵勤墳殿晨文運欣"，揚雄《交州箴》叶"鄰乾塞"，賈誼《鵩鳥賦》叶"摶患"，刘向《九歎·離世》叶"還患"，揚雄《解嘲》叶"安患"，刘歆《遂初赋》叶"患原"，又叶"然患"，班彪《北征赋》叶"漫怨患"，蔡琰《悲愤诗》叶"患單関蛮漫歎安餐乾歎顏"，班固《十八侯銘·酈商》叶"獻刊"，馬融《廣成頌》叶"[illegible][illegible][illegible]"，嚴忌《哀時命》叶"加羅波為羅化頗差"，司马谈《論六家要旨》叶"化宜多"，王褒《洞簫賦》叶"嗟磋柯和阿跎多靡化蛇阿歌和加羅沱"，馮衍《顯志賦》叶"蛇化"，邊讓《章華臺賦》叶"加化華波嗟"，王逸《九思·哀歲》叶"涼朗唐穰愴章光旁陽荒"，張衡《四愁诗》叶"悵傷"，《易林·鼎之蹇》叶"長壯"。

李尤《屏風銘》叶"張方抗常"，張衡《思玄賦》叶"方香箱殃常航償裳珩長藏芳霜伉亡章"，东方朔《七諫·沈江》叶"傷忘彰殃亡望鄉同芳狂傷香攘陽明光當降長傷藏葬行當"，古詩《烏生》叶"生命"，《王子喬》叶"令平明寧命"，班固《白雉詩》叶"容精成慶"，桓帝初《京都童謠》叶"平姓"，揚雄《解嘲》叶"定平"，班固《竇將軍北征頌》叶"明冥城經庭"。

（1）京屬平聲，《切韻》有平去兩讀。

"鎮振怨漫數卷令"京讀平聲。

馮衍《顯志賦》叶"鎮玄親神"，揚雄《博士箴》叶"陳遵振賓"，劉向《杖銘》叶"怨言"，揚雄《大鴻臚箴》叶"官漫"，班彪《北征賦》叶"漫怨患藩愆殘"，班昭《东征賦》叶"卷間數焉"，張衡《南都賦》叶"娟卷"，皇甫規《女師箴》

101

(104)

叶"宫闲繁怨"，扬雄《太史令箴》叶"令征"，古诗《王子乔》叶"令平明寧命"。

(3) 京屡上声，《切韵》归去声。

"事御颔懼附岁狩歉茂疚富寿妙詬纛"京读上声。扬雄《长杨赋》叶"巧御"，《易林·随之坤》叶"事有"，《復之谦》叶"事已殆"，《姤之井》叶"事否市"，《遯之蹇》叶"汜子市颔悔"，蔡邕《弔屈原文》叶"颔辅"，無名氏《长安谣》叶"茂贾"，扬雄《解嘲》叶"懼舉"，《太僕箴》叶"附主"，马融《广成颂》叶"岁纛罟盬斧户旅"，《易林·解之同人》叶"牡狩酒"，王褒《四子讲德论》叶"歉茂母"，張衡《西京赋》叶"守久朽茂"，《东京赋》叶"疚酒富寿"①，冯衍《显志赋》叶"茂友"，

①"寿"字有上去两读。

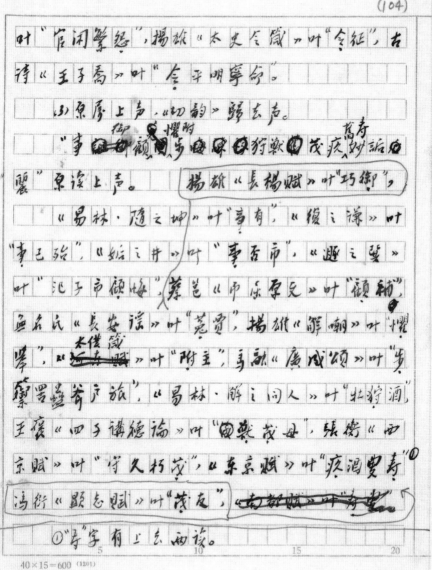

唐山夫人《安世房中歌》叶"保寿"，班固《幽通赋》叶"道笃"，《竹扇赋》叶"杳篠"，《汉书·叙传·魏豹田韩传赞》叶"舊朽島"，刘向《九歎·愍命》叶"窗諂"，扬雄《羽猎赋》叶"羆靡"。

(4)原属上声，切韵归上去两声。

"右寿后後"四原读上声。

张衡《西京赋》叶"阯杞峙右汜"，阙名《镜铭》叶"纪右子耳士悔"，蔡邕《胡硕碑》叶"右理祉俟士已纪"，唐山夫人《安世房中歌》叶"保寿"，古诗《董逃行》叶"寿首右守"，杜笃《首阳山赋》叶"耉寿"，阙名《樊毅修华岳碑》叶"后畱久"，崔駰《酒箴》叶"酒乐後"，胡广《诗中箴》叶"道右守"，司马谈《论六家要旨》叶"後主"，张衡《南都赋》叶"寿叟"。

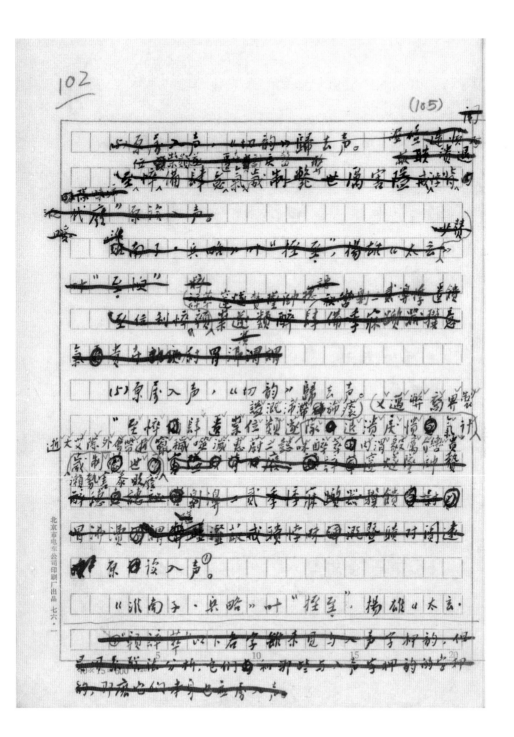

102

(105)

(5) 京房入声，《切韵》歸去声。

《淮南子·兵略》叶"悴至"，揚雄《太玄》叶"至悴"。

(5) 京房入声，《切韵》歸去声。

懿淚沛滯肺廢（又邁弊藹界製）

"至悴□肆遺棄位類遂隊□退潰屆憒□氣計

逝大艾際外會帶□竄織噬滅惠蔚二懿味醉萃□内渭殺厲□繪貴

歲制□世□

瀨勢害泰敗瘵

……京□讀入声[1]。

《淮南子·兵略》叶"悴至"，揚雄《太玄·

40×15=600

北京市电车公司印刷厂出品 七六·一

王力 漢語語音史 卷上·第二章

少贊》叶"至恆"，《易林·小畜之旅》叶"至惡"，《益之鼎》叶"至恆"，劉向《九歎·怨思》叶"拂悴"，《惜賢》叶"鬱悴"，揚雄《太玄·灾贊》叶"肆鄭節"，《灾測》叶"肆失"，《易林·蒙之坤》叶"鄉遺"，《蒙之睽》叶"跌出"，《訟之大畜》叶"卒出位"，《否之泰》叶"屈退去"，《噬嗑之坤》叶"節類"，《大壯之豐》叶"沛潰室"，《蹇之旅》叶"嫉遂"，《益之豐》叶"律除戾崇"，《夬之中孚》叶"出崇憒"，《艮之賁》叶"律遂"，《漸之旅》叶"屈出類"，班固《典引》叶"孽鉞制哲"，崔駰《達旨》叶"闥兩發沛滯"，又叶"制設滅"，張衡《東京賦》叶"發旆鶡鷸殺噦鉞"，《七辯》叶"烈瘵列折"，無名氏《皚如山上雪》叶"雪月絕會"，蔡邕《胡廣黃瓊頌》叶"勲禎懸氣說類懿位紱戀蔚貴遂二"，杜篤《論都賦》

103

(106)

叶"渭類实涨遂"，王逸《荔支賦》叶"味氣出贵"，張衡《西京賦》叶"醉萃原绒遂贵"，無名氏《古诗為焦仲卿妻作》叶"内日"，班固《荅賓戲》叶"計議突日"，馬融《長笛賦》叶"毅厲介戾氣制瘵説惠"，班固《西都賦》叶"厲竄穢壓折噬殺"①，《封燕然山銘》叶"裔外界竭世"，崔駰《太尉箴》叶"大殺艾際"，張衡《東京賦》叶"蓟製泉澥裔碣世"，桓麟《七説》叶"發外"，《七辯》叶"律會帶"，闕名《袁良碑》叶"厲際濊邁乂碣世"，《平通達李仲曾造橋碑》叶"結逝"，司馬相如《哀秦二世賦》叶"瀨世勢絶"，又叶"沫逝"，揚雄《廷尉箴》叶"害刈殺泰敗謁"，劉向《九歎·惜賢》叶"血厲"，揚雄《將作大匠箴》叶"世逝室卒"。

①"竄"，取外切。

北京市电车公司印刷厂出品 七六

(6)祭部入声。《切韵》归去入两声。

马融《围碁赋》叶"突卒没闭"，扬雄《冀州箴》叶"替弊"①。

從上面大量的例證来看，漢代確实还有長入一類声调，基本上还没有變為去声。但是，並不排除有少數字已经變為去声。留待再考。

①"卒、殺"等字也兼有去入两读，由於一般不读去声，故不入此類。

104

A7

(107)

第三章　魏晋南北朝音系（220—581）

（一）魏晋南北朝的声母

魏晋南北朝共有三十三个声母，如下表：

發音方法 \ 發音部位			双脣	舌尖前	舌尖中	舌葉	舌面前	舌根	喉
塞音	清	不送氣	p（帮非）		t（端知）			k（見）	ʔ（影）
		送氣	pʻ（滂敷）		tʻ（透徹）			kʻ（溪）	
	濁		b（並奉）		d（定澄）			g（群）	
鼻音			m（明微）		n（泥娘）		ȵ（日）	ŋ（疑）	
边音					l（来）				
塞擦音	清	不送氣		ts（精）		tʃ（莊）	tɕ（照）		
		送氣		tsʻ（清）		tʃʻ（初）	tɕʻ（穿）		
	濁			dz（從）		dʒ（牀）	dʑ（神）		
擦音	清			s（心）		ʃ（山）	ɕ（審）	x（曉）	
	濁			z（邪）		ʒ（俟）	ʑ（禪）	ɣ（匣喻三）	
半元音							j（喻四）		

由上表可以看出，魏晋南北朝声母的名称和数目和先秦完全相同，只是音值稍有改变，那就是：（一）照穿神三母的音值由[ȶ][ȶʻ][ȡ]變為[tɕ][tɕʻ][dʑ]；（二）喻四的音值由[ʎ]變為[j]。

由於"精清從"和"莊初牀"的同化作用，"照穿神"由塞音变為塞擦音；由於韵头[i]的影响，"喻四"由舌面前的边音[ʎ]变為發音部位相同的半元音[j]，這是很自然的演变。

從什麽地方可以看出這種演变呢？

第一，從南北朝某些方言神禪混合的情况可以看出，照穿神三母已經由塞音变為塞擦音，因為塞擦音和擦音相近，才容易相混。《顏氏家訓·音辭篇》說："南人以'石'為'射'，以'是'為'舐'。"又說："刘昌宗《周官音》讀'乘若承'。此例甚廣，必須考校。""射、舐、乘"都是神母字，"石、是、承"都是禪母字，神禪相混，為顏之推所譏，這是南北朝照穿神三母已由塞音变為塞擦音的明證。

第二，從南北朝某些方言喻四和喻三混合的情况可以看出，喻三已經由根擦[ɣ]变為半元音[j]。因為[ji]和[ɣi]音相近，才容易相混。正如现代吴语"形"(匣四)、"盈"(喻四)相混一样，都读成[ɦiŋ]。《颜氏家训·音辞篇》说："梁世有一侯，尝对元帝饮谑。谓'郢州'为'永州'。元帝启报简文。简文云：'庚辰吴入[1]，遂成司隶。[2]'"这是喻四由[ʎ]变[j]的明证。

《颜氏家训·音辞篇》批评南人以"钱"为"涎"，以"贱"为"羡"，现代吴语还是这样。"钱、贱"是从母字，"涎、羡"是邪母字。当时南人混了，北人不混。

《颜氏家训·音辞篇》批评徐仙民（邈）《左传音》切"椽"为"徒缘"，似乎可以证明，知彻澄已经从端透定分化出来了。"椽"读直挛切，是澄母字，古无舌上音，"椽"应属定母，徐邈切

①《左传·定公四年》："庚辰，吴入郢。"

②当时永州属司隶。

"椽"為"徒缘"不算錯，而顔之推說錯，那是因為在他的方言中澄母已經從定母分化出來了。但是，在《經典釋文》反切中，知徹澄还沒有從端透定中分化出來（見下文）。因此，我们認為，南北朝時代还沒有產生知徹澄三母。~~至少在一部分方言里是如此。~~有知徹澄三母的至多只是一部分方言而已。

（二）魏晉南北朝的韻部

魏晉南北朝共有四十二个韻部，如下表：

(109)

陰声		入声		陽声	
~~無~~韻尾	1. 之部 ə	韻尾 -k	2. 職部 ək	韻尾 -ŋ	3. 蒸部 ~~əŋ~~
			4. 德部 ɐk		5. 登部 ɐŋ
	6. 支部 e		7. 錫部 ek		8. 耕部 eŋ
	9. 歌部 a		10. 鐸部 ak		11. 陽部 aŋ
	12. 魚部 ɔ		~~13. 屋部 ok~~		~~東部 oŋ~~
	13. 模部 o		14. 屋部 ok		15. 东部 oŋ
	16. 宵部 ou 17. 幽部 u		18. 沃部 uk		冬部 uŋ
韻尾 -i	20. 微部 əi	韻尾 -t	21. 物部 ət	韻尾 -n	22. 文部 ən
	23. 脂部 ei		24. 質部 et		25. 真部 en
	26. 灰部 ɐi		27. 没部 ɐt		28. 魂部 ɐn
	29. 泰部 ai		30. 曷部 at		31. 寒部 an
	32. 祭部 æi		33. 薛部 æt		35. 仙部 æn
		韻尾 -p	35. 緝部 əp	韻尾 -m	36. 侵部 əm
			37. 葉部 ɐp		38. 嚴部 ɐm
			39. 盍部 ap		40. 覃部 am
			41. 葉部 æp		42. 盐部 æm

北京市电车公司印刷厂出品 七六·一

40×15=600 (1201)

~~魏晋~~南北朝韵部例字表

(1)之部[ə]

开三[iə]　切韵之止志

平声：兹时菑辞偲持絲期萁嗤輜诗之疑其欺。

上声：起止士沚汜子耳始已理(止)裏梓里杞似
紀市俟。

去声：志置忌事熾嗣駛異餌蕆吏。

(2)職部[ək]

开三[iək]　切韵職

直極識翼食側測飾式色抑蝕逼息織力棘
臆仄惻職昃陟。

合三[iuək]　切韵職

域蜮罭緎洫侐閾。

(3)蒸部[əŋ]

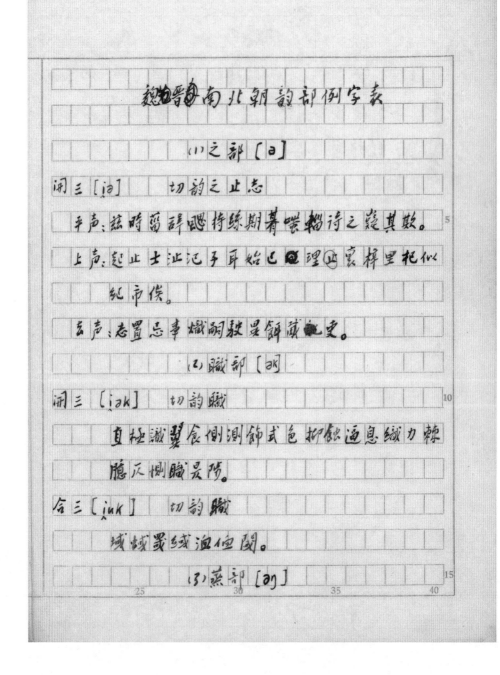

107

(110)

闭三［ɪəŋ］　切韵蒸拯證

平声：陵绳懲膺承升昇憑凝冰仍興勝蝇称澄缯
绫凌菱鹰應矜。

上声：拯。

去声：證孕媵應甑勝凭称。

(4)德部［ək］

闭一［ək］　切韵德

默勒德得墨黑慝北贼则刻塞忒僰克纆。

合一［uək］　切韵德

國或惑。

(5)登部［əŋ］

闭一［əŋ］　切韵登等嶝

平声：登棱曾層朋滕騰藤燈恒鵬崩藤能僧增。

上声：等肯。

去声：鄧亘贈嶝。

合一［uəŋ］　切韵登

平声：肱弘薨。

北京市电车公司印刷厂出品　七六·十

40×15=600 (1201)

(6) 支部 [e]

開三 [ie]　　切韻支紙寘

平声：猗知枝疵披施崖宜斯池羇雌奇迤馳岐移知離澌儀危疲差螭漪支糜兒貲卑羲疲漪。

上声：紙枳只是諟靡彼被技伎倚綺此紫弛。

去声：義議寘觶避臂詈荔賜易誼致戲翅智。

合三 [iue]　　切韻支紙寘

平声：規闚虧垂觽隓吹麾為隨窺危萎嬀。

上声：毀燬委詭跪髓累揣捶箠。

去声：惴為偽恚睡瑞諉。

(7) 錫部 [ek]

開二 [ek]　　切韻陌麥

格陌宅白客赫柏百澤；厄摘謫隔麥策翮册革。~~厄摘謫~~

合二 [oek]　　切韻陌麥

虢獲畫。

108

(111)

開三[iek] 切韻陌昔

逆隙戟擨綌郤；

石適迹跡襞碧夕璧積惜奕席[illegible]射藉籍尺

磧益亦液積懌斁炙。

合三[iuek] 切韻昔

役

開四[iek] 切韻錫

激狄析慼惕鷁歷滴敵寂壁。

合四[iuek] 切韻錫

闃郹砉

(8) 耕部 [eŋ]

開二[eŋ] 切韻庚梗映，耕耿諍

平声：庚秔行更羹阬盲祊生甥彭亨衡；莖崢爭

耕鏗甍萌甿罌。

上声：梗綆埂冷杏猛省眚；耿幸。

~~合二[oeŋ] 切韵庚梗映，耕耿諍~~

~~平声~~

去声：更孟行；諍迸

~~開二[eŋ] 切韵庚耕~~

~~[illegible]~~

開三[ieŋ] 切韵庚梗映，清静勁

平声：兵英鳴鯨平明麖迎評苹驚京荊盟◎擎黥勍；

~~合三[iueŋ]~~清晴情精菁嬴贏瀛嬰纓櫻貞楨赬盛

呈~~[illegible]~~旌城誠◎成盈征◎声鉦名◎并餳。

~~開四[ieŋ]~~

合二[oeŋ] 切韵庚梗映，耕耿諍

平声：横黌喤觥；轟[illegible]

~~合三[iueŋ] 切韵庚梗映，清静勁~~

~~開三[ieŋ] 切~~

~~開[illegible]声~~

上声：丙炳秉境警景影皿；静請阱井逞郢騁領嶺餅請省頸。

~~合三[iueŋ] 切韵庚梗映，清静勁~~

~~開四[ieŋ] 切韵青迥徑~~

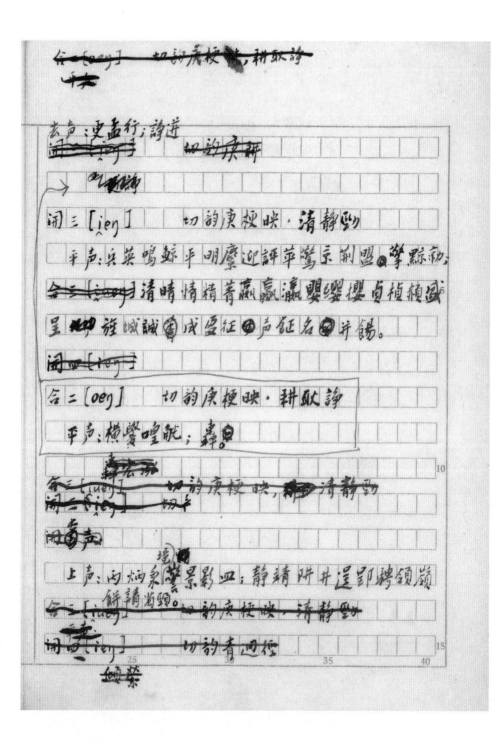

此頁原調右半頁。

109a

(112)

去声：映敬竟鏡競慶命病柄；勁正政聖鄭性姓令聘偋淨盛。

合三[iueŋ]　　切韵庚梗映，清静勁

平声：兄榮縈嶸；傾瓊營塋縈煢惸騂。

上声：頃永憬；頃穎潁。

去声：詠泳。

開四[ieŋ]

平声：庭汀灵经形刑硎星腥亭停聽寧螟瞑萍青涇邢陘型莛蜓霆丁仃馨猩惺醒屏瓶龄櫺零伶鈴冥溟。

上声：茗頂鼎町梃挺鋌町謦醒並。

去声：定脛訂錠罄磬甓聽

合四[iueŋ]　　切韵青迥徑

平声：扃駉坰熒熒熒。

上声：炯迥熲。

~~(9)魚部 [ɑ]~~

北京市电车公司印刷厂出品　七六・二

40×15=600 (1201)

(9)歌部[a]

开一[a]　　切韵歌哿箇

平声：歌柯哥䴗𧫣多娑挲𩢵跎鼉陀酡駝佗醝瘥莪峩娥俄拖它他羅蘿那儺何河荷苛訶呵珂軻阿痾。

上声：哿舸嚲舵我荷可坷左爸①。

去声：箇个賀佐軻餓馱那些。

合一[ua]　　切韵戈果過

平声：戈過鍋莎蓑梭娑鄱皤摩磨訛騾捼頗坡禾和龢科窠蝌。

上声：果裹蜾朶鎖瑣隋惰妥橢麽坐裸蠃倭跛簸叵頗禍火顆脞。

去声：過和挫課唾銼播簸磨破座臥貨惰涴。

开二[ea]　　切韵麻馬禡

①"爸"字，《廣韻》補可切，果韵。按，補可切當入哿韵。

平声：麻蟆拏嘉加家葭痂枷珈豭霞蝦葩巴鴉丫
椏叉杈沙鯊牙衙芽查槎茶爬杷琶

上声：馬雅賈檟假瘕斝灑啞下夏廈把。

去声：禡罵駕嫁稼架價亞婭嚇罅迓訝詫侘咤
[illegible]吒奼詐榨乍褯蜡暇夏下霸怕嗄。

合二［oa］　切韵麻馬禡

平声：華驊鏵划瓜騧媧蝸花譁誇夸胯洼蛙。

上声：踝寡瓦剮鮓。

去声：謝榭藉夜射卸瀉借舍麝貰。

去声：化跨華。

开三［i̯a］　切韵麻馬禡

平声：車奢賒邪耶[illegible]揶椰斜遮嗟些爹罝蛇衺闍。

上声：者也冶捨舍姐惹撦。

合三［i̯ua］　切韵歌

靴。

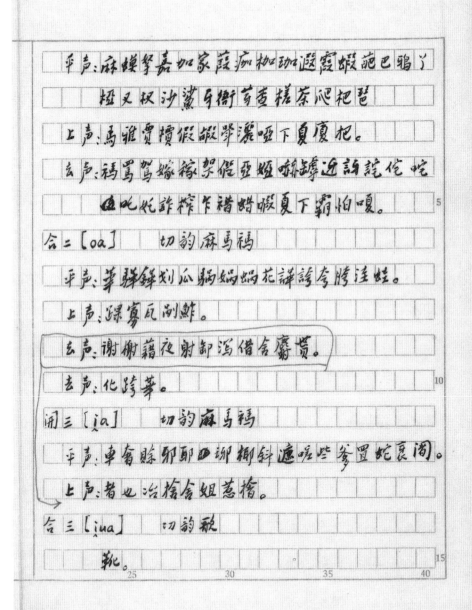

(10)鐸部 [ak]

開一 [ak]　切韻鐸

鐸度莫幕漠瘼落洛雒絡烙珞樂駱託橐籜蘀拓跅作鑿糳錯[illegible]各閣胳格愕鄂諤噩搏薄泊亳膊郝索涸鶴昨酢怍笮博諾。

合一 [uak]　切韻鐸

霍藿郭崞椁檴廓臛彏濩。

開三 [i̯ak]　切韻藥

藥躍禴鑰龠籥略掠腳蹻屩灼斫勺酌妁爍若弱箬綽約卻虐杓芍皛斮爵雀鵲著。

合三 [i̯uak]　切韻藥

噱醵矍戄縛。

(11)陽部 [aŋ]

開一 [aŋ]　切韻唐蕩宕

平声：唐堂糖棠˚郎廊琅狼當璫倉蒼滄剛岡綱亢

桑喪康航行杭迒茫芒臧藏囊旁傍卬昂幫。

上声：蕩盪顙榜駔曩儻帑黨莽朗盎。

去声：宕浪盎葬喪傍藏抗鋼。

合一[uaŋ]　切韵唐蕩宕

平声：荒肓黄璜潢皇惶簧蝗凰光汪懭洸。

上声：廣晃幌。

去声：曠壙纊。

开三[iaŋ]　切韵陽養漾

平声：陽揚羊洋良涼梁粱香鄉商傷殤章漳昌羌強薑疆姜長常裳張穰瓤攘相廂箱襄將創瘡霜孀戕鏘槍央鴦殃泱莊。

上声：養壤象像獎蔣兩鞅掌仰爽搶享敞丈仗昶長上壤賞。

去声：~~紡仿髣罔網枉往~~。漾恙煬亮諒狀讓餉帳悵相唱暢昶向仗釀匠障嶂尚上。

合三[iuaŋ]　切韵陽養漾

平声：房方防坊匡亡忘望筐王狂。

上声：紡仿髣罔網枉往。

去声：訪望忘況貺誑。

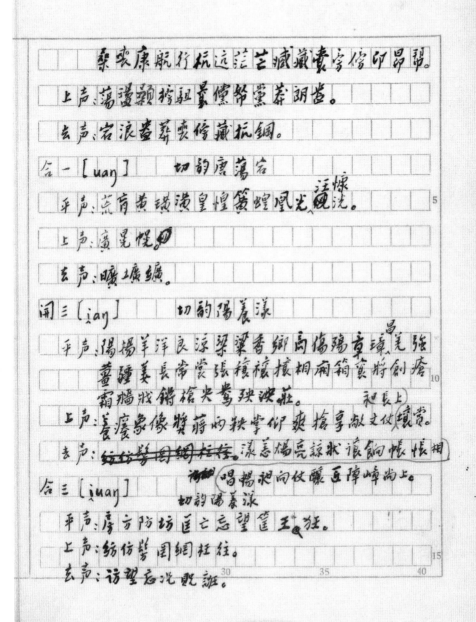

1106

(115)

此处不空白。

北京市电车公司印刷厂出品 七六·一

5 10 15 20

40×15=600 (1201)

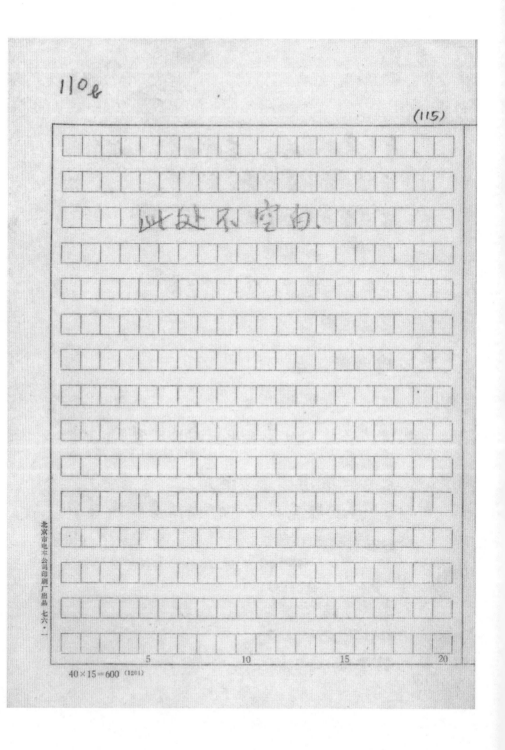

(12) 魚部[a]

合一[uo]　切韵模姥暮

平声：模謨酺蒲胡湖乎壺瓠孤姑沽辜屠圖塗途荼奴呼膴憮吾梧吳盧蘇租烏汙枯粗徂都。

上声：姥土杜肚魯鹵虜覩堵古鼓罟蠱盬賈詁五午伍簿祖組虎滸塢苦弩戶怙岵普浦補。

去声：暮慕度渡路露輅賂妒蠹兔菟吐顧故錮誤寤晤護互訴愬遡素祚布怒措庫袴捕步。

开三[io]　切韵魚語御

平声：魚漁初書舒居裾琚車渠余餘輿旟予胥沮雎鋤攄疏虛墟徐於豬廬臚閭諸除如袪。

上声：語圉禦呂旅侶佇宁與女許巨拒虡鉅所楚礎阻俎咀舉莒筥敘序緒杼。

去声：御馭慮據鋸踞覷去署恕庶著[illegible]翥飫詛箸遽醵茹洳豫譽預絮。

(13) 模部[o]

開三[io]　切韵虞麌遇

平声：虞愚隅禺無毋蕪巫誣亐于迂雩竽訏吁衢
鸜儒濡襦須鬚需株邾朱蠩珠殳銖逾踰臾
腴諛揄渝區驅軀殊蔞扶符凫敷孚俘痡諏
膚夫紆輸樞姝廚躕朐駒俱毹。

上声：麌羽禹雨宇聚甫脯斧頫俯府黼武舞
廡父輔釜拊橅柱詡煦庾愈主拄寠乳數矩
縷。

去声：遇寓樹住附賻注鑄鼻屨句瞿鮒戍裕喻諭
赴籔霧鶩懼具芋數付賦傅駐屢。

(14)屋部[ok]

開一[ok]　切韵屋
屋獨讀瀆遬黷穀谷轂斛哭秃速鹿禄漉族
簇暴樸僕扑卜濮木沐

開三[iok]　切韵屋

~~覺角珏搉殼岳捉斲卓~~

福腹複愊輻蝠伏復服馥匐縮六陸戮僇逐軸菊掬鞠匊麴孰熟塾俶叔育毓鬻肉粥竹祝倏菽畜蓄遂儵竺筑築蹙蹴矗慝蝮覆郁彧燠隩肅宿蓿夙目收穆。

(15) 东部 [oŋ]

开一 [oŋ] 切韵东董送

平声：东同童桐僮瞳空公功攻工蒙濛懞雺籠聾洪紅虹鴻叢翁聰怱蔥侗通恫豵蓬篷芃烘。

上声：董蠓孔桶總菶蝀琫。

去声：送貢贛弄凍棟湩控糉瓮(甕)洞痛鬨。

开三 [ioŋ] 切韵东董送

平声：中衷忠螽肜沖終潨蟲崇嵩戎弓躬宮融雄瞢夢穹窮風楓豐充隆癃。

去声：仲中諷夢鳳。

(16)宵部［ou］

开一［ou］ 切韵豪晧號

平声：豪號毫嗥濠高膏皋羔櫜勞牢醪蒿毛髦旄氂饕韜弢滔絛刀忉騷繅搔袍褒陶桃逃綯濤翱敖遨嗸曹槽鏖猱尻操。

上声：晧昊浩鎬抱老好寶保潦討道稻腦惱擣禱倒島草早澡蚤棗皁造杲堡襖媼考攷栲。

去声：號導纛蹈盜到倒告誥縞傲鰲奡冒帽芼澇勞操暴靠好奥譟埽犒藃耗。

开二［eou］ 切韵肴巧效

平声：肴殽爻淆交蛟膠郊巢鐃呶怓梢筲蛸茅貓虓哮包苞胞拋敲聱嘲庖咆抄鈔炰坳。

上声：巧佼飽撓卯昴絞狡攪姣爪鮑齩炒拗。

去声：效傚劾校教孝罩豹貌窌稍橈淖樂。

开三［iou］ 切韵宵小笑

北京市电车公司印刷厂出品 七六・一
40×15=600 (1201)

平声：宵消霄銷超朝鼂囂枵樵譙驕嬌焦椒饒遙瑤姚搖韶昭飆標鑣瀌瓢飄苗描要邀喬橋僑蕘妖夭貓杓漂翹燎。

上声：小肇兆趙旐夭少擾繞摽縹紹杪淼眇矯表舀悄勦。

去声：笑肖照詔耀曜燿要召邵嶠剽漂燎少療醮廟。

開四 [iou]　　切韵蕭篠嘯

平声：蕭簫祧佻挑貂凋雕彫刁迢條鋚跳蜩調苕驍梟澆徼遼僚聊堯幺。

上声：篠皎皦繳鳥了瞭朓曉杳窈窕挑湫。

去声：嘯糶眺弔釣蔦徼叫尿掉調莜竅料窔。

(17) 幽部 [u]

合一 [u]　　切韵侯厚候

平声：侯猴餱篌謳漚鷗樓婁蔞摟髏彄摳緅陬偷

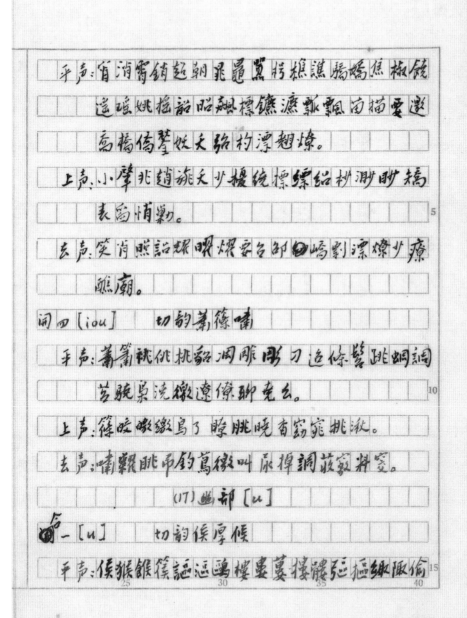

頭投鉤溝篝兜裒。

上声：厚後后母牡某畝拇部斗苟狗笱偶耦藕縠叟擻籔吼剖[illegible]嘔塿走。

去声：候后後厚寇詬茂貿戊袤懋仆踣竇逗鬥耨嗽奏透逅遘構雊韝瞜湊陋漏簉。

合[illegible]三[iu]　　切韵尤有宥

平声：尤郵訧憂優麀劉留流秋鍬猶由攸悠油游遊卣鯈牛遒酋脩修羞抽瘳妯犨周州洲舟讎酬柔蹂收丘鳩不紑搜蒐鄒騶陬愁休庥囚泅儔疇求裘球浮桴謀牟矛眸侔。

上声：有友柳狃杻丑肘朽久九玖韭灸首手守醜婦負阜缶否不糗臼舅咎紂酉誘牖槱受綬壽滫酒帚。

去声：宥又佑祐右囿侑救灸廄究疚胄酎宙繇籀晝咮狩獸臭呪祝舊柩瘦漱皺副富[illegible]畜溜

霤秀繡宿儵驌復糅狖授售壽。

開四[iu]　切韻幽黝幼

平声：幽呦虯觩彪鏐樛烋繆鷚。

上声：黝糾赳。

去声：幼謬繆。

(18)沃部[uk]

合一[uk]　切韻沃

沃毒篤督酷嚳鵠翯僕梏瑁熇襮。

合二[euk]　切韻覺

覺角桷珏榷嶽岳樂浞捉朔稍數卓斵涿諑琢啄剝駁邈雹暴璞殼濁濯渥握幄逴學。

合三[i̯uk]　切韻燭

燭屬矚玉獄旭頊局跼侷蜀觸辱蓐褥縟欲浴慾躅錄綠醁籙曲瘃劚贖續幞促俗粟亍。

(19)冬部[uŋ]

合一[uŋ]　切韵冬宋

平声：冬彤佟𪆔鼕賨琮淙潨宗農儂浲。

去声：宋綜統。

合二[euŋ]　切韵江講絳

平声：江扛厖𤢋龐窗邦降洚瀧雙逢釭缸腔幢惷椿。

上声：講港耩棒蚌项。

~~合二[i̯uŋ]　切韵鍾腫~~

去声：絳降巷閧戇。

合三[i̯uŋ]　切韵鍾腫用

平声：鍾鐘龍舂松衝容庸墉鏞鎔封凶胸兇訩顒邕雍癰濃醲穠重從傭逢縫峰蜂丰烽縱蹤樅茸蛩筇恭供龔鬆樅。

上声：腫種踵寵隴壟擁壅冗重冢奉捧勇涌甬蛹俑恐𢓐拱拲竦悚聳。

去声：用頌誦訟俸縫共供雍湩縱種重從。

(20)微部[əi]

开三 [i̯əi]　　切韵微尾未

　平声：祈旂頎畿[illegible]機幾譏蘄磯鐖希稀晞豨衣沂。

　上声：豈蟣顗扆偯。

　去声：既暨禨毅氣衣。

合三 [i̯uəi]　　切韵微尾未

　平声：微薇揮煇翬徽幃圍韋霏妃菲騑飛扉非肥腓淝威葳巍歸。

　上声：尾亹娓斐菲悱朏匪篚蜚韙棐韡鬼虺卉。

　去声：未味貴胃渭謂魏沸費痱誹尉蔚慰畏諱狒翡。

（21）物部 [ət]

开三 [i̯ət]　　切韵迄

　迄仡肸汔訖吃屹乞。

合三 [i̯uət]　　切韵物

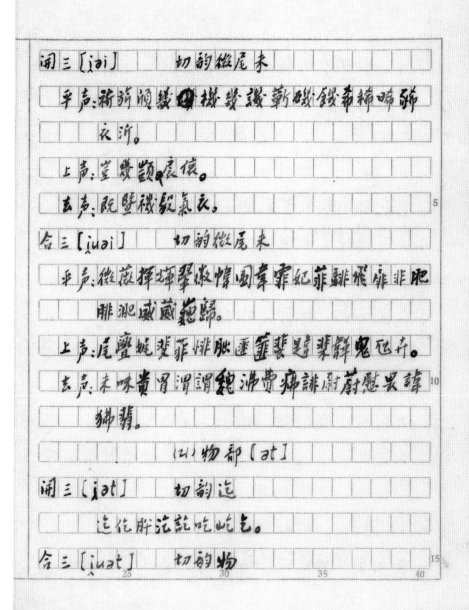

物勿弗紱韍黻綍鬱菀尉蔚屈[illegible]詘倔

崛佛怫拂袚。

(22)文部[ən]

开三[i̯ən]　切韵欣隐焮

平声：欣昕訢勤芹懃殷[illegible]斤筋垠狺鄞。

上声：隐謹堇卺近听。

去声：焮靳近。

合三[i̯uən]　切韵文吻問

平声：文闻蚊[illegible]云雲芸耘氲汾墳氛濆棼枌頒蕡

羒分饙裙熏薰獯君軍芬紛。

上声：吻刎抆粉憤忿惲蕴韞醞。

去声：問璺紊汶運暈鄆訓忿糞奮醖慍捃郡分。

(23)脂部[ei]

开三[i̯ei]　切韵脂旨至

平声：脂祗泜咦姨彝痍洟師獅[illegible]咨資粢姿飢肌

北京市电车公司印刷厂出品　七六·一

40×15=600 (1201)

鴟絺郗茨餈尼怩墀遲坻私尸鳲屍蓍耆祁伊梨~~葵追龜蘬綏衰惟維遺唯欙虆錐綏睢逵夔馗騤~~眉湄楣黴麋悲~~錐雖誰帷~~邳丕伾秠駓~~鎚椎推蓷~~胝紙~~樢巂~~。

上声：旨指厎視美鄙兕菲几机姊秭匕比妣~~軌宄洧鮪~~矢屎雉死履~~水壘藟誄耒揆癸~~否痞圮仳[illegible]嚭~~蕊~~。

去声：至贄[illegible]摯鄙媚魅祕毖閟轡柲泌費邲濞淠備奰糒殪嗜視利莅膩屁劓致寘躓贄棄緻穉寐冀驥洎垍二貳次佽懿鐿四肆泗駟器鼻比畀濞庇地肄示諡自。

合三［i̯uei］　切韵脂旨至

平声：葵追龜蘬綏衰惟維唯遺欙虆錐綏睢逵夔馗騤錐騅誰帷[illegible]鎚椎推蓷樢[illegible]。

上声：軌宄洧鮪水壘藟誄耒揆癸蕊唯。

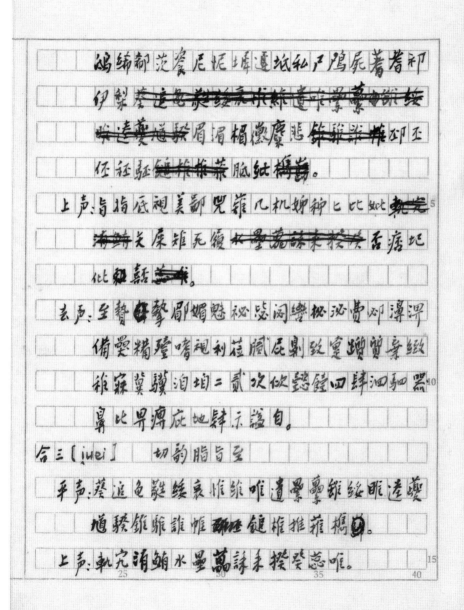

去声：位遂隧燧穗醉邃祟誶粹類淚纍遺蕢饋餽櫃壝帥喟翠墜慧季悸侐。

(24)質部[et]

開二[et] 切韻櫛

櫛瑟蝨。

開三[iet] 切韻質

質桎櫍蛭騭銍鑕日馹衵实袟怢紩姪悉膝蟋一壹七漆匹吉拮暱(昵)逸佚佾溢軼鎰泆詰抶栗慄溧窒庢銍疾嫉失室蜜謐宓必畢篳蹕觱柲驆姞佶邲苾汩叱密[illegible]乙筆。

合三[iuet] 切韻術

術述秫沭橘崒聿遹鴥卒卹恤戌律黜怵窋术出率①

(25)真部[en]

①"率"，所律切，術韻字。今本《廣韻》誤入質韻。

開二[en]　　切韵臻

平声：臻蓁溱榛莘駪侁詵甡。

開三[i̯en]　　切韵真軫震

平声：真甄因茵禋闉駰湮姻新辛辰晨宸人仁神親申身伸娠呻賓濱[illegible]鄰麟粼嶙鱗珍陳塵津瞋嗔秦螓寅夤繽頻蘋顰銀誾嚚巾[illegible]珉閩緡旻貧彬斌豳邠民。

上声：軫縝疹畛鬒診腎蜃忍矧哂引紖眹緊盡牝臏蚓愍閔憫敏泯。

去声：震振賑娠信刃仞胤遴吝藺儐殯鬢陣慎晉搢縉進衅釁鎮瑱僅覲殣櫬襯齔印疢趁

合三[i̯uen]　　切韵諄準稕；真軫震(合口)

平声：諄惇肫椿荀郇詢峋洵畇純蓴醇鶉淳犉脣漘倫淪輪綸屯窀迍逡踆皴遵春匀旬巡馴循均鈞；麕筠囷。

上声：準允尹毨笋隼蠢盾吮；窘菌。

去声：稕峻濬迅殉徇儁俊畯骏餕舜瞬闰润顺。

(26) 灰部 [ɐi]

开一 [ɐi]　　切韵咍海代

平声：咍开哀埃臺苔該賅垓栽哉才財材裁來萊
　　騋災胎台孩腮欸。

上声：海醢凱愷宰駘殆待怠迨紿乃迺改亥采採
　　綵寀彩在欸毒。

去声：代岱黛逮戴再賽塞貸態溉概慨愾鎧礙愛
　　曖僾瀣劾耐鼐戴賚倈菜載。

开二 [eɐi]　　切韵皆駭怪

平声：皆偕階喈湝諧骸排俳豺[illegible]埋霾齋犲儕。

上声：駭楷鍇騃。

去声：瘵戒誡界介届疥芥械薤瀣拜湃憊鎩殺。

广

开三 [iɐi]　切韵废

去声：刈乂忩。

合一 [uɐi]　切韵灰賄隊。

平声：灰虺傀恢詼悝魁盔隈煨回洄迴徊蛕枚媒煤梅禖鋂傀瑰瓌雷繢隤崔縗堆摧裴徘培陪杯肧醅桅嵬朘。

上声：賄悔猥磊蕾儡罪浼每腿餒。

去声：隊憝佩錞邶悖背妹昧穤配誨悔晦磧痗對碓倅淬焠退憒潰塊碎纇輩誖。

合二 [oɐi]　切韵皆怪 ~~夬~~

平声：乖懷槐淮。

去声：怪壞蒯聵 ~~夬噲快會喙~~

合三 [iuɐi]　切韵废

去声：廢袚肺穢吠茷喙。

(27) 月（深）部 [ɐt]

117

(123)

开一[ət] 切韵没

麧纥龁。

~~开二[eət] 切韵鎋~~

~~鎋牽轄刹瞎鶷刖捌。~~

开三[iət] 切韵月

蠍謁閼歇訐揭羯碣钀。

合一[uət] 切韵没

没殁骨汩勃渤孛咄突凸忽笏惚兀窟矻訥

窣猝卒捽。

~~合二[oət] 切韵鎋~~

~~刮鵽。~~

合三[iuət] 切韵月

月刖伐筏閥罰越鉞粵曰厥闕蹶橛髮發韈。

(28)魂部[ən]

开一[ən] 切韵痕很恨

40×15=600（1201）

北京市电车公司印刷厂出品 七六·一

平声：痕根跟恩吞。

上声：很墾懇。

去声：恨艮。

开三［ǐɐn］　切韵元阮願

平声：言軒騫犍蔫。

上声：偃鄢寋巘幰。

~~合一［uən］　切韵魂~~

去声：建堰獻。

合一［uən］　切韵魂混慁

平声：魂渾昆晜褌鯤溫門捫亹孫飧尊樽存敦惇墩暾屯豚臀邨村盆奔論崙掄昏惛婚閽。

上声：混忖本損穩閫盾鯀。

去声：慁頓巽遜困嫩悶鈍遁遯寸論。

合三［ǐuən］　切韵元阮願

平声：元原源沅爰袁猿援轅煩璠繁蘩蕃樊番翻幡喧萱壎貆鴛冤蜿藩園。

118

(124)

上声：阮遠晚挽輓反阪返卷婉苑宛琬綣飯。

去声：願愿劵綣萬蔓飯遠。

(29) 泰部[ai]

开一[ai]　　切韵泰[ai]

去声：泰太汰蓋丐艾藹靄柰奈大害帶貝沛霈旆愒蔡艞籟癩瀨。

开二[eai]　　切韵佳蟹卦

平声：佳街鞋牌柴柴釵差厓涯崖。

上声：蟹解買獬澥廌罷矮灑。

去声：懈邂瘥睚稗派債隘。

合一[uai]　　切韵泰

去声：會繪儈膾檜澮鄶獪劊最噦劌濊酹外祋薈蕞。

合二[oai]　　切韵佳蟹卦

平声：媧蛙娃洼。

上声：拐。

去声：卦挂詿罣畫。

(30) 曷部[at]

開一[at]　　切韵曷

曷褐鶡蝎怛妲闥撻獺達遢闒剌辣瘌渴葛割薩攃捺。

開二[eat]　　切韵黠

黠札紮拔劼八察戛軋揠[illegible]煞鎩。

合一[uat]　　切韵末

末眛韎秣抹妺沫撥鉢括鴰适闊活奪脫豁斡撮捋跋。

合二[oat]　　切韵黠

滑猾鶻豽。

(31) 寒部[an]

開一[an]　　切韵寒旱翰

A8

(125)

平声：寒韩翰邯汗豻單鄲丹殫簞安鞍難餐灘歎
攤跚珊壇檀彈殘干乾竿肝奸玕闌蘭瀾看
刊。

上声：旱亶疸坦散傘但袒誕讚嬾(懶)。

去声：翰捍扞汗悍炭歎按案旦旰幹榦岸犴侃衎
漢暵爛難粲燦散贊讚酇。

開二〔aan〕　切韵删潸諫

平声：删潸班斑蠻顏姦菅攀。

上声：潸版板赧。[illegible]

去声：諫鴈(雁)贗晏鷃澗訕慢嫚謾棧。

合一〔uan〕　切韵桓緩換

平声：桓完丸芄萑汍貆刓端剜酸豌蜿湍團漙
剸摶欑官棺觀冠鑾鸞欒巒歡讙鑽槃盤瘢
磻蟠般鞶瞞鏝潘。

上声：緩澣浣短盌疃管琯痯卵款暖纂伴斷。

去声：換逭惋腕貫祼館瓘灌鸛冠觀盥竄爨玩翫亂斷鍛段彖喚煥算蒜幔漫墁半絆判泮叛畔攢。

合二[oan] 切韻删潸諫

平声：關擐彎灣還環鬟寰。

上声：綰皖鯇睆莞。

去声：患宦豢慣丱篡。

(32)祭部[æi]

開二[eæi] 切韻夬

去声：邁敗犗蠆。

開三[i̯æi] 切韻祭

去声：祭際弊斃潎蔽袂制掣製晢逝曳洩瘞藝囈滯彘例厲癘勵礪糲憩愒揭世勢貰猘罽瘵偈傺楴。

開四[iæi] 切韻齊薺霽

120

(126)

平声：齊臍蠐懠黎犂藜黧鑗妻萋凄驪低氐磾
鞮羝隄啼提題綈荑騠狴鵜稽笄叫奚傒蹊
兮鼷鷖倪霓猊醯西棲犀嘶梯鼙批
齎齏齋躋擠迷麛泥谿(溪)。

上声：薺禮澧醴鱧蠡體涕濟邸抵坻詆底牴柢
弟禰洗泚啓稽棨綮傒米眯陛。

去声：霽擠濟帝諦嚏柢蔕螮劑替涕剃第悌棣
杕遞逮砌切妻細壻詣羿睨計繼係繫
薊髻系契栔翳曀殪謎閉嬖薜麗戾隸荔
捩唳沴泥。

合二[uæi] 切韵夬
去声：夬獪噲快噦。

合三[i̯uæi] 切韵祭
去声：歲衛彗芮汭枘贅銳脆銳睿蜹綴醊啜
啜餟税說蜕悅劌鱖蹶。

合四[iuæi]　　切韻齊薺霽

平声：圭珪闺窐畦奎刲攜眭觿。

去声：桂嘒慧惠蕙。

(33) 薛部[æt]

開二[eæt]　　切韻鎋

鎋(舝)轄刹瞎獺捌。

開三[ĭæt]　　切韻薛

薛紲泄褻渫媟禼硩列烈洌冽裂蛚栵哲桀傑杰竭碣偈熱哲浙折舌孽孼讞闑蘖钀别轍徹澈撤孑許揭設。

開四[iæt]　　切韻屑

屑切竊結絜潔桔袺拮節癤垤耋迭跌絰瓞咥鐵餮擷頡襭涅捏苶截臬隉蔑蠛衊噎挈齧蹩苾窒齧。

合二[oæt]　　切韻鎋

121

(127)

刮鴰

合三 [i̯uæt] 切韵薛

絕雪𢦏說閱鈌爇拙輟惙餟歠啜掇劣埒鋝刷茁。

合四 [iuæt] 切韵屑

血決闋缺玦訣鴂觖抉穴。

(34) 仙部 [æn]

开二 [eæn] 切韵山產襇

平声：山閒艱蕑閑嫻憪孱潺殷。

上声：產汕限簡僩柬揀剗鏟棧輚眼盞。

去声：襇閒覵莧瓣辦盼扮綻。

开三 [i̯æn] 切韵仙獮線

平声：仙僊鮮錢遷躚煎湔鬋然燃延埏筵饘旃氈鸇甄邅潺孱羶扇煽蟬禪澶嬋纏躔廛嫣連聯漣篇偏翩便楩緜綿涎乾虔犍騫褰焉。

40×15=600 (1201)

上声：獮鮮癬蘚演衍踐錢俴展輾淺闡嘽遣繾蹇搴善蟺鄯翦戩輦甗件辯辮緬沔褊免娩勉冕。

去声：線綫戰顫繕膳禪單嬗彥唁譴遣面偭箭譾扇煽卞汴忭弁賤羨錢衍便變。

開四［iæn］　切韵先銑霰

平声：先蹮前千仟阡芊箋韉濺天堅肩豜賢弦絃煙燕蓮憐田畋填闐滇年顛巔傎牽妍研蹁眠胼駢軿邊籩編蝙。

上声：銑跣燹腆典蝘殄繭峴俔睍撚扁匾。

合二［oæn］　切韵山產襉

平声：鰥綸。

去声：幻。

合三［iuæn］　切韵仙獮線

平声：全牷泉宣揎鐫翾儇穿川沿鉛捐鳶緣旋璿漩娟悁蜎船詮銓痊筌縳專甎顓遄員圓

去声：霰先茜倩電殿奠甸佃鈿瑱練見現硯燕薦荐麪片。

拳権鬈孿傳。

上声：~~合四[iuæn] 切~~ 兖轉圈軟舛篆剸選撰。

去声：眷倦饌饋傳囀轉。

合四[iuæn]　切韵先銑霰

平声：淵涓蠲鵑狷玄懸。

上声：泫鉉畎犬。

去声：絢縣炫衒狷。

(35)緝部[əp]

開三[iəp]　切韵緝

緝葺十什拾執汁習褶隰集輯楫入揖挹溼

及立苙笠粒急汲伋給級泣澀澁吸歙翕

戢濈邑悒。

(36)侵部[əm]

開三[iəm]　切韵侵寢沁

平声：侵駸綅尋潯鬵林淋琳臨琛斟針鍼箴沈

湛碪(砧)諶壬任紝深淫祲琴禽吟歆欽金今矜襟音陰森參岑簪。

上声：寢錦朕廩懍凜荏飪稔枕沈瀋葚甚噤蕈稟飲品。

去声：沁浸祲任妊鴆枕禁賃蔭癊飲滲譖讖臨。

(37)業部[ɐp]

开三[ĭɐp]　　切韵業[illegible]

業鄴嶪脅怯呿劫跲腌。

合三[ĭuɐp]　　切韵乏

乏法。

(38)嚴部[ɐm]

开三[ĭɐm]　　切韵嚴儼釅；梵

平声：嚴杴醃。

上声：儼欦。

去声：釅[illegible]劍俺。

123

(129)

合三[juɐm]　切韵凡范梵

平声：凡帆。

上声：范範。

去声：梵汎泛。

(39)合部[ap]

开一[ap]　切韵合

合閤郃答嗒颯卅沓遝踏雜匝拉納軜。

开二[eap]　切韵洽

洽狹袷峽恰掐夾跲眨臿插霎歃霅。

(40)覃部[am]

开一[am]　切韵覃感勘

平声：覃潭譚蟫曇眈參驂南男枏諳庵含函涵婪

蠶簪探貪耽湛龕堪戡毿弇。

上声：感禫窞菡醰黲慘坎頷萏。

去声：勘紺淦憾琀暗闇。

开二[eam]　切韵咸豏陷

平声：咸鹹缄搀嵒喃讒[illegible]。

上声：豏减喊湛斬摻黯。

去声：陷。

(41)葉部[ap]

开一[ap]　切韵盍

盍阖嗑臘榻塔遢蹋阘榼。

开二[eap]　切韵狎

狎柙匣喋鸭壓押甲胛翣呷。

开三[i̯ap]　切韵葉

葉接攝涉獵鬣躐捷聶躡讋懾嗫慴摺

裛[illegible]輒曄饁箑魘靨。

开四[iap]　切韵帖

怗帖貼協叶勰頰挾俠鋏愜篋牒諜蹀疊

蝶苶歙籋燮蜨浹。

124

(130)

(42) 鹽部 [am]

開一 [am] 切韻談敢闞

平声：談郯惔痰倓甘柑泔擔儋三藍襤籃酣蚶憨
䣸坩。

上声：敢橄覽欖攬菼錟膽噉啖澹淡槧嵌。

去声：闞瞰濫鏨纜憨憺暫。

開二 [ɐm] 切韻銜檻鑑

平声：銜巉鑱毚巖攙衫芟監函。

上声：檻艦黤。

去声：鑑監懺。

開三 [i̯am] 切韻鹽琰豔

平声：鹽閻阽檐廉簾匳燅苫砭纖籤僉詹占瞻
蟾苫襜髯黏霑覘淹崦醃閹尖殲漸潛箝鉗
黔鈐懕、劍欠①。

上声：琰剡扊斂瀲險獫玁貶颭隒儉芡檢臉黶

①"劍欠"二字《廣韻》入梵韻，南北朝亦屬鹽韻。參看下文所舉《文心雕龍》的例證。

北京市电车公司印刷厂出品 七六·一
40×15=600

冉苒染陕闪諂奄掩揜弇㶄。

去声：豔焰贍厭饜窆砭驗掞塹䥲殮斂覘占。

闭四[iəm]　切韵添忝㮇

平声：添鬑謙兼蒹鮎嫌拈鲇。

上声：忝點玷簟嗛歉㥏。

去声：㮇念店坫墊僭。

魏晋南北朝韵部的分析，主要是以陽夏四谢（谢灵運385—433，谢惠連397—433，谢莊421—466，谢朓464—499）的诗賦为根據，因为：(一)四谢的材料較多，便於分析；(二)四谢同時代，同地域，不至有方音的差異；(三)四谢距離張衡（78—139）四百餘年，語音应有較大的变化。同時参考了同時代的韵文，如范曄的《後漢書》傳赞，刘勰的《文心雕龍》的赞，和顏延之、沈约、江淹等人的诗賦。①

①参看王力：《南北朝诗人用韵考》（《漢語史論文集》1—59页）。

南北朝韵部例證

八之部〔2〕

初發石首城　　　　謝灵運

白圭尚可磨，斯言易為緇。
雖抱中孚爻，猶勞貝錦詩。
寸心若不亮，微命察如絲。
日月垂光景，成貸遂兼茲。
出宿薄京畿，晨裝摶曾颸。
重經平生別，再與朋知辭。
故山日已遠，風波豈還時？
迢迢萬里帆，茫茫終何之？
遊當羅浮行，息必廬霍期。
越海陵三山，遊湘歷九嶷。
欽聖若旦暮，懷賢亦悽其。

皎皎明發心，不爲歲寒欺。

(2) 職部 [ək]

酬德賦（節錄）　　謝朓

嗟乎四時游之代序，亦詎鶩而不息。
輕蓋靡于駿奔，玉衡勞于捐翼。
嗟歲晏之鬱蔚，曾陰默以悽惻。
玄武伏于重介，宛虹潛以自匿。
覽斯物之閉舍，想群芳之動植。
弔悴於華省，理衣簪而自飭。
思披文而信道，敢忽憑於胸臆。

(3) 蒸部 [əŋ]

恨賦（節錄）　　江淹

若乃趙王既虜，遷於房陵，
薄暮心動，昧旦神興。

别豔姬與美女，喪金輿及玉乘。
置酒欲飲，悲來填膺。
千秋萬歲，為怨難勝！

(4) 德部 [ək]

擬魏太子鄴中集诗（陈琳） 谢灵運

皇漢逢迍邅，天下遭氛慝。
董氏淪関西，袁家擁河北。
單民易周章，窘身就羈勒。
豈意事乖己，永懷戀故國。
相公實勤王，信能定蝥賊。
復覩东都輝，重見漢朝則。
餘生幸已多，矧迺值明德！
愛客不告疲，飲讌遺景刻。
夜聽極星闌，朝遊窮曛黑。
哀哇動梁埃，急觴盪幽默。

且盡一日娛，莫知古來惑！

(5)登部[əŋ]

郭杜孔張廉王苏羊賈陸傳贊　范曄

范得其朋，
堂任舅良肱。
二苏勁烈，羊賈廉能。
李寧折策，城隕衡輣。①

文心雕龍章句贊　刘勰

斷章有檢，積句不恒。
理資配主，辭忌失朋。
環情草調，宛轉相騰。
離合同異，以盡厥能。

(6)支部[e]

①李賢注："輣，兵車也，音彭，協韵音普騰反。"其實范曄時代"輣"讀如"朋"，不是協韵。

127

(133)

將遊湘水尋句溪　　謝朓

既從陵陽釣，桂鱗驂赤螭。

方尋桂水原，謁帝蒼山垂。

辰哉且未會，乘景弄清漪。

瑟汩瀉長淀，潺湲赴兩岐。

輕蘋上靡々，雜石下離離。

寒草分花映，戲鮪乘空移。

與以暮秋月，清霜落素枝。

魚鳥余方翫，纓緌君自縻。

及茲暢懷抱，山川長若斯！

（7）錫部［ek］

雪賦（節錄）　　謝惠連

其為狀也，散漫交錯，氛氳蕭索①。

藹々浮々，瀌々奕々。

①"索"，山戟切。

北京市电车公司印刷厂出品　七六·一

40×15=600 (1201)

聯翩飛灑，徘徊委積。
始沿甍而冒棟，終開而入隙。
初便娟於墀廡，末縈盈於帷席。
既因方而為珪，亦遇圓而成璧。
眄隰則萬頃同縞，瞻山則千巖皆白。

耿弇傳贊　　　　范曄

圖國久策，
分此凶狄。
秉洽胡情，夔單虜迹。
慊々伯宗，枯泉飛液。

(8)耕部〔eŋ〕

初去郡　　　　謝靈運

彭薛裁知恥，貢公未遺榮。
或可優貪競，豈足稱達生？
伊余秉微尚，拙訥謝浮名。

廬園當棲巖，卑位代躬耕。
顧己雖自許，心跡猶未并。
無庸妨周任，有疾像長卿。
畢娶類尚子，薄遊似邴生。
恭承古人意，促裝返柴荊。
牽絲及元興，解龜在景平。
負心二十載，於今廢將迎。
理棹遄還期，遵渚騖修坰。
遡溪終水涉，登嶺始山行。
野曠沙岸淨，天高秋月明。
憩石挹飛泉，攀林搴落英。
戰勝臞者肥，鑒止流歸停。
即是羲唐化，獲我擊壤情。

（9）歌部［a］

雪賦（節錄）　謝惠連

於是河海生雲，朔漠飛沙。

連氛累霧，揜日翳霞。

霰淅瀝而先集，雪紛糅而遂多。

第五鍾離宋寒傳贊　　范曄

伯魚子阿，

嬬急去苛。

臨官以潔，匡帝以奢。

班梁傳贊　　范曄

定遠慷慨，專功西遐。

坦步蔥雪，咫尺龍沙。

慬亦抗憤，勇乃負荷。

(10)鐸部 [ak]

齋中讀書　　谢灵運

昔余遊京華，未嘗廢丘壑。

矧乃歸山川，心迹雙寂寞。

虛館絶諍訟，空庭來鳥雀。
卧疾豐暇豫，翰墨時间作。
懷抱观古今，寢食展戲謔。
既笑沮溺苦，又哂子雲閣。
執戟亦以疲，耕稼豈云乐？
萬事难並欢，達生幸可託。

(11)陽部 [aŋ]

暫使下都夜發新林至京邑　谢朓

大江流日夜，客心悲未央。
徒念関山近，終知反路長。
秋河曙耿耿，寒渚夜蒼蒼。
引領見京室，宫雉正相望。
金波麗鳷鵲，玉繩低建章。
驅車鼎門外，思見昭丘陽。
馳暉不可接，何况隔兩鄉！

風雲有鳥路，江漢限無梁。
常恐鷹隼擊，時菊委嚴霜。
寄言罻羅者，寥廓已高翔。

(12) 魚部 [a]

遊東堂詠桐　　謝朓

孤桐北窗外，高枝百尺餘。
葉生既婀娜，葉落更扶疏。
無華復無實，何以贈離居？
裁為圭與瑞，足可命參墟。

(13) 模部 [o]

鄧禹傳贊　　范曄

元侯淵謨，
乃作司徒。
明啓帝略，肇定秦都。
勳成智隱，靜其如愚。

130

(136)

(14)屋部 [ok]

和王著作融八公山　　謝朓

二别阻漢坻，双崤望河澳。

兹嶺復巑岏，分區奠淮服。

东限瑯琊臺，西距孟諸陸。

阡眠起雜樹，檀欒蔭脩竹。

日隱澗疑空，雲聚岫如複。

出没眺樓雉，遠近送春目。

戎州昔亂華，素景淪伊穀。

阽危賴宗衮，微管寄明牧。

長蛇故能翦，奔鯨自此曝。

道峻芳塵流，業遙年運倏。

平生仰令圖，吁嗟命不淑。

浩蕩别親知，聯翩戒征軸。

再遠館娃宫，兩去河陽谷。

穀不是穀

5　10　15　20

北京市电车公司印刷厂出品 七六·一

40×15=600 (1201)

風煙四時犯，霜雨朝夜沐。
春秀良已凋，秋場庶能築。

(15)東部[oŋ]

月賦(節録)　謝莊

朒朓警闕，朏魄示沖[dioŋ]。
順辰通燭，從星澤風[pioŋ]
增華台室，揚采軒宮[kioŋ]
委照而吳業昌，淪精而漢道融[ʎioŋ]。

(16)宵部[ou]

從游京口北固應詔　謝靈運

玉璽戒誠信，黃屋示崇高[kou]。
事爲名教用，道以神理超[tʰiou]。
昔聞汾水游，今見塵外鑣[piou]。
張組眺倒景，列筵矚歸潮[diou]。
遠巖映蘭薄，白日麗江皋[kou]。

131

(137)

原隰荑綠柳，墟囿散紅桃[dau]。
皇心美陽澤，萬象咸光昭[tɕi̯ou]。
顧己枉維縶，撫志慚場苗[mi̯ou]。
工拙各所宜，終以反林巢[dʑeou]。
曾是縈舊想，览物奏長謠[ji̯ou]。

酬從弟惠連（節録）　謝灵運

暮春雖未交[keou]，
仲春善遊遨[ŋou]。
山桃發紅萼，野蕨漸紫苞[peou]。
鳴嚶已悅豫，幽居猶鬱陶[dou]。
夢寐佇歸舟，釋我吝與勞[lou]。

遊後園賦（節録）　謝朓

於是敞風閨之藹々，聳雲館之迢々[diou]。
周步檐以升降，對玉堂之泬寥[liou]。
追夏德之方暮，望秋清之始飆[pi̯ou]。

北京市电车公司印刷厂出品　七六·一

40×15=600 (1201)

藉宴私而游衍，时寤语而逍遥[jiou]。

(17)幽部[u]

鼓吹曲　　谢朓

江南佳丽地，金陵帝王州[tɕiu]。
逶迤带绿水，迢递起朱楼[lu]。
飞甍夹驰道，垂杨荫御沟[ku]。
凝笳翼高盖，叠鼓送华辀[tiu]。
献纳云台表，功名良可收[ɕiu]。

(18)沃部[uk]

雪赋（节录）　　谢惠连

携佳人兮披重幄[euk]，
援绮衾兮坐芳褥[ȵiuk]，
燎薰炉兮炳明烛[tɕiuk]，
酌桂酒兮扬清曲[kiuk]。

(19)冬部[uŋ]

豫章行　　謝惠連

軒帆遡遙路，薄送瞰遐江[keuŋ]。
舟車理殊緬，密友將遠從[dzi̯uŋ]。
九里樂同潤，二華念分峰[p'i̯uŋ]。
集歡豈今發？離歎自古鐘[tɕi̯uŋ]。
促生靡緩期，迅景無遲蹤[tsi̯uŋ]。
緇髮迫多素，憔悴謝華茸[p'i̯uŋ]。
婉娩寡留晷，窈窕閉淹龍[li̯uŋ]。
如何阻行止，憤愠結心胸[xi̯uŋ]。
既微達者度，歡戚誰能封[pi̯uŋ]？
願子保淑慎，良訊代徽容[ji̯uŋ]。

(20) 微部[əi]

休沐重還道中　　謝朓

薄遊第從告，思閑願罷歸[ki̯uəi]。
還卭歌賦似，休汝車騎非[pi̯uəi]。

霸池不可别，伊川難重違[ɣĭuəi]。
汀葭稍靡靡，江菼復依依[ʔĭəi]。
田鵠遠相叫，沙鴇忽爭飛[pĭuəi]。
雲端楚山見，林表吳岫微[mĭuəi]。
試與征途望，鄉淚盡沾衣[ʔĭəi]。
賴此盈樽酌，含景望芳菲[p'ĭuəi]。
問我勞何事，霑沐仰清徽[xĭuəi]。
志狹輕軒冕，恩甚戀閨闈[ɣĭuəi]。
歲華春有酒，初服偃郊扉[pĭuəi]。

(2) 物部[ət]

應詔讌曲水（節錄） 顏延之

仰閲豐施，降惟微物[mĭuət]。
三妨儲隸，五塵朝黻[pĭuət]。
途泰命屯，恩充報屈[k'ĭuət]。
有悔可悛，滯瑕難拂[p'ĭuət]。

(22)文部 [ən]

侍東耕　　謝莊

肅鑣奉晨發，恭帶廟朝聞 [mi̯uən]。
仙鄉降朱霧，神郊起青雲 [ɣi̯uən]。
陰臺承寒彩，陽樹迎初熏 [xi̯uən]。
觀德欣臨藉，瞻道樂游汾 [bi̯uən]。

(23)脂部 [ei]

詠邯鄲故才人嫁為厮養卒婦

謝朓

半生宮閣裏，出入侍丹墀 [di̯ei]。
開篋方羅縠，窺鏡比蛾眉 [mi̯ei]。
初別意未解，去久日生悲 [pi̯ei]。
憔悴不自識，嬌羞餘故姿 [tsi̯ei]。
夢中忽彷彿，猶言承燕私 [si̯ei]。

(24)質部 [et]

40×15=600 (1201)

北京市电车公司印刷厂出品 七六・一

登永嘉绿嶂山　谢灵運

裹糧杖輕策，懷遲上幽室[ɕi̯et]。
行源徑轉遠，距陸情未畢[pi̯et]。
澹潋結寒姿，團欒潤霜質[tɕi̯et]。
澗委水屢迷，林迥巖逾密[mi̯et]。
眷西謂初月，顧東疑落日[ȵi̯et]。
踐夕奄昏曙，蔽翳皆周悉[si̯et]。
蠱上貴不事，履二美貞吉[ki̯et]。
幽人常坦步，高尚邈難匹[p'i̯et]。
頤阿竟何端？寂寂寄抱一[ʔi̯et]。
恬如既已交，繕性自此出[tɕ'i̯uet]。

(25)真部[en]

雪賦（節录）　謝惠連

曲既揚兮酒既陳[di̯en]，
朱顏酡兮思自親[ts'i̯en]。

頹紙帷以昵枕，念解珮而褫紳[ɕi̯en]。

怨年歲之易暮，傷後會之無因[ʔi̯en]。

君寧見階上之白雪，豈鮮耀於陽春[tɕʰi̯uen]？

(126) 灰部 [ɐi]

奉和隨王殿下（其一） 謝朓

玄冬寂脩夜，天圍靜且開[kʰɐi]。

亭皋霜氣愴，松宇清風來[lɐi]。

高琴時以思，幽人多感懷[ɣoɐi]。

幸藉汾陽想，嶺首正徘徊[ɣuɐi]。

奉和隨王殿下（其七） 謝朓

清房洞已靜，閒風伊夜來[lɐi]。

雲生樹陰遠，軒廣月容開[kʰɐi]。

宴私移燭飲，遊賞藉琴臺[dɐi]。

風歛冠淄鄴，祇爲媿唐枚[muɐi]。

奉和隨王殿下（其十） 謝朓

賓心重斷析，峴路清江隈[ɣuɐi]。

四面寒飈舉，千里白雲來[lɐi]。

川長別館思，地迥飜旗回[ɣuɐi]。

還顧昭陽闕，超遠章華臺[dɐi]。

置酒巫山日，爲君停玉杯[puɐi]。

(27)沒部[ɐt]

遊赤石進帆海　　　謝靈運

首夏猶清和，芳草亦未歇[xi̯ɐt]。

水宿淹晨暮，陰霞屢興沒[muɐt]。

周覽倦瀛壖，況乃陵窮髮[pi̯uɐt]！

川后時安流，天吳靜不發[pi̯uɐt]。

揚帆采石華，挂席拾海月[ŋi̯uɐt]。

溟漲無端倪，虛舟有超越[ɣi̯uɐt]。

仲連輕齊組，子牟眷魏闕[kʻi̯uɐt]。

矜名道不足，適己物可忽[xuɐt]。

请附任公言，終然謝天伐[bjuət]。

(128) 魂部 [ən]

石門新營所住四面高山迴谿石瀨

茂林脩竹　　　　謝灵運

躋險築幽居，披雲臥石門[muən]。

苔滑誰能步？葛弱豈可捫[muən]？

嫋嫋秋風過，萋萋春草繁[bjuən]。

美人遊不還，佳期何繇敦[tuən]？

芳塵凝瑤席，清醑滿金尊[tsuən]。

洞庭空波瀾，桂枝徒攀翻[pʻjuən]。

結念屬霄漢，孤景莫與諼[xjuən]。

俯濯石下潭，仰看條上猿[ɣjuən]。

早聞夕飆急，晚見朝日暾[tʻuən]。

崖傾光難留，林深響易奔[puən]。

感往慮有復，理來情無存[dzuən]。

北京市电车公司印刷厂出品 七六·一

40×15=600 (1201)

庶持乘日車，得以慰營魂[ɣuən]。
匪爲衆人說，冀與智者論[luən]。

(29) 泰部[ai]

答王世子　　謝朓

飛雪天山來，飄聚繩櫩外[ŋuai]。
蒼雲暗九重，北風吹萬籟[lai]。
有酒招親朋，思與清顏會[ɣuai]。
熊席惟爾安，羔裘豈吾帶[tai]？
公子不垂堂，誰肯憐蕭艾[ŋai]？

(30) 曷部[at]

陽給事誄（節録）　　顔延之

師老變形，地孤援闊[k'uat]。
卒無半菽，馬實拑秣[muat]。
守未焚衝，攻已濡褐[ɣat]。
烈烈陽子，在困彌達[dat]。

勉慰疲傷，樹循饑渴[kʻat]。

力竭可窮，志不可奪[duat]。

義立邊疆，身終鋒括[kuat]。

(31)寒部[an]

秋懷　　謝惠連

平生無志意，少小嬰憂患[ɣoan]。

如何乘苦心，矧復值秋晏[ʔean]！

皎皎天月明，奕奕河宿爛[lan]。

蕭瑟含風蟬，寥唳度雲雁[ŋean]。

寒商動清閨，孤燈曖幽幔[muan]。

耿介繁慮積，展轉長宵半[puan]。

夷險難豫謀，倚伏昧前算[suan]。

雖好相如達，不同長卿慢[mean]。

頗悅鄭生偃，無取白衣宦[ɣoan]。

未知古人心，且從性所翫[ŋuan]。

賓至可命觴，朋來當染翰[ɣan]。

高臺驟登踐，清淺時陵亂[luan]。
頹魄不再圓，傾羲無兩旦[tan]。
金石終消毀，丹青暫雕煥[xuan]。
各勉玄髮歡，無貽白首歎[t'an]。
因歌遂成賦，聊用布親串[koan]。

(32)祭部[æi]

遊敬亭山　　　　謝朓

茲山亘百里，合沓與雲齊[dziæi]。
隱淪既已託，靈異居然棲[siæi]。
上干蔽白日，下屬帶迴谿[k'iæi]。
交藤荒且蔓，樛枝聳復低[tiæi]。
獨鶴方朝唳，飢鼯此夜啼[diæi]。
渫雲已漫漫，夕雨亦淒淒[ts'iæi]。
我行雖紆組，兼得尋幽蹊[ɣiæi]。
緣源殊未極，歸徑窅如迷[miæi]。

要欲追奇趣，即此陵丹梯[tʻiæi]。
皇恩竟已矣，茲理庶無睽[kʻiuæi]。

陶徵士誄（節録）　　顏延之

仁焉而忠，智焉而斃[bi̯æi]。
黔婁既沒，展禽亦逝[ʑi̯æi]。
其在先生，同塵往世[ɕi̯æi]。
旌此靖節，加彼康惠[ɣiuæi]。

宋文皇帝元皇后哀策文（節録）　顏延之

謂道輔仁，司化莫晰[ʨi̯æi]。
象物方臻，眡禩告沴[liæi]。
太華既馳，收華委世[ɕi̯æi]。
蘭殿長陰，椒塗弛衛[ɣi̯uæi]。

(33)薛部[æt]

雪賦（節録）　　謝惠連

未若茲雪[si̯uæt]，

因時興滅[mi̯æt]。
玄陰凝不昧其潔[ki̯æt]，
太陽曜不固其節[tsiæt]。

九日從宋公戲馬臺集送孔令　謝靈運

季秋邊朔苦，旅雁違霜雪[si̯uæt]。
淒淒陽卉腓，皎皎寒潭絜[kiæt]。
良辰感聖心，雲旗興暮節[tsiæt]。
鳴葭戾朱宮，蘭卮獻時哲[ti̯æt]。
餞宴光有孚，和樂隆所缺[k'i̯uæt]。
在宥天下理，吹萬群方悅[ji̯uæt]。
歸客遂海隅，脫冠謝朝列[li̯æt]。
弭棹薄枉渚，指景待樂闋[k'iuæt]。
河流有急瀾，浮驂無緩轍[di̯æt]。
豈伊川途念，宿心愧將別[bi̯æt]。
彼美丘園道，喟焉傷薄劣[li̯uæt]，

(34) 仙部 [æn]

還舊園作見顏范二中書　谢灵運

辭滿豈多秩，謝病不待年[ni̯æn]。
偶與張邴合，久欲還东山[ʃæn]。
聖灵昔迴眷，微尚不及宣[si̯u̯æn]。
何意衝飆激，烈火縱炎烟[ʔiæn]。
焚玉發崑峯，餘燎遂見遷[tsʼi̯æn]。
投沙理既迫，如邛願亦愆[kʼi̯æn]。
長與懽愛別，永絕平生緣[ji̯u̯æn]。
浮舟千仞壑，總轡萬尋巔[tiæn]。
流沫不足險，石林豈為艱[keæn]？
閩中安可處，日夜念歸旋[zi̯u̯æn]。
事躓兩如直，心愜三避贤[ɣiæn]。
託身青雲上，棲巖挹飛泉[dzi̯u̯æn]。
盛明蕩氛昏，貞休康屯邅[ti̯æn]

殊方咸成貸，微物豫采甄[ki̯æn]。

感深操不固，質弱易版纏[di̯æn]。

曾是反昔園，語往實款然[ȵi̯æn]。

曩基即先築，故池不更穿[tɕʰi̯æn]。

果木有舊行，壤石無遠延[ji̯æn]。

雖非休憩地，聊取永日閑[ɣeæn]。

衛生自有經，息陰謝所牽[kʰiæn]。

夫子照情素，探懷授往篇[pʰi̯æn]。

從斤竹澗越嶺溪行　謝灵運

猿鳴誠知曙，谷幽光未顯[xiæn]。

巖下雲方合，花上露猶泫[ɣiuæn]。

逶迤傍隈隩，迢遞陟陘峴[ɣiæn]。

過澗既厲急，登棧亦陵緬[mi̯æn]。

川渚屢逕復，乘流翫迴轉[ti̯uæn]。

蘋萍泛沈深，菰蒲冒清淺[tsʰi̯æn]。

企石挹飛泉，攀林摘葉卷[ki̯uæn]。

想見山阿人，薜蘿若在眼[ŋeæn]。

握蘭勤徒結，折麻心莫展[ti̯æn]。

情用賞為美，事昧竟誰辨[bi̯æn]。

觀此遺物慮，一悟得所遣[k'i̯æn]。

(55) 緝部[əp]

夏始和劉潺陵　　謝朓

威仰馳蒼郊，龍曜表皇隰[zi̯əp]。

春色卷遙甸，炎光麗近邑[ʔi̯əp]。

白蘋望已騁，湘荷紛可襲[zi̯əp]。

徒顧尺波旋，終惜寸景戢[ʧi̯əp]。

對牕斜日過，洞幌鮮飇入[ɲi̯əp]。

浮雲去欲窮，暮鳥飛將及[gi̯əp]。

秉翰縝芳塵，清源非易挹[ʔi̯əp]。

迴江難絕濟，云誰暢佇立[li̯əp]。

良宰謀這漁，出入事朝汲[kiəp]。
精羽余既裳，更賦于盈粒[liəp]。
椅梧何必零？歸來共棲集[dziəp]。

(36)侵部[əm]

登池上樓　　謝靈運

潛虬媚幽姿，飛鴻響遠音[ʔiəm]。
薄霄愧雲浮，棲川怍淵沈[diəm]。
進德智所拙，退耕力不任[ȵiəm]。
徇祿反窮海，臥痾對空林[liəm]。
衾枕臥節候，褰開暫窺臨[liəm]。
傾耳聆波瀾，舉目眺嶇嶔[k'iəm]。
初景革緒風，新陽改故陰[ʔiəm]。
池塘生春草，園柳變鳴禽[giəm]。
祁祁傷豳歌，萋萋感楚吟[ŋiəm]。
索居易永久，離群難處心[siəm]。

140

(146)

持操豈獨古？無悶徵在今[kĭəm]。

(37)葉部[ɐp]

文心雕龍通變贊　　　劉　勰

文律運周，日新其業[ŋĭɐp]。
變則其久，通則不乏[bĭuɐp]。
趨時必果，乘機無怯[kʻĭɐp]。
望今制時，參古定法[pĭuɐt]。

(38)嚴部[ɐm]

缺例。

(39)合部[ap]

落日同何儀曹煦　　　謝　朓

參差複殿影，氛氳綺疏雜[dzap]。
風入天淵池，芰荷搖復合[ɣap]。
遠聽在聲聚，回望樹陰沓[dap]。
一賞桂尊前，寧傷蓮鬢颯[sap]？

北京市电车公司印刷厂出品　七六·一
40×15=600 (1201)

文心雕龍物色贊　刘勰

山沓[dap]，
水匝[tsap]；
樹雜[dzap]，
雲合[ɣap]。
目既往還，心亦吐納[nap]。
春日遲遲，秋風颯颯[sap]。
情往似贈，興來如答[tap]。

(40) 覃部[am]

文心雕龍明詩贊　刘勰

民生而志，詠歌所含[ɣam]。
興發皇世，風流二南[nam]。
神理共契，政序相參[ts'am]。
英華彌縟，萬代永耽[tam]。

~~⊖"簪"，側岑、作含二切。這里該作含切。~~

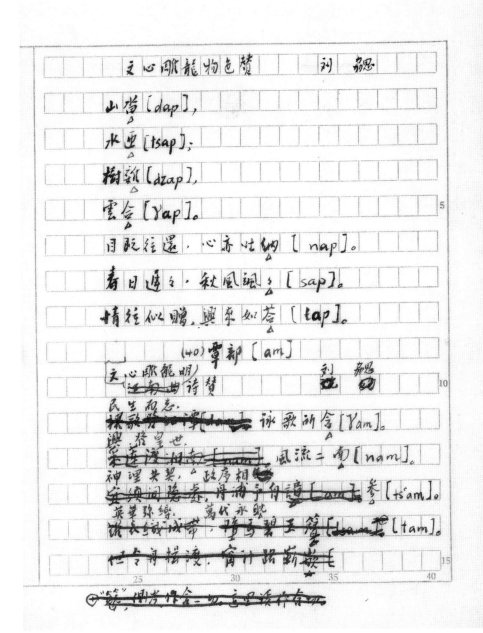

(141)

(147)

~~江淹~~

接下排

(41)葉部[æp]

登上戍石鼓山　　谢灵運

旅人心長久，憂々自相接[tsiæp]。

故鄉路遥遠，川陸不可涉[ʑiæp]。

汨々莫與娱，發春託登躡[niæp]。

歡願既無並，戚慮庶有協[ɣiæp]。

極目睞左闊，迴顧眺右狹[ɣeæp]①。

日沒澗增波，雲生嶺逾疊[diæp]。

白芷競新苕，綠蘋齊初葉[jiæp]。

摘芳々弥諼，愉乐々不燮[siæp]

①"狹"字，《廣韻》侯夾切。小徐《説文繫傳》户甲切，當依《繫傳》歸狎韻。

5　10　15　20

北京市电车公司印刷厂出品　七六·一

佳期緬無像，騁望誰云愜[kʻiæp]？

文心雕龍附會贊　　劉勰

篇統間關，情數稠疊[diæp]。

原始要終，疎條布葉[ʎiæp]。

道味相附，懸緒相接[tsiæp]。

如樂之和，心聲克協[ɣiæp]。

(卅三) 鹽部[æm]

文心雕龍祝盟贊　　劉勰

毖祀欽明，祝史惟談[dæm]。

立誠在肅，修辭必甘[kæm]。

季代彌飾，絢言朱藍[læm]。

神之來格，所貴無慚[dzæm]。

文心雕龍比興贊　　劉勰

詩人比興，觸物圓覽[læm]。

物雖胡越，合則肝膽[tæm]。

142

(148)

擬容取心，斷辭必敢[kæm]。

攢雜詠歌，如川之澹[dæm]①。

李王鄧來傳贊　　范曄

李鄧豪贍[ʑiæm]，

舍家從讖[tʃʻeæm]②。

少公雖孚，宋卿未驗[ŋiæm]。

王常知命，功惟帝念[niæm]。

款款君叔，斯言無玷[tiæm]③。

韻部的分合和轉移

③"玷"，《廣韵》多忝切，忝韵。这里当读如"店"，都念切，㮇韵。

②"讖"，《廣韵》楚譖切，沁韵。這里当读如"懺"，楚鑒切，鑑韵。

①"澹"，今本作"渙"。黃侃《文心雕龍》札記云："渙字失韵。當作澹，字形相近而誤。澹曰淡，水貌也。"黃說是。

從漢代到南北朝，韵部有分，有合，有轉移。總的來說，已經接近《切韵》音系。可以說，《切韵》所代表的語音系統，是南北朝的語音系統。例如支脂之分立，就是南北朝的韵部。江淹以後，脂之已混用；隋唐時代，連支也和脂之混用了。《切韵》的支脂之分立，只是存古。

魏晉南北朝韵部分合轉移的情況如下述。

(1)之部的範圍縮小了。之部一等(來梅)已轉入了咍部[ɐi]，由無韵尾變為有韵尾-i；之部合三(謀尤)已轉入了幽部。剩下來只有之部開三的字，等於《切韵》之韵。

(2)職部分化為職德兩部，相應地，蒸部也分化為蒸登兩部。大量的例子都證明這一點。

除上述謝朓~~[illegible]~~

~~静時之期疑其旦~~《酬德赋》协"息翼恻逼植敕臆"(職部)、谢灵運《拟魏太子鄴中集诗》协"慝北勒国贼则德刻黑默惑"(德部)、江淹《恨赋》协"陵興乘興勝"(蒸部)、范晔《郭杜孔張廉王苏羊贾陸传赞》协"朋肱能崩"(登部)、刘勰《文心雕龍章句赞》协"恒朋腾能"(登部)外，還有范晔《桓荣丁鸿传赞》协"翼飾食"(職部)，又《李杜传赞》协"職力稷極直"(職部)、顔延之《宋文帝元后哀策文》协"飾測側極"(職部)、谢惠連《鸂鶒赋》协"鶒色息側"(職部)、《順东南门行》協"力息直識惻"(職部)、沈约《郊居赋》协"棘即息翼力植直"(職部)、《相逢狭路间》协"億側食直翼色織即翼"(職部)、《赤松澗》协"測息陟翼食側"(職部)、《夢見美人》协"息憶色食惻憶"(職部)、江淹《江上之山赋》协"色逼息仄力極"(職部)。刘桢《域遇》协"色直翼職飾側惻"(職部);范晔《光武纪赞》协"国塞德"(德部)、《和殇帝纪》协"则慝德克"(德部)、《百官志赞》协"墨德克忒国"(德部)、《冯岑贾传赞》协"克德职国"(德部)、《杨震传赞》协"德国惑忒则"(德部)、《刘虞公孙瓒陶谦传赞》协"德北国"(德部)、《独行传赞》协"忒惑德"(德部)、刘勰《文心雕龙·程器赞》协"德北则国"(德部)、谢灵运《山居赋》协"默勒国得"(德部)、颜延之《宋文帝元后哀策文》协"则德塞国"(德部)、谢惠连《秋胡行》协"德惑"(德部)、谢朓《敬皇后哀策文》协"忒则国德"(德部)、《海陵王昭文墓铭》协"则嘿克德"(德部)、沈约《需雅》协"国德则忒塞"(德部)、江淹《齐太祖诔》协"德国克黑则默"(德部)、又协"国德塞则"(德部)、《荐豆呈毛血歌辞》协"则德塞默黑國"（德部）；范曄《明帝紀贊》協"競勝陵"（蒸部），《馬援傳贊》協"升興陵"（蒸部），《杜欒劉李謝傳贊》協"陵興"（蒸部），《儒林傳贊》協"陵承興徵澂"（蒸部），《文心雕龍定勢贊》協"承繩凝陵"（蒸部），《神思贊》協"孕應興勝"（蒸部），顏延之《宋文帝元后哀策文》協"昇憑凝膺蠅"（蒸部），謝惠連《雪賦》協"窮升凝冰興繒"（蒸部）①，《代古》協"綾繩興凌升繩"（蒸部），沈約《介雅》協"升仍應"（蒸部）；范曄《鄭孔荀傳贊》協"騰崩"（登部），《文心雕龍事類贊》協"亘鄧贈懵"（登部），謝靈運《宋武帝誄》協"弘登棚騰"（登部），顏延之《赭白馬賦》協"登縆層騰"（登部），等等。如此分用畫然，決不是偶然的。②

（3）支部範圍縮小了。支部二等（佳娃）轉入

① "窮"字合韻。

泰部[ai]，由無韻尾變為有韻尾-i。四等(谿桂)轉入祭部[ɐi]，也是由無韻尾變為有韻尾-i。剩下來只有三等字，等於《切韻》支韻。

(4)錫部的範圍擴大了，一部分藥部字轉入此部。

(5)耕部和漢代一樣，無變化。

(6)漢代的歌部到南北朝初期还沒有變化，这就是説《切韻》歌戈与麻尚未分立。例如除上述謝惠連《雪賦》協"沙霞多"，范曄《第五鍾離傳贊》協"阿苛奢"，《班梁傳贊》協"遐沙荷"外，还有謝靈運《撰征賦》協"波過沙"，《長谿賦》協"華羅沙"，《感時賦》協"縣河跎過何斜"，顏延年《秋胡行》協"河華過柯阿"，謝惠連《詠螺蚌》協"羅加沙和"。直到南北朝後期，歌戈与麻才分立了。

(7)錫部的範圍擴大了，大部分藥部字(酌爵)都轉入此部。

(8)漢代的陽部，到南北朝沒有變化。

(9)漢代的魚部，到南北朝分化為魚模

145

(151)

两部。南北朝诗人用韵，也有鱼虞模混用的，但是分用的居多。

(10) 屋觉两部有一个大变動：屋部三等和觉部三等对调，屋部三等变為觉部三等，觉部三等变為屋部三等。相应地，东冬两部也有一个大变動：东部三等和冬部三等对调，东部三等变為冬部三等，冬部三等变為东部三等。《切韵》觉韵，原来主要属屋部，南北朝改隶觉部；《切韵》江韵，原来主要属东部，南北朝改隶冬部。《切韵》东冬鍾江、屋沃燭覺的次序是对的，应该是冬鍾江合為一部，沃燭覺合為一部。冬鍾江同用的例子有：江淹《哀千里赋》协"峰江"，《麗色赋》协"双容龍邦"，《江上之山赋》协"江峰重"，《鏡論語》协"縱重峰窗"，昭明太子《七契》协"邦封從"，又协"冬從"。南北朝诗人

用韵，也有东韵与冬鍾江同用的，但是分用的居多。~~〔4〕魏晋南北朝没有藥部，因為大部分藥部字……轉入了……其餘……~~

（5）幽部和漢代一樣，無变化。

（6）職德錫鋅屋覺六部的長入声字，如"置代賜激嘯"等，都变了去声，由入声韵变為陰声韵，分别轉入之灰支魚模宵幽各部。

~~（11）微物文、脂質真六部和漢代一樣，無变化。南北朝詩人用韵，微与脂，物与質，文与真，有合用的情况，但是分用的較多。~~

（7）微部的範圍缩小了。原来微部一等(哀回)、二等(排懷)~~都由無韵尾变為有韵尾-i~~，轉入了灰部；~~原来脂部~~微部三等合口字(追衰)也轉入了脂部。~~原来脂部二等~~

（8）脂部有变動：原来脂部二等(階齋)由~~無韵尾变為有韵尾-i~~，轉入了灰部；原来微部三等舌齿字（衰追）转入此部。

物文两部的范围都缩小了。原来物部一等字（骨勃）转入了没部；原来物部三等舌齿音字（卒出）转入了質部。原来文部一等字（恩根、门存）转入了魂部；原来文部三等字（春倫）转入了真部。這樣，物文两部只剩下三等喉牙唇音字了。

質真两部有变動：原来物部三等舌齿音字（卒出）转入了質部；原来質部四等字（结節、血穴）转入了薛部。原来文部三等舌齿音字（春倫）转入了真部；原来真部四等字（天贤、渊玄）转入了仙部。

~~(17) 原有的月部分化為没曷薛三部。~~

(18) 物質兩部的長入声字，到魏晋南北朝变為去声，分别转入微脂灰祭四部。~~《廣韻》入声月没兩用，這个情况從南北朝就開始了。~~例如"氣貴"转入微部，"棄醉"转入脂部，"妹碎"转入灰部，"計戾"转入祭部。

(19)灰部[ɐi]是一个新興的韵部。一等開口字主要来自之部，一等合口和二等主要来自脂微两部，三等来自月部長入。《切韵》皆灰咍同用。例如颜延之《陽給事誄》協"恢萊埃骸才臺"，謝朓《擬風賦》協"才徠臺懷"，《奉和隨王殿下》協"隈來回臺杯"，又協"開淮臺來"，又協"來開臺枚"。沈約《飲馬長城窟》協"坏迴臺埃"，《三日侍鳳光殿》協"臺哉迴"。

(20)沒部[ɐt]是一个新興的韵部，一等字来自物部，二三等喉牙脣音字来自月部。《切韵》月沒同用。例如，除上述謝靈運《游赤石進帆海》協"歇沒髮發月越闕忽伐"外，还有颜延之《赭白馬賦》協"骨髮月沒闕越"，《為織女贈牽牛》協"月闕髮越發沒歇"，沈約《却出東西門行》協"闕沒發謁月歇髮越渤窟"，《和竟陵王》協

"澗月沒歇鬟"，江淹《水上神女賦》協"月沒𥰣"，《石劫賦》協"鬖沒翠綢"。

[21] [ən] 魂部是一个新興的韵部。一等字（恩根、门存）来自文部，三等喉牙唇音字（言軒、原繁）来自元部。《切韵》元魂痕同用，我曾经怀疑是否符合实际（因為無論在先秦两漢，或在隋唐，元都和仙同用，不和魂痕同用）；现在经过分析陽夏四謝的用韵，才深信元魂痕确曾構成一个韵部。首先我们看魂韵獨用的例子，如謝灵運《入彭蠡湖》協"論奔蓀屯昏門存魂溫敦"，這就證明魂韵脱離了文部。其次，我们看元魂痕同用的例子，除上述謝灵運《石門新營》協"門捫蘩敦尊翻諠猿暾奔存魂論"外，还有范曄《朱景王杜馬劉傅堅馬傳贊》協"存軒飜"，《郭杜孔張廉王蘇羊賈陸傳贊》協"藩寃言轅"，

《左周黄傳贊》協"言元藩昏"，《伏侯宋蔡馮趙牟韋傳贊》協"遠本損衮"，《竇何傳贊》協"怨頓閫"，《文心雕龍·總術贊》協"門源繁存"，《論説贊》協"論寸遯紛"，顔延之《輓歌》協"昏門園根"，謝莊《懷園引》協"蓀樊園暄門"，江淹《恨賦》協"原魂論"，又協"冤魂門恩言"，沈約《酬謝宣城》協"門諠翻園尊蓀存崑繙源"，《奉和竟陵王》協"魂存門園樽論"，等等。可見元魂痕合成一个韵部確是事實。

(22)魏晋南北朝的泰部[ai]有兩个来源：(一)一等字(蓋大)来自月部一等的長入声，這些字由-t尾變爲-i尾，轉化爲去声，即《切韵》的泰韵字；(二)二等字(街卦)来自支部。

(23)魏晋南北朝的祭部[ɐi]是一个新興的韵部，有三个来源：(一)二等字(邁快)来自月部二等的長入声，這些字由-t尾变為-i尾，转化為去声，即《切韵》的夬韵字；(二)三等字(藝歲)也来自月部的長入声，這些字由-t尾变為-i尾，转化為去声，即《切韵》的祭韵字；(三)四等字来自脂部(稽泥)、質部(计戾)，也有少数字来自支部(鷄携)、錫部(繫帝)。

(24)曷部[at]只有一二等字，来自月部的短入，~~只有一二等字~~一等字即《切韵》曷末两韵字，二等字即《切韵》黠韵字。

(25)薛部[æt]是一个新興的韵部，没有一等字，二三等字来自月部的短入，~~没有一等字~~二等字即《切韵》鎋韵字，三等字即《切韵》的薛韵；四等字主要来自~~汉代的~~質部(结節血穴)，小部分来自~~汉代的~~月部(絜泉洪玦)，即《切韵》的屑韵。

(26)寒部[an]只有一二等字，来自元部，一等字即《切韵》的寒桓韵字，二等字即《切韵》的删韵字。

(17)仙部[æn]是一个新興的韵部，没有一等字，二三等字来自元部，二等字即《切韵》的山韵字，三等字即《切韵》的仙韵字；四等字主要来自真部（天贤、渊玄），小部分来自元部（前肩、悬涓）。

(18)删山分立，是魏晋南北朝韵部的特點。《切韵》删韵歸寒部，山韵歸仙部，界限很清楚。寒桓删同用的例子，除上述谢惠連《秋懷》协"患晏爛鴈幔半算慢宦翫翰乱旦焕歎串"外，还有谢莊《孝武宣貴妃誄》协"纨澜寒欒攀"，《懷園引》协"関寒還"，江淹《丹砂可學賦》协"観澜纨安颜"，《横吹賦》协"関冠寒還"，《王太子》协"丹岏蘭還"，~~《萧太傅东耕祝文》协~~

《山中楚辭》協“闕巒寒難還蘭”，《贈鍊丹法》協“還顏攀丹歡箪寒鸞”，《採石上菖蒲》協“看端瀾丹歡寬顏還”，《古離別》協“關還團寒”，《學梁王兔園賦》協“雁漢散”等等，仙先山同用的例子。除上述謝靈運《還舊園作》協“年山宣煙遷戀緣巔艱旋賢泉遭甄纏然穿延間篇”，《從斤竹澗越嶺溪行》協“巘泫峴緬轉淺卷眼衰辯遣”外，还有顏延之《陽給事誄》協“甄賢間先傳”，《赤槿頌》協“宣玄天間”，《從軍行》協“間山天川涓燕弦邊前懸煙憐”，謝惠連《雪賦》協“鮮山”，《甘賦》協“圓山”，謝莊《月賦》協“涓閑燕玄佳”，《舞馬賦》協“騫盼箭練眩”，謝靈運《入華子崗》協“山泉賢阡煙筌仙前湲然”，等等。

(29) 緝侵兩部的範圍縮小了。緝部一等字（雜納）和二等字（洽）轉入了盍部；相應地，侵部一等字（南潭）和二等字（咸鹹）轉入了覃部。

(30) 業嚴兩部[ɐp, ɐm]是新興的韻部，和沒魂兩部[ɐt, ɐn]相當，但是只有三等字。三等開口即《切韻》的業嚴兩韻及其上去聲，三等合口即《切韻》的乏凡兩韻及其上去聲①。業部是窄韻，而《文心雕龍·通變》協"業乏怯法"，足見它是獨立的一个韻部。由此類推，嚴部也應該是獨立的一个韻部。

(31) 合部[ap]和曷部相當，只有一二等字。一等字即《切韻》的合韻，二等字即《切韻》的洽韻。

(32) 葉部[æp]是一个新興的韻部，和薛部相當。沒有一等字，二三四等字主要來自盍部。二等字即《切韻》的狎韻，三等字即《切韻》的葉韻，四等字即《切韻》的怗韻。

(33) 覃部[am]和寒部[an]相當，只有一四二等字，主要来自侵部。一等字即《切韵》覃韵，二等字即《切韵》咸韵。

(34) 盐部[æm]是一个新兴的韵部，和仙部[æn]相当，~~没有一等字，二三四等字~~主要来自谈部。一等字即《切韵》谈韵，二等字即《切韵》衔韵，三等字即《切韵》盐韵，四等字即《切韵》添韵。

(35)《切韵》覃谈两韵，在南北朝是分立的，界限很清楚。覃韵独用的例子，除上述《文心雕龙·明诗》协"含南参耽"外，还有谢灵运《山居赋》协"南潭参耽"，鲍照《采菱歌》协"潭南"，昭明太子《七契》协"耽南"等；谈韵独用的例子，除上述《文心雕龙·祝盟》协"谈甘蓝惭"，《比兴》协"览胆敢滥"外，还有简文帝《七励》协"三甘谈憨"等。至于咸韵与覃韵同歸覃部，銜韻、談韻、鹽韻、添韻同归鹽部，則是從刪韻与寒桓同歸寒部，山仙先同歸仙部推斷出來的，是否有当，尚待详考。

以上所述魏晉南北朝的韵部，基本上是与我從前所作《南北朝诗人用韵考》的结论相符合的。①

韵部音值的擬測

(1)之部音值沒有变化，仍是[ə]，实际上只有三等开口字的[i̯ə]。

(2)職部分化為職德兩部。職部仍是[ək]，实际上只有三等字的[i̯ək][i̯uək]；德部应是[ɐk]，实际上只有一等字的[ɐk][uɐk]。所以擬測為[ɐk]。

①参看王力《漢语史论文集》55—59页。那里平声36部，入声18部，共54部，比本書多麻虞兩部。据现在考證，歌麻不該分立，虞模不該分立，实得42部。

151

(157)

是因為：(一)[ɐ]与[ək]都是央元音；(二)之部一等字已轉入灰部[ɐi]，這[ɐi]也包含有央元音[ɐ]。

(3)蒸部分化為蒸登兩部。蒸部仍是[əŋ]，实际上只有三等字的[i̯əŋ][i̯uəŋ]；登部应是[ɐŋ]，实际上只有一等字[ɐŋ][uɐŋ]。

(4)支部音值沒有变化，仍是[e]，实际上只有三等字[i̯e][i̯ue]。

(5)錫耕兩部音值沒有变化，仍是[ek][eŋ]。

(6)歌部由[ai]演变為[a]。這種演变從漢代就開始了。我之所以這樣擬測，是因為魏晋南北朝佛经譯語和外國對音都把歌部字譯[a]①。由[ai]变[a]是語音發展史上常見的事，現代北京話"佳涯卦畫"等字，上海話"矮帶柴"等字以及白話音"街鞋"等字，都是

---

①參看汪榮寶《歌戈魚虞模古讀考》（北京大學《國學季刊》第一卷，第二號）。

由中古的[ai]演变为现代的[a]。

(7)鐸陽两部的音值没有变化，仍是[ak][aŋ]。

(8)魚部音值也没有变化，仍是[ɔ]，但因範圍缩小了，实际上只有开口三等的[iɔ]。

(9)模部来自魚部合口呼，擬測為[o]，是向隋唐音[u]的過渡。

(10)屋东两部音值没有变化，仍是[ok][oŋ]。

(11)宵部音值由漢代的[o]演变為複合元音[ou]，是向隋唐音[au][au][æu]的过渡。

(12)幽部音值和漢代一样，没有变化。幽部一等(《切韵》侯)是[u]，三等(《切韵》尤)是[ĭu]，四等(《切韵》幽)是[iu]。漢魏六朝人译佛经，以"優"译 u，以"鸠"译 ku，以"楼"或"婁"译 ru，以"兜"或"斗""鍮"译 tu，以"頭"或"豆"译 du，以"浮"译 bu，以"牟"译 mu，以"首"或"修"译 su，以"睺"译 hu[1]。由此可見，我们对幽

①参看汪荣宝《歌戈魚虞模古讀考》。

部音值的擬測是正確的。

(13) 沃冬兩部的音值沒有變化，仍是漢代的[uk][uŋ]。

(14) 微物文三部的音值沒有變化，仍是[əi][ət].[ən]。只是由於韵部範圍縮小了，实际上只有三等字的[ǐəi][ǐuəi][ǐət][ǐuət][ǐən][ǐuən]了。

(15) 脂質真三部的音值沒有變化，仍是[ei][et][en]。只是由於韵部範圍縮小了，实际上只有三等字的[ǐei][ǐuei][ǐet][ǐuet][ǐen][ǐuen]了。

(16) 灰部、泰部、祭部，就是等韵的蟹攝字。蟹攝在魏晋南北朝應分為三个韵部：(一)灰部与沒魂兩部對應，所以擬測為[ɐi]；(二)泰部与曷寒兩部對應，所以擬測為[ai]；祭部与薛仙兩部對應，所以擬測為[æi]。

(17)《切韵》月韵是廢韵的入声。月韵在南北朝屑沒部。沒部的平声是魂部。魂部是[ɐn]，則沒部應該是[ɐt]。

(18)《切韻》曷韻是泰韻的入声，曷韻的平声是寒韻。泰曷寒三部對應，其音值應該是[ai]、[at]、[an]。

(19)《切韻》薛韻是祭韻的入声，薛韻的平声是仙韻。祭薛仙三部對應，其音值應該是[æi]、[æt]、[æn]。

(20)業嚴兩部和沒魂兩部的三等字相当。因此，業部應該是[ɐp]，嚴部應該是[ɐm]。

(21)合覃兩部和曷寒兩部相應。因此，合部應該是[ap]，覃部應該是[am]。

(22)葉鹽兩部和薛仙兩部相應。因此，葉部應該是[æp]，鹽部應該是[æm]。

各韻部的音值，是按照"承先啟後"的原則

153

(159)

来定的。"承先"，就是继承前期的音值或变為鄰近的音；"啓後"，就是变為隋唐音或接近隋唐音。這樣拟測音值，应該是比較可靠的。

(三)魏晋南北朝的声调

魏晋南北朝的声调和《切韵》的声调是一致的，即具有平上去入四声。段玉裁说："古四声不同今韵，猶古本音不同今韵也。考周秦漢初之文，有平上入而無去①，洎乎魏晋，上入声多轉而為去声，平声多轉為仄声，於是乎四声大備，而與古不侔。"段玉裁的考證是正確的。上古也有四个声调，即是平、上、长入、短入；魏晋以後的四声則是平、上、去、入。魏晋时代產生去声。陰声韵的去声字，多由长入字轉

① 不但漢初，直到东漢，也是有平上入而無去。

北京市电车公司印刷厂出品 七六·一

40×15=600 (1201)

入（去声産生後不再存在長入声），少数由平上声轉来；陽声韵的去声字由平上声轉来。

《南史·陸厥传》載，周顒以平上去入為四声，沈約撰《四声譜》，以為在昔词人累千載而不悟。他们不知道，漢代以前，根本沒有平上去入四声之分，在昔词人怎能“悟”得出来呢？

下面举出魏晋南北朝诗人用去声韵的诗為證。

皇太子宴玄圃宣猷堂（節録）　陸　機

自彼河汾，奄齊七政。
時文惟晉，世篤其聖。
欽翼昊天，對揚成命。
九區克咸，讌歌以詠。

大將軍讌會（節録）　陸　雲

皇皇帝祜，誕隆駿命。
四祖正家，天祿保定。

154

(160)

睿哲惟晷，世有明聖。

如彼明月，萬景攸正。

應詔讌曲水作詩（節錄）　顏延之

道隱未形，治彰既亂。

帝迹懸衡，皇流共貫。

惟王創物，永錫洪算。

仁固開周，義高登漢。

祚融世哲，業光列聖。（換韻）

制以化裁，樹之形性。

惠浸萌生，信及翔泳。

太上正位，天臨海鏡。

崇虚非徵，積实莫尚。（換韻）

豈伊人和？实靈所貺。

日完其朔，月不掩望。

航琛越水，輦賨踰障。

北京市电车公司印刷厂出品 七六·一
40×15=600 (1201)

帝體麗明，儀辰作貳。（換韻）

君彼東朝，金昭玉粹。

德有潤身，禮不愆器。

柔中淵映，芳猷蘭秘。

皇太子釋奠會（節錄）　　顏延之

虞庠飾館，睿圖炳睟。

懷仁憬集，抱智麕至。

踵門陳書，躡階獻器。

澡身玄淵，宅心道秘。

伊昔周儲，聿光往記。（換韻）

思皇世哲，體元作嗣。

資此夙知，降從經志。

逷彼前文，規周矩值①。

①“值”，直吏切。

155a　　　　　　　　　　　　　　　　A10
　　　　　　　　　　　　　　　　　　(161)

隋—中唐音系(581-836)

~~隋—盛唐音系(581-766)~~

第四章 ~~隋唐音系(581-907)~~

從前有人說，《切韵》音系就是隋唐音系。其实《切韵》並不代表一時一地之音①。現在我们以陸德明《经典释文》和玄应《一切经音義》的反切為根據，考証隋唐音系，這樣就比較合理。《经典释文》書成於陳後主至德元年癸卯(583)，玄应《一切经音義》書成於貞观年间，与《切韵》書成的期间(601)先後距離不遠，正好拿來对比。玄应從貞观十九年(645)到龍朔元年(661)左右，一直在長安工作。他在書中屢次提到正音，应該就是长安音。因此，本章所述的音系，应该算是第六世纪末到第七世纪中期的语音系统。

①参看周祖謨：《切韵的性質和它的音系基础》(《问学集》上册，434—473頁)。

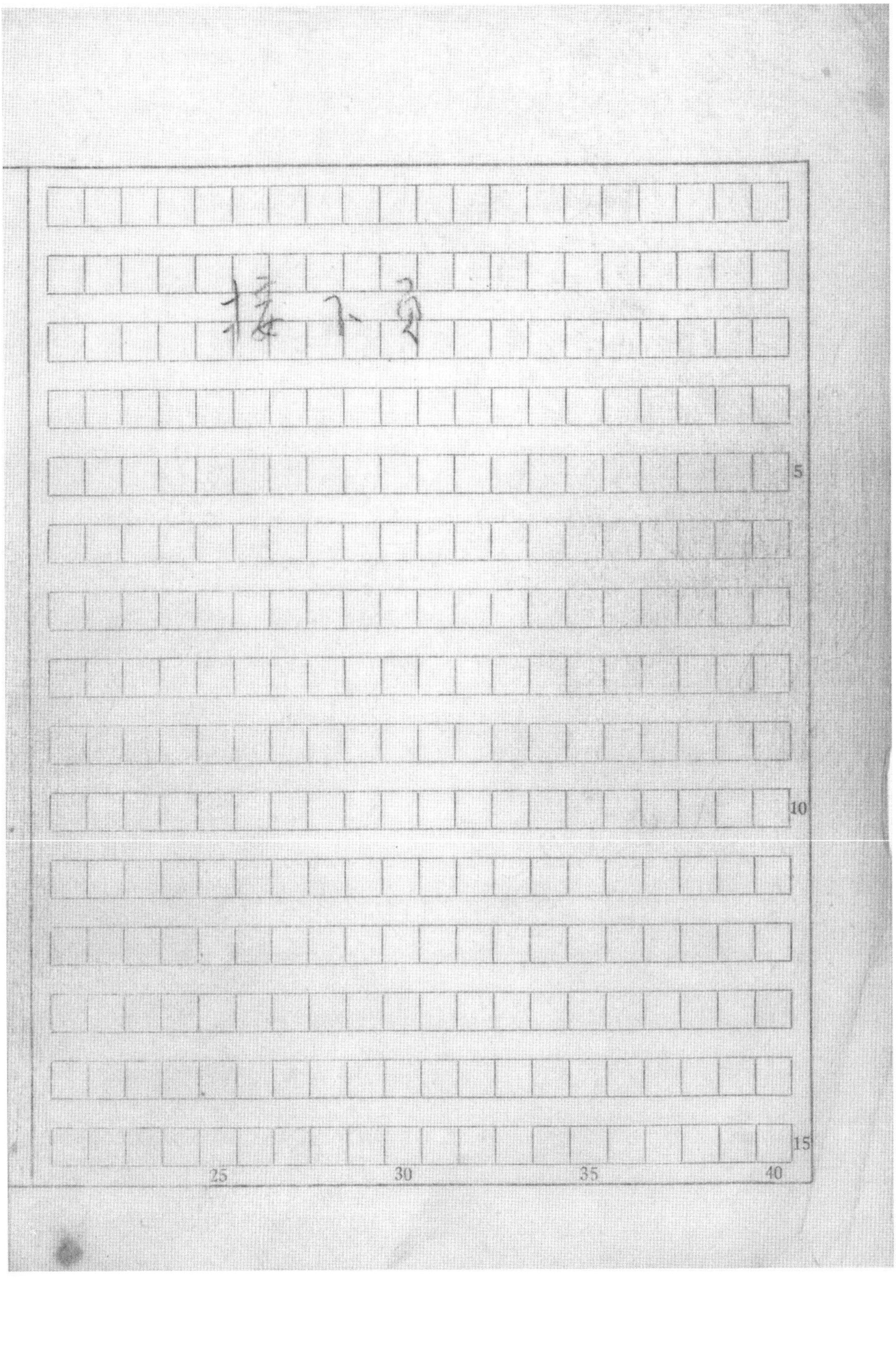
接下页

~~第四章 隋唐音系（581—907）~~

（一）隋—中唐時代的声母

隋—中唐時代共有三十三个声母，如下表：

發音方法 \ 發音部位			双脣	舌尖前	舌尖中	舌葉	舌面前	舌根	喉
塞音	清	不送氣	p（幫非）		t（端知）		（ȶ知）	k（見）	ʔ（影）
		送氣	pʻ（滂敷）		tʻ（透徹）		（ȶʻ徹）	kʻ（溪）	
	濁		b（並奉）		d（定澄）		（ȡ澄）	g（群）	
鼻音			m（明微）		n（泥娘）		ȵ（日）	ŋ（疑）	
边音					l（來）				
塞擦音	清	不送氣		ts（精）		tʃ（莊）	tɕ（照）		
		送氣		tsʻ（清）		tʃʻ（初）	tɕʻ（穿）		
	濁			dz（從）		dʒ（牀）	dʑ（神）		
擦音	清			s（心）		ʃ（山）	ɕ（審）	x（曉）	
	濁			z（邪）		ʒ（俟）	ʑ（禪）	ɣ（匣喻三）	
半元音							j（喻四）		

由上表可以看出，隋—中唐時代声母和魏晋南北朝声母的名称、数目和音值完全相同。只有一點，表中舌面前音加括號的（ȶ知）（ȶʻ徹）（ȡ澄）

北京市电车公司印刷厂出品 七六·一

40×15=600（1201）

乃是唐代後期由端透定分化出来的声母，和原来三十三声母加起来，得三十六个声母。

隋唐時代，脣音还没有分化為重脣（双脣）、輕脣（脣齒）兩類，這就是說，还没有産生輕脣音。下面是《經典釋文》的例子：

帮非混切[1]：

瀌，方苗反　　貶，方犯反

堋，甫鄧反　　彆，方血反

閉，方結反　　邶，方伐反

蝮，方本反　　鳪，方木、方角反

襮，方沃反　　昄，方滿、方但、方旦反

敗，甫邁反　　編，方千、方縣、甫連反

鯿，方仙反　　麃，方遥反

[illegible]寶橫，方刃反　　秕，甫姊、甫里反

髀，方尔反　　稟，方鴆反

之分。下仿此。

①所謂帮非混切，是指以非母字切帮母字，或以帮母字切非母字。這是守温字母的概念，並非隋唐時代已有帮非

156

(163)

髀，方紙反　比，方二反

畀，甫至反　箄，方弭、方寐反

并，方政反　蔽，甫世、方四、方計反

辟，甫亦、方狄反　縪，甫必反

滂敷混切：

杓，敷招反　摽，敷蕭反

憋，芳滅反　秠，孚悲反

副，孚逼反　僻，芳益、芳石反

扑，敷卜反　縹，芳表、芳趙、芳老反

扳，敷間反　俜，敷耕反

吡，方尔反　紕，芳夷、芳齊反

剽，方妙反　庀，芳美、芳鄙、芳指反

漂，敷妙反　秠，孚鄙、孚婢反

泛，匹劍反　敷，痡，普吳反①

並奉混切：

①泛、敷、痡三例是以帮切非。

貔，扶悲反　　嬪，符真反

蠙，父賓反　　飄，扶遥反

牝，扶死反　　馮，父冰、符冰反

辯、汴，扶免反　　辟，扶亦、符亦反

龐，扶公反　　芃，符雄、扶雄、扶東反

倍，扶來反　　朋，扶恒反

部，扶苟反　　背，扶代反

暴，扶沃反　　拔，房末反

亳，扶各反　　茇，房末、扶蓋反

庖，扶交反　　阪，扶板反

蠯，父幸反　　排，扶拜反

臏，符人反　　罷，扶買、扶駡反

被，扶義反　　比，扶至、扶志、扶必反

幣，扶世反　　潎，符世、扶滅、伏滅反

斃，扶設反　　弊，扶世、扶計、扶滅反

157

(164)

弁，扶变反　　蚍，扶恐、扶光、扶缅反

便，扶绢反　　批，父迷、父结反。

骿，扶贤、扶结反

繁，步干反　　樊，步干、步丹、皤干反①

明微混切：

鄙，悲反　　弥，亡移、亡皮（亡氏、亡尔反）

珉，武巾反　　旻，武巾、亡巾反

闽，亡巾反　　泯，亡轸、亡忍、武轸反

緜，武延反　　猫，亡朝、武交反

名，武征反　　靡，亡彼反

每，媒，亡回反　　蒙，亡公、武工、亡钩反

脢，武杯反　　枚，亡回、武回、武杯反

虋，亡昆、亡津反　　莽，亡荡反

蠓，無孔反　　儚，亡崩、亡冰反

①"繁、樊"二例是以滂切數。

40×15=600 (1201)

韎，亡界反	姆，亡甫、亡久、亡又反
曼，武半反	牡，亡后、亡古反
耄芼，亡報反	沫，亡对、武蓋、亡曷反①
貿，亡救反	昧，武内、亡比反
鶩，亡卜反	縵，武旦、武半、武諫反
莫，武博反	鏝，亡安、武旦反
默纆，亡北反	冒，亡報、亡北反
駹，武邦反	末，亡曷、亡葛、武葛反
尨，亡江反	幕，武博、亡博反
蒙，武邦反	埋，亡皆、無皆、武皆反
霾，亡皆反	茅，亡交反
罞，亡包反	萌，武耕、亡耕反
僈，武諫反	盟，武耕、亡幸、武病反
貌，亡角反	謾，望山、武諫反

① 這里應是兩个字：沬，亡对反；沫，武蓋、亡曷反。

158

(165)

貉，亡百反　　慢，亡諫、武諫反

瞢，武忠反　　藐，亡角、亡校反

攠，亡奇反　　貊，武伯、亡百反

縻、糜，亡池反　　夢，忘忠、無工、亡弄、武仲反

敏，亡謹反　　牟，亡侯、無不反

暋，亡巾反　　侔，亡侯、亡又反

袂，武世反　　矛、鍪、繆，亡侯反

蠠，忘忍反　　澠，亡婢、亡忍、亡免反

麛，亡兮反　　閔，武謹、亡謹反

螟、銘，亡丁反　　冥，亡丁、亡經、亡定反

蔑，亡結反　　冪、羃、幎，亡歷反

瞑，亡千、亡丁反

下面是玄應《一切经音義》的例子：

幫非混切：

仳，父美反　　豳，方珍反

諷，不鳳反

滂敷混切：

潘，敷袁反　　蜂，匹凶反

孚，匹于反　　泛，匹劍反

並奉混切：

髕，扶忍反　　邲，扶必反

明微混切：

牧，亡福反　　睦，亡竹反

昴，亡飽反　　眇，亡紹反

俛，無辯反　　密，亡一反

湎，亡善反　　犛，亡交、亡包反

憮，莫禹反

隋唐時代的前期，舌音还沒有分化為舌尖中（舌頭）、舌面前（舌上）兩類，這就是說，还沒有產生舌上音。下面是《經典釋文》的例子：

端知混切：

豬，丁魚反　長，丁丈、丁兩反

柱，丁主反　疐、躓、懥，丁四反

轉，丁戀反　綴，丁衛、丁劣、丁悅反

罩，都學反　劚，丁錄反

窒，得悉反　斲、涿、琢，丁角反

挃，丁秩反　窋，丁律反

蝃，丁劣反　剟，丁悅反

著，丁略反　擿，都革反

縶，丁立反　霅，丁立、丁邑反

透徹混切：

朾，他貞反　畜，他六反

卓，吐濁反　曈，蔥絳反

台，敕來反　侗、恫，敕動反

吞，敕恩反　灘，敕丹、敕旦反

弢，敕刀反　　窕，勑彫、勑弔反

它，敕多反　　祧、挑，勑彫反

稌，勑古反　　坦，敕但反

貸，敕代反　　儻，勑黨、勑蕩反

大，勑佐反　　逖、剔，勑歷反

定澄混切

淖，徒較反　　軸，大六反

濯，大角反　　值，徒力、徒吏反

憚，直丹、直旦、丈旦反

姪、絰、跌、迭、咥，直結反

垤，直絰反　　滌，直的、直歷反

翟、覿、糴，直歷反

泥娘混切：

怩，乃私反　　橈，乃教反

溺，奴學反　　淖、鐃，乃孝反

暱，乃吉反　　吶，奴勞反

籋，奴輒反

下面是玄應《一切經音義》的例子：

端知混切：

~~斲，都角反~~　　湩，都用、都洞反

啄，丁角反　　斲椓，㧻，都角反

~~樀，都革反~~　　謫，讁，摘，都革反

透徹混切：

蠆，他邁反　　討，恥老反

洟，敕計反　　惕，敕歷反

定澄混切：

撞，徒江反　　茶，徒加、徒迦反

瞪，徒萌反　　懟，徒淚反

袒，徒莧反　　擢，徒角、徒卓反

濯，徒角反

泥娘混切：

䅲，奴盍反　禰，女須反

喃，女函反

隋唐時代，匣母三等字還沒有轉化為喻三（于母），《經典釋文》中還有一些匣于混切的情況。例如：

在《經典釋文》反切中，還有神禪混切、從邪混切、牀俟混切、于喻混切等情況，因与《切韻》相差太大，疑是方音現象，待再詳考。

唐代後期，舌上音從舌頭音分出，即是從舌尖中塞音分出舌面前塞音，但是只分出知徹澄三母，沒有分出娘母。娘母實際上是不存在的㊀。敦煌石室《南梁漢比丘守溫述》說："知徹澄日是舌上音。"非常正確。隋唐時代，日母不

㊀參看李榮《切韻音系》，125—126頁。

陈澧以为，在《切韵》的反切中，端系和知系已经分开了。其实不是的。依罗常培的分析①，在《切韵》的反切中，有许多端系和知系混用的例子。例如：

褚，丑吕切，又张吕切，又丁吕切。②

傳，直戀切，又丁戀切，又知戀切。

長，直良切，又丁丈切，又知丈切。

噣，都豆切，又丁救切，又陟救切。

綴，陟衛切，又丁劣切，又陟劣切。

涂，直魚切，又直胡切，又同都切。

掉，女角切，又杖弔切，又徒弔切。

獳，人朱切，又女侯切，又奴鉤切。

橈，如招切，又女教切，又奴教切。

㕯，女滑切，又女骨切，又内骨切。

---

① 罗氏是根據張煊的《求進步齋音論》，見王力《漢语音韵学》198-203頁所引。

② 两个又音，实同一音。下仿此。

椿，都江切。[①]《集韵》株江切。

~~縋，地偽切。~~[②]《集韵》馳偽切。

胝，丁尼切。《集韵》張尼切。

貯，丁呂切。《集韵》展呂切。

篴，丑庚切。

滯，徒例切。[③]《集韵》直例切。

姪，丁恙切。

窡，丁滑切。《玉篇》竹刮切，《集韵》張滑切。

獺，他鎋切。

鵽，丁刮切。《集韵》張刮切。

𨗨，丁全切。《集韵》作"邅"，珍全切。

罩，都教切。《集韵》陟教切。

觰，都賈切。《集韵》展賈切。

絮，奴下切。《集韵》女下切。

---

① 以下的例子是我補充的。

② 今本《廣韵》作馳偽切，但陳澧《切韵考》作地偽切，當有所本。

③ 今本《廣韵》作直例切。這里依陳澧《切韵考》（和鄒光祖《切韵指掌圖檢例》）。

䏧，乃亞切。

牚，他孟切。《集韻》恥孟切。

瑒，徒杏切。《集韻》丈梗切。

鬤，乃庚切。《集韻》尼庚切。

[illegible]，丁力切，又丁六切。

湛，徒減切。《集韻》丈減切。

䩞，妳佳切。

遺，杜懷切。《集韻》幢乖切。

擠，諾皆切。《集韻》尼皆切。

奻，奴還切。《集韻》尼還切。

伱，乃里切。

嬭，奴蟹切。《集韻》女蟹切。

鬜，陟鞘切。

赧，奴板切。大徐《說文》女版切。

獿，奴巧切。《集韻》女巧切。

賃，乃禁切。《集韵》女禁切。

歡，丑歷切。《集韵》他歷切。

接下排

根据《晋书音义》之反切，[illegible]

唐代~~後~~中期，舌上音從舌頭音分出，即從舌尖中塞音分出舌面前塞音，但是只分出知徹澄三母，沒有分出娘母。娘母实際上是不存在的。[①]敦煌石室《南梁漢比丘守溫述》說："知徹澄日是舌上音，"非常正確。可見隋唐時代，日母應

① 參看李榮《切韻音系》，125—126頁。

是舌上音，它是和知徹澄同一發音部位的鼻音。

在《经典释文》反切中，还有神禅混切，從邪混切，于喻混切等情况，因与《切韵》相差太大，疑是方言现象。待再詳考。

声母音值的擬測

莊初牀山四母，高本漢擬測為[tʂ][tʂʻ][dʐ][ʂ]，陸志韋擬測為[tʃ][tʃʻ][dʒ][ʃ]。陸志韋是对的。除陸氏所説的理由外①，以常识判断，也不应该是[tʂ][tʂʻ][dʐʻ][ʂ]。依漢語的習慣，卷舌音是不能和韵头i相拼的。

知徹澄三母，高本漢擬測為[ȶ][ȶʻ][ȡʻ]，陸志韋擬測為[ȶ][ȶʻ][ȡ]，羅常培擬測為[tʂ][tʂʻ][dʐʻ]。高本漢是对的。羅常培先生根據梵

①參看陸志韋《古音説略》一三页—一七页。

文对译断定知徹澄是卷舌音①，恐怕是靠不住的，因为音译往往只是近似，不是完全同音。

(二)隋唐时代的韵部

① 罗常培《知徹澄娘四音值考》。(《罗常培语言学论文选集》22—53页)。

162a

(171)

隋—中唐時代共有五十个韵部，如下表：

元音＼韵類	陰声			入声			陽声		
u	1. u 模			2. uk 沃			3. uŋ 冬		
o	4. o 魚	5. ou 侯		6. ok 屋			7. oŋ 東		
ɔ				8. ɔk 覺			9. ɔŋ 江		
a	10. a 歌	11. au 豪	12. ai 咍	13. ak 鐸	14. at 曷	15. ap 合	16. aŋ 陽	17. an 寒	18. am 覃
ɑ	19. ɑ 麻	20. ɑu 肴	21. ɑi 皆		22. ɑt 黠	23. ɑp 洽		24. ɑn 刪	25. ɑm 咸
ɐ			26. ɐi 廢	27. ɐk 陌	28. ɐt 月	29. ɐp 業	30. ɐŋ 庚	31. ɐn 元	32. ɐm 嚴
æ		33. æu 宵	34. æi 祭		35. æt 薛	36. æp 葉		37. æn 仙	38. æm 鹽
ə			39. əi 微	40. ək 職	41. ət 物		42. əŋ 蒸	43. ən 文	
i	44. i 脂			45. ik 錫	46. it 質	47. ip 緝	48. iŋ 青	49. in 真	50. im 侵

北京市电车公司印刷厂出品 七六·一

40×15=600 (1201)

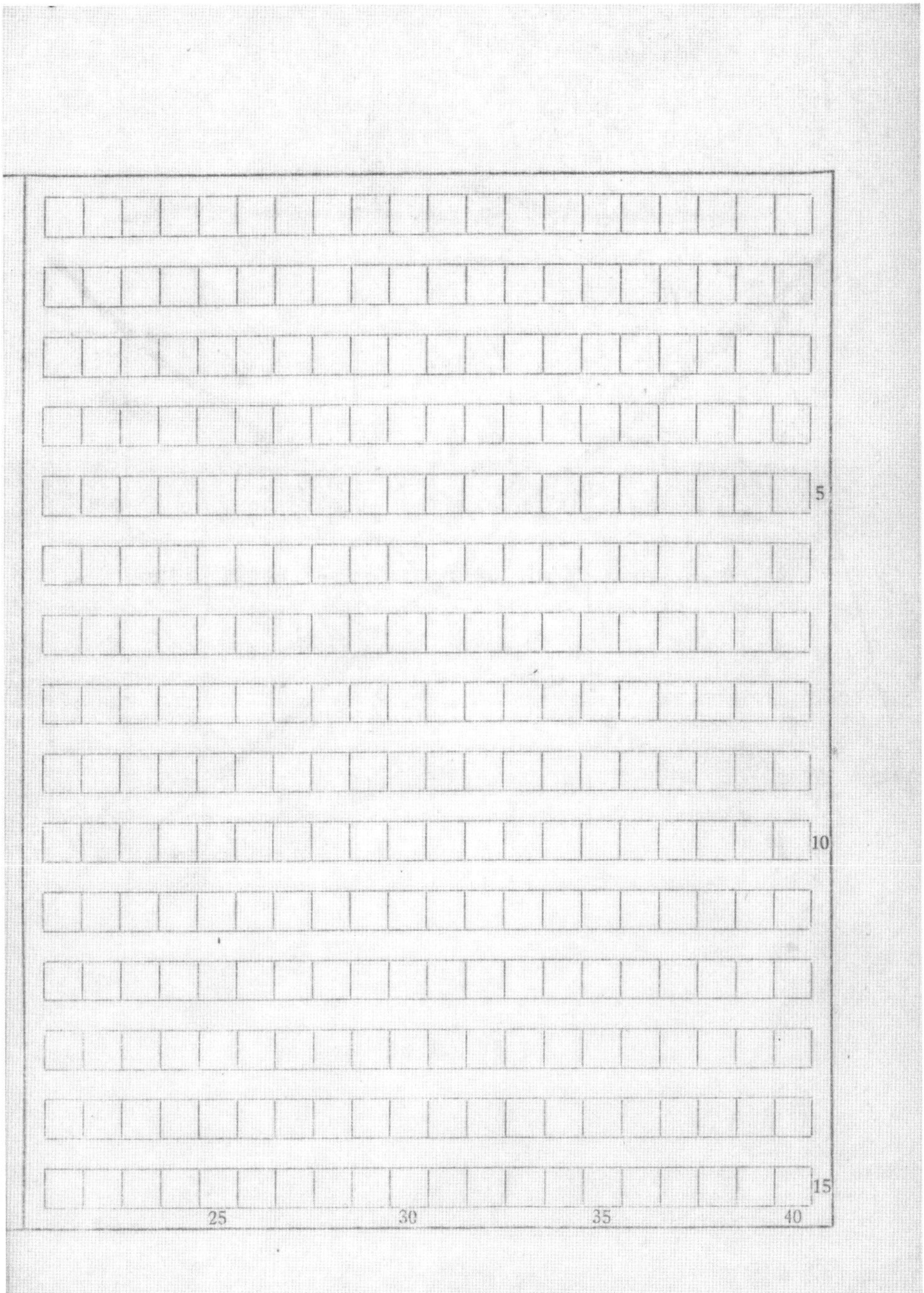

162b

(172)

隋唐時代共有五十个韵部，如下表：

元音 \ 韵類	陰声			入声			陽声		
u	1. u 模			2. uk 沃			3. uŋ 冬		
o	4. o 魚	5. ou 侯		6. ok 屋			7. oŋ 東		
a	10. a 歌	11. au 豪	12. ai 咍	13. ak 鐸	14. at 曷	15. ap 合	16. aŋ 陽	17. an 寒	18. am 覃
ɑ	19. ɑ 麻	20. ɑu 肴	21. 皆 ɑi		22. ɑt 黠	23. ɑp 洽		24. ɑn 删	25. ɑm 咸
ɐ			26. 齊 ɐi	27. ɐk 陌	28. ɐt 月	29. ɐp 業	30. ɐŋ 庚	31. ɐn 元	32. ɐm 嚴
æ		33. æu 宵	34. æi 祭		35. æt 薛	36. æp 葉		37. æn 仙	38. æm 鹽
ə			39. əi 微	40. ək 職	ət 物		əŋ 蒸	ən 文	
i	i 脂			ik 錫	it 質	ip 緝	iŋ 青	in 真	im 侵

(1) 模部 [u]

合一 [u] 切韵 模姥暮

合三 [ǐu] 切韵 虞麌遇

反切例證①：

① 加星號 * 者為玄應《一切經音義》的反切。無號者為《經典釋文》的反切。下仿此。

40×15=600

以姥切虞：

廡，莫杜反　　栩，況浦反

數，所古反

以虞切模：

汙，紆巫反*

唐詩例證①（虞無號，模*）：

洞庭湖　　宋之問

地盡天水合，朝及洞庭湖*[ɣu]。
初日當中涌，莫辨東西隅[ŋǐu]。
晶耀目何在？瀅熒心欲無[mǐu]。
靈光晏海若，游氣耿天吳*[ŋu]。
張樂軒皇至，征苗夏禹徂*[dzu]。
楚臣悲落葉，堯女泣蒼梧*[ŋu]。
野積九江潤，山通五嶽圖*[du]。

①僅可能舉初唐詩為例。

163

(173)

風恬魚自躍，雲夕雁相呼*[xu]。

獨此臨泛漾，浩將人代殊[ʑi̯u]。

永言洗氛濁，卒歲為清娛[ŋi̯u]。

要使功成退，徒勞越大夫[pi̯u]。

(2)沃部[uk]

合一[uk]　切韵沃

合三[i̯uk]　切韵燭

唐詩例證：

和同府李祭酒休沐田居　李嶠

列位簪纓序，隱居林野躅[di̯uk]。

徇物爽全直，棲真昧均俗[zi̯uk]。

若人兼吏隱，率性夷荣辱[ȵi̯uk]。

地藉朱邸基，家在青山足[tsi̯uk]。

暫辭西園蓋，言事東皋粟[si̯uk]。

築室俯澗濱，開扉面巖曲[kʻi̯uk]。

40×15=600 (1201)　北京市电车公司印刷厂出品 七六·一

庭幽引夕霧，簷迥通晨旭[xĭuk]。

迎秋谷黍黄，含露園葵綠[lĭuk]。

勝情狎蘭杜，雅韵鏘金玉[ŋĭuk]。

伊我懷丘園，願心從所欲[jĭuk]。

(3)冬部[uŋ]

合一[uŋ]　切韵冬宋

合三[ĭuŋ]　切韵鍾腫用

唐诗例證：　途中　楊炯

悠悠辭鼎邑，去去指金墉[jĭuŋ]。

途路盈千里，山川亘百重[dĭuŋ]。

風行常有地，雲出本多峰[p'ĭuŋ]。

鬱鬱園中柳，亭亭山上松[zĭuŋ]。

客心殊不樂，鄉淚獨無從[dzĭuŋ]！

(4)魚部[o]

開三[ĭo]　切韵魚語御

164

(174)

唐詩例證：

奉和幸韋嗣立山莊侍宴　宋之問

樞掖調梅暇，林園藝槿初[tʃʻi̯o]。

入朝榮劍履，退食偶琴書[ɕi̯o]。

地隱东巖室，天回北斗車[ki̯o]。

旌門臨窈窕，輦道屬扶疏[ʃi̯o]。

雲罕明丹壑，霜笳徹紫虛[xi̯o]。

水疑投石處，溪似釣璜餘[ji̯o]。

帝澤頒卮酒，人歡頌里閭[li̯o]。

一承黄竹詠，長奉白茅居[ki̯o]。

(5)侯部[ou]

開一[ou]　切韵侯厚候

開三[i̯ou]　切韵尤有宥

開四[iou]　切韵幽黝幼

反切例證（尤無號，侯*，幽△）：

以侯切尤

陬、菆，子侯反　　騶，側侯反

緅，祖侯反　　鍪、侔，亡侯反

髳，茂侯反　　牟，木侯、亡侯、莫侯反

眸，莫侯、茂侯反　　蟊，莫侯、莫溝反

謀，莫侯反*　　眸，莫侯反*

鍪，莫侯反*　　矛，莫侯反*

以幽切尤

休，虛虯、許虯反　　捄，音虯

~~觩，音捄反~~

以侯切幽

繆，亡侯反

以尤切幽

觓，音求　　璆，其休、舊周反

觩，巨秋反　　虯，渠周、渠留反*

繆，莫浮反*

以有切謬

某，莫有反

以有切黝

黝，於柳、烟柳反　糾，居酉反

糾，居柳反*

以幼切宥

滫，相幼反

唐詩例證：

三陽宮侍宴　　宋之問

離宮秘苑勝瀛洲[tɕiou]，

別有仙人洞壑幽[ʔiou]。

巖边樹色含风冷，石上泉声带雨秋[tsʰiou]。

鳥向歌筵来度曲，雲依帳殿結為樓[lou]。

微臣昔忝方明御，今以还陪八駿遊[jiou]。

（6）屋部 [ok]

开一 [ok] 切韵屋

开三 [i̯ok] 切韵屋

唐诗例證：

温泉莊卧病　宋之問

移疾卧兹嶺，寥寥倦幽獨[dok]。
頼有嵩丘山，高枕長在目[mi̯ok]。
兹山棲灵異，朝夜翳雲族[dzok]。
是日濛雨晴，返景入巖谷[kok]。
冪冪澗畔草，青青山下木[mok]。
此意方無窮，環顧悵林麓[lok]。
伊洛何悠漫，川原信重複[pʻi̯ok]。
夏餘鳥獸蕃，秋末禾黍熟[ʑi̯ok]。
秉願守樊圃，歸閑欣藝牧[mi̯ok]。
惜無載酒人，徒把涼泉掬[ki̯ok]。

166a

(176)

(7) 东部 [oŋ]

开一 [oŋ]　　切韵东董送

开三 [ioŋ]　　切韵东董送

唐诗例證：

秋日仙遊观赠道士　王勃

石图分帝宇，银牒洞灵宫[kioŋ]。

回丹萦岫室，複翠上巖栊[loŋ]。

雾濃金竈静，雲暗玉壇空[k'oŋ]。

野花常捧露，山葉自吟風[pioŋ]。

林泉明月在，诗酒故人同[doŋ]。

待余逢石髓，從尔命飛鴻[ɣoŋ]。

~~(10) 歌部 [a]~~

~~开一 [a]　　切韵歌~~

~~合一 [ua]　　切韵戈~~

~~反切例證：~~

40×15=600 (1201)

北京市电车公司印刷厂出品 七六·一

以戈切歌：

蛾，我波反

以歌切戈：

娑，素河反　　莎，素何反

繁，皤，薄何反　　摩，末何、莫多反

番，布何反　　頗，普河、破多、破河反

以哿切果：

簸，波我反　　跛，波我、波可、彼我反

頗，破可反　　播，波可、波左反

以箇切過：

簸，府佐反　　播，波餓、波佐、波賀反

磨，莫佐反　　攠，莫賀反

唐詩例證（歌無號，戈*）

別之望後獨宿藍田山莊　宋之問

鶺鴒有舊曲，調苦不成歌[ka]。

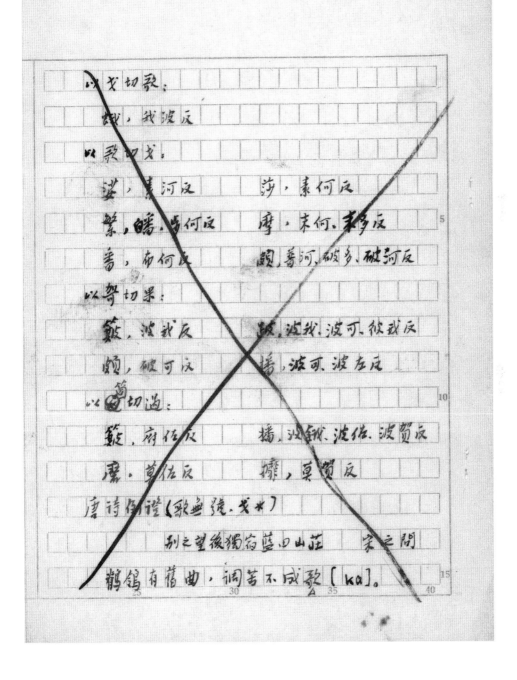

166b　　A11

(177)

(8)觉部[ɔk]

开二[ɔk]　切韵觉

反切例证：

較，古岳反　浞，仕角、在角反

穛，侧角反　汋，士浞反

濯，丈角反　藐，莫角、亡角反

镯，直角反

(9)江部[ɔŋ]

~~反切例证：~~

开二[ɔŋ]　切韵江讲绛

反切例证：

駹，武邦反　橦，丈江反

唐诗例证：

江楼夜宴　杜甫

对月那無酒？登楼况有江[kɔŋ]！

聽歌驚白鬢，笑舞拓秋窗[tʃʻɔŋ]。

樽蟻添相續，沙鷗並一雙[ʃɔŋ]。

盡憐君醉倒，更覺片心降[ɣɔŋ]。

(10)歌部[a]

開一[a] 切韻歌

合一[ua] 切韻戈①

合三[ĭua] 切韻戈

反切例證：

以戈切歌：

娥，我波反

以歌切戈：

娑，素珂反　　繁、皤，步何反

莎，素何反　　摩，末何、末多反

番，布何反　　頗，普河、破多、破河反

以哿切果：

簸，波我反　　跛，波我、波可、彼我反

頗，破可反　　播，波可、波左反

以箇切過：

簸，府佐反　　播，波餓、波佐、波賀反

磨，　　摩，莫賀反

① 陸法言《切韻》無戈韻，這里指《廣韻》。

唐诗例證(歌無號，戈*)

167

别之望後獨宿藍田山莊　　宋之問

鶺鴒有舊曲，調苦不成歌[ka]。(178)

自歎兄弟少，常嗟離别多[ta]。

尔尋北京路，予卧南山阿[ʔa]。

泉晚更幽咽，雲秋尚嵯峨[ŋa]。

藥欄聽蟬噪，書幌見禽過*[kua]。

愁至願甘寢，其如鄉夢何[ɣa]！

~~唐诗例證([illegible])鐸部[ak]~~(~~歌無號，戈*~~)：

~~開一[ak]　切韵唐蕩宕~~

~~合一[uak]　切韵唐蕩宕~~

~~開三[iak]　切韵陽養漾~~

~~合三[iuak]　切韵陽養漾~~

~~唐诗例證[陽無號，唐*大~~

~~[illegible]~~豪部[au]

開一[au]　切韵豪

唐诗例證：

渡漢江　　李百藥

北京市电车公司印刷厂出品 七六·一

40×15=600 (1201)

東流既瀰瀰，南紀信滔滔[t'au]。
水激沉碑岸，波駭弄珠皋[kau]。
含星映淺石，浮蓋下奔濤[dau]。
瀉潤霞光近，川長曉氣高[kau]。
檣鳥轉輕翼，戲鳥落風毛[mau]。
客心既多緒，長歌且代勞[lau]。

~~(10) 咍部 [ai]~~

~~開口 [ai]　　韻：咍海代，泰~~

~~合口 [uai]　　韻：灰賄隊，泰~~

~~唐詩例證（咍、灰、泰）~~：

~~於北平作　　唐太宗~~

~~翠野駐戎軒，盧龍轉征旆[bai]。~~
~~遙山麗如綺，長流縈似帶[tai]。~~
~~海氣百重樓，巖松千丈蓋[kai]。~~
~~茲焉可遊賞，何必襄城外[ŋuai]。~~

168

(179)

(12)咍部[ai]

開一[ai]　切韵咍海代，泰

合一[uai]　切韵灰賄隊，泰

反切例證：

以咍切灰：

倍①，扶來反　　禖，莫來反

以海切賄：

培，父宰反　　每，莫載、莫改反*

以賄切海：

倍②，步罪、蒲罪反

以代切隊：

背，扶代反　　妕，方代反

敦③，都愛反　　倅，倉愛反

以隊切泰：

①《集韵》："倍，蒲枚切。"

②《廣韵》："倍，薄亥切。"

③《集韵》："敦，都内切。"

北京市电车公司印刷厂出品 七六・一

40×15＝600

禬，户对反　　繢，户妹反

駾，徒对反　　沬，亡对反

沛，補昧反*　　~~貝，補蓋、博蓋反*~~

以~~[illegible]~~泰切隊：

背，蒲貝反*　　纇，力外反*

以泰切代：

駘①，田賴反

~~以代切隊~~

~~背，扶代反　　[illegible]，方代反~~

唐诗例證（灰隊無號，咍代*，泰×）：

接下頁

①《廣韵》去声無"駘"字，今以上声類推。

贈許左丞從駕萬年宮　　盧照鄰

聞道上之回[ɣuai]，
詔蹕下蓬萊*[lai]。
中樞移北斗，左轄去南臺*[dai]。
黄山聞鳳笛，清蹕侍龍媒[muai]。
曳日朱旗卷，参雲金障開*[k'ai]。
朝参五城柳，夕宴柏梁杯[puai]。
漢畤光如月，秦祠聽似雷[luai]。
寂々芸香閣，離思獨悠哉*[tsai]！

信行遠修水筒　　杜甫

汝性不茹葷，清淨僕夫內[nuai]。
秉心識本源，於事少滯礙*[ŋai]。
雲端水筒坼，林表山石碎[suai]。
觸熱藉子修，通流與廚會*[ɣuai]。
往來四十里，荒險崖谷大*[dai]。

北京市电车公司印刷厂出品　七六·一

40×15=600 (1201)

日曛驚未飡，貌赤愧相对[tuai]。
浮瓜供老病，裂餅嘗所愛*[ʔai]。
於斯答恭謹，足以殊殿最*[tsuai]。
詎要方士符？何假將軍蓋*[kai]？
行諸直如箭，用意崎嶇外*[ŋuai]。
：
接下页！

⒀鐸部[ak]

開一[ak]　　切韵鐸

合一[uak]　　切韵鐸

開三[i̯ak]　　切韵藥

合三[i̯uak]　　切韵藥

唐詩例證(藥無號，鐸*)：

過郭代公故宅　　杜甫

豪隽初未遇，其跡或脫略[li̯ak]。

代公尉通泉，放意何自若[ȵi̯ak]！

及夫登袞冕，直氣森噴薄*[bak]。

磊落見異人，豈伊常情度*[dak]！

定策神龍後，宮中翕清廓*[k'uak]。

俄頃辨尊親，指揮存顧託*[t'ak]。

群公有慚色，王室無削弱[ȵi̯ak]。

迥出名臣上，丹書照臺閣*[kak]。

我行得遺迹，池館皆疏鑿*[dzak]。
壯公臨事斷，顧步涕橫落*[lak]。
高詠寶劍篇，神交付冥漠*[mak]。

(14) 曷部[at]

開一[at]　切韵曷
合一[uat]　切韵末

反切例證：

以末切曷

曷，何末反　憚(怛)，丹末反
閼，安末反　遏，烏末反
撻、達、汏，他末反

以曷切末：

沫，亡曷反　末，亡葛、武葛、亡曷反
秣，莫葛反　拔，步葛反
跋，補葛反　茇，蒲葛反

~~1691~~ 171

(182)

軷，步葛、步昌反　　撥，補達反*

~~[illegible]~~ (15)合部[ap]

開一[ap]　　切韵合盍

反切例證：

以盍切合：

蛤，古盍反　　囋，子盍反

囋，子臘反*　　唼①，子盍、祖盍反*

咂，子盍反*

以合切盍：

閤，古合　　臘，力合反

闒，湯荅反　　嗒，土合反*

(16)陽部[aŋ]

開一[aŋ]　　切韵唐蕩宕

合一[uaŋ]　　切韵唐蕩宕

①《集韵》"唼"作荅切。

開三[ĭaŋ]　切韵陽養漾

合三[ĭuaŋ]　切韵陽養漾

唐詩例證（陽無號，唐*）

同臨津紀明府孤雁　盧照鄰

三秋違此地，萬里向南翔[zĭaŋ]。
河洲花稍白，關塞葉初黃*[ɣuaŋ]。
避繳風霜勁，懷書道路長[dĭaŋ]。
水流疑箭動，月照似弓傷[ɕĭaŋ]。
橫天無有陣，度海不成行*[ɣaŋ]。
會刷能鳴羽，還赴上林鄉[xĭaŋ]。

(17) 寒部[an]

開一[an]　切韵寒旱翰

合一[uan]　切韵桓緩換

反切例證：

以寒切桓：

蟠 170

槃，薄寒反　　盤，步干、畔干反

鞶，步干反　　磐：步干、步丹、畔干反

弁，步干、步寒反　　般，薄寒、蒲安、步干反

胖，步丹反　　瀊，判丹、判干反

瞞，曼，莫干反　　蟠，蒲寒反*

瘢，薄寒、薄蘭、蒲蘭反*

以換切翰：

翰，寒半反

以翰切換：

漫，末旦反　　縵，武旦、末旦反

槾，末旦反　　鏝，亡旦反

判，普旦反*

唐詩例證（寒無號，桓*）：

奉和九日幸臨渭亭登高　宋之問

令節三秋晚，重陽九日歡*[xuan]。

仙杯還泛菊，寶饌且調蘭[lan]。

御氣雲霄近，乘高宇宙寬*[k'uan]。

今朝萬壽引，宜向曲中彈[dan]。

（18）覃部[am]

覃一[am]　切韻覃感勘，談敢闞

反切例證：

以敢切感：

坎，苦敢反

以感切敢：

紞，丁坎反

唐詩例證（覃無號，談*）：

戰城南　　盧照鄰

將軍出紫塞，冒頓在烏貪[t'am]。

笳喧雁門北，陣翼龍城南[nam]。

雕弓夜宛轉，鐵騎曉參驔[dam]。

應須駐白日，為待戰方酣*[ɣam]。

(19)麻部[a]

开二[a]　　切韵麻馬禡

合二[ua]　　切韵麻馬禡

开三[i̯a]　　切韵麻馬禡

唐诗例證：

送豐城王少府　　楊炯

愁结乱如麻[ma]，

長天照落霞[ɣa]。

離亭隱喬樹，溝水浸平沙[ʃa]。

左尉才何屈！东関望漸賒[ɕi̯a]。

行看轉牛斗，持此報張華[ɣua]。

(20)肴部[au]

开二[au]　　切韵肴巧效

唐诗例證：

宋公宅送寧諫議　　宋之問

宋公衰劍宅，庾氏更誅茅[mau]。

閭出人三秀，平臨楚四郊[kau]。

漢庭來絳節，荊牧動金鐃[nau]。

尊溢宜城酒，笙裁曲沃匏[bau]。

露荷秋變節，風柳夕鳴梢[ʃau]。

一散陽臺雨，方隨越鳥巢[dʒau]。

(21)皆部[ai]

開二[ai]　　切韵佳蟹卦，皆駭怪，夬

合二[uai]　　切韵佳蟹卦，皆駭怪，夬

反切例證：

以皆切佳：

洼，烏乖反　　柴，士皆、仕皆、巢諧反

以怪切卦：

責(債)，側界反

以夬切怪：

[illegible]，户快反　芥、古邁、古邁、姬邁反

芥，加邁反*　膭，牛快反*

以卦切夬：

敗，必卖反

以怪切夬：

嘬，初怪反　嗄，於介反

犗，音界　蠆，敕介、丑介反*

唄，蒲芥反*　邁，莫介反*

餲，烏芥反*　噲，口壞、苦壞反

唐诗例證（皆無號，佳*）：

遣悲懷　　元稹

谢公最小偏憐女，自嫁黔婁百事乖[kuai]。
顧我無衣搜藎篋，泥他沽酒拔金釵*[tʃai]。
野蔬充膳甘長藿，落葉添薪仰古槐[ɣuai]。
今日俸錢过十萬，與君營奠復營齋[tʃai]！

~~(三〇)覺部[ak]~~

~~開二[ak]　　切韻覺~~

~~反切例證：~~

~~較，古岳反　　捉，仕角、士角反~~

~~䅵，側角反　　浞，士捉反~~

~~濁，大角反　　藐，莫角、亡角反~~

~~鐲，直角反~~

(三一)黠部[at]

開二[at]　　切韻黠鎋

合二[uat]　　切韻黠鎋

反切例證：

以鎋切黠：

劀，音刮　　猾，胡刮反*

以黠切鎋：

楬，苦八反　　刮，古滑、古八反

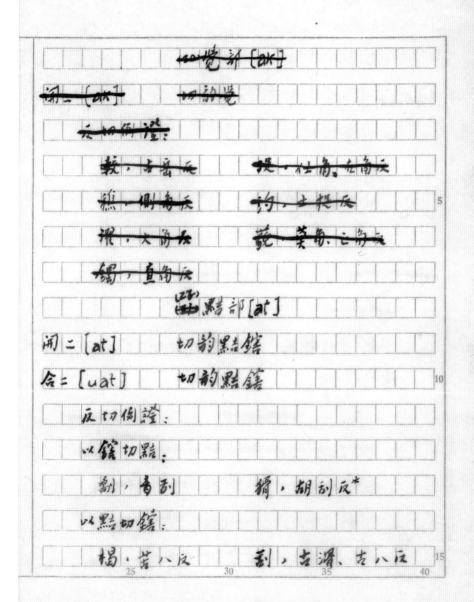

175

(186)

(~~24~~ 23) 洽部 [ap]

洽二 [ap]　　切韵洽狎

反切例證：

以狎切洽：

狹，~~侯夾~~户甲反　　歃，所甲反

~~(25) 盍部 [am]~~

~~闭二 [am]　　切韵咸衔~~

~~反切例證：~~

~~獑，武衔反　　攙，士衔反~~

~~唐诗例證：~~

~~江楼夜宴　　杜甫~~

~~对月那无酒，登楼况有江 [ ]。~~

~~听歌惊白鬓，笑舞拓秋窗 [ ]。~~

~~樽蚁添相续，沙鸥并一双 [ ]。~~

~~尽怜君醉倒，更觉片心降 [ ]。~~

北京市电车公司印刷厂出品　七六・一

40×15=600 (1201)

(24)删部[an]

開二[an]　　切韵删潸諫，山產襉

合二[uan]　　切韵删潸諫，山產襉

反切例證：

以山切删：

班，伯山反　　謾，望山反

扳，襲涓反　　顽，五鰥反

顽，吴鰥、五鰥反

以删切山：

矜，古顽反　　鰥，故顽、古顽反

綸，古顽反　　癏，古顽、工顽反

顩，苦顏反　　牼，苦顏反

鰥，古顽反*

以產切潸：

撊①，胡簡反　　棧，仕板反*

①《集韻》：“撊，下赧切。”

~~176~~ 176

(187)

~~以產切潸：~~

棧，士板反　　䡲，戲，仕板反

~~棧，仕板反*~~　　赧，奴盞、女盞反

以𥿄切諫：

串，諾幻反*　　鏟[1]，叉莧反*

羼，初莧反*

唐詩例證（刪無號，山*）：

初到陸渾山莊　　宋之問

授衣感窮節，策馬凌伊関[kuan]。

歸齋逸人趣，日覺秋琴閑[ɣan]。

寒露裹北阜，夕陽破东山[ʃan]。

浩歌步榛樾，棲鳥隨我還[ɣuan]。

(25)咸部[am]

問二[am]　　切韵咸䶢陷、銜檻鑑

[1]《廣韵》"鏟，初鴈切。"

反切例證：

以銜切咸：

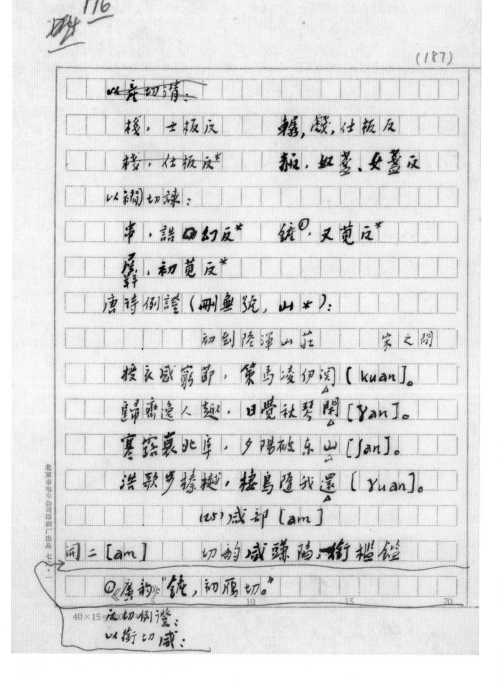

攙，所銜反　　咸，音銜
以咸切銜
監，古咸反　　銜，音咸

以讒切檻
檻，户減、下斬反
以陷切鑑
鑒，工陷反

唐詩例證（咸無號，銜*）：

酬司門盧四兄雲夫院長望秋作　　韓愈

長安雨洗新秋出，極目寒鏡開塵函①[ɣam]。
終南曉望蹋龍尾，倚天更覺青巉巉*[dʑam]。
自知短淺無所補，從事久此穿朝衫*[ʃam]。
歸來得便即遊覽，暫似壯馬脫重銜*[ɣam]。
曲江荷花蓋十里，江湖生目思莫緘[kam]。
樂遊下矚無遠近，綠槐萍合不可芟*[ʃam]。
白首寓居誰借問？平地寸步扃雲巖*[ŋam]。
雲夫吾兄有狂氣，嗜好與俗殊酸鹹[ɣam]。
日來省我不肯去，論詩說賦相諵諵②[nam]。
望秋一章已驚絕，猶言低抑避謗讒[dʑam]。
若使乘酣騁雄怪，造化何以當鐫劖*[dʑam]？

①《廣韻》："函，胡讒切。"
②《廣韻》："諵，女咸切。"

177

(188)

嗟我小生值强伴，怯膽变勇神明鑒[kam]。①

馳坑跨谷終未悔，为利而止真貪饞[dʑam]！

高揖群公謝名譽，遠追甫白感至諴[ɣam]。

樓頭完月不共宿，其奈就缺行攕攕[ʃam]！

(27) 陌部 [ɐk]

開二 [ɐk] 切韵陌麦

合二 [uɐk] 切韵陌麦

開三 [iɐk] 切韵陌昔

合三 [iuɐk] 切韵陌昔

切韵例證：(26) 廢部 [ɐi]

開三 [iɐi] 切韵廢

合三 [iuɐi] 切韵廢

① 廣韵："鑑，古衔切。"

以陌切麥：

柵，楚格反　　核，下格反

以麥切昔

擿，都革反　　蹢，治革、持革反

蘗，布革反

唐诗例證（陌無號，昔*）：

~~古柏行（節錄）　　杜甫~~

~~孔明廟前有老柏[pɐk]，~~

~~柯如青銅根如石*[ʑĭɛk]。~~

~~霜皮溜雨四十圍，黛色參天二千尺*[tɕʰĭɛk]。~~

~~君臣已與時際會，樹木猶為人愛惜*[sĭɛk]。~~

~~雲來氣接巫峽長，月出寒通雪山白[bɐk]。~~

~~叶，陌部[ɐk]~~

~~開一[ɐk]　切韻說~~

~~合一[wɐk]　切韻說~~

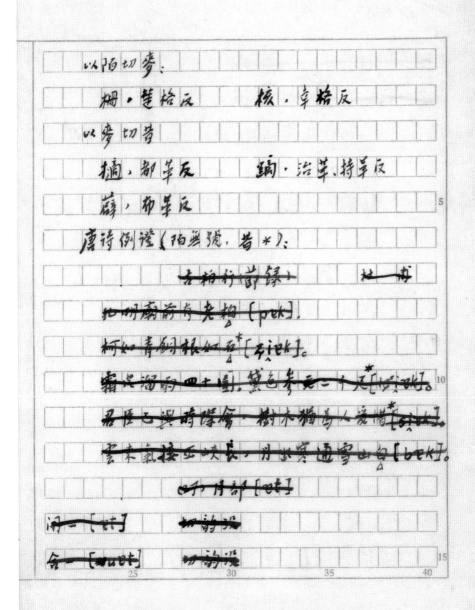

~~开二 [ĭɐt] 切韵月~~

~~合二 [ĭuɐt] 切韵月~~

答田徵君　　宋之問

家臨清溪水，溪水繞盤石*[ʑĭɐk]。
綠蘿四面垂，裊裊百餘尺*[tɕʰĭɐk]。
風泉度絲管，苔蘚鋪茵席*[zĭɐk]。
傳聞潁陽人，霞外漱靈液*[jĭɐk]。
忽枉巖中翰，吟望朝復夕[zĭɐk]。
何當遂遠遊，物色候逋客[kʰɐk]。

(28) 月部 [ɐt]

开一 [ɐt]　切韵没

合一 [uɐt]　切韵没

开三 [ĭɐt]　切韵月

合三 [ĭuɐt]　切韵月

唐詩例證（月無號，没*）：

北京市电车公司印刷厂出品 七六·一

40×15=600 (1201)

送從弟邕下第後歸會稽　　王維

疾風吹征帆，倏爾向空沒*[muɐt]。

千里去俄頃，三江坐超忽*[xuɐt]。

向來共歡娛，日夕成楚越[ɣiuɐt]。

落羽更分飛，誰能不驚骨[kuɐt]？

(29)業部[ɐp]

開三[iɐp]　　切韻業

合三[iuɐp]　　切韻乏

反切例證：

以乏切業：

鎑①，于法反

(30)庚部[ɐŋ]

開二[ɐŋ]　　切韻庚梗映、耕耿諍

合二[uɐŋ]　　切韻庚梗映、耕耿諍

①《玉篇》："鎑，于劫反。"

开三〔i̯ɐŋ〕　　切韵庚梗映，清静劲

合三〔i̯uɐŋ〕　　切韵庚梗映，清静劲

反切例证：

以耕切庚：

更，古鸚反　　　喤，音宏

盟，武耕反　　　鎗①，初耕反

以清切庚：

荣莹，音营

以耕切清：

蘡，於耕反

以耿切梗：

省眚，所幸反

以梗切耿：

耿，工永反

①《广韵》："鎗，楚庚切。"

北京市电车公司印刷厂出品　七六·一

40×15=600 (1201)

以映切諍：

迸，北諍反

唐詩例證（庚無證，耕*，清×）：

羌村（其三）　杜甫

群雞正亂叫，客至雞鬥爭*[tʃɐŋ]。
驅雞上樹木，始聞扣柴荊[kǐɐŋ]。
父老四五人，問我久遠行[ɣɐŋ]。
手中各有攜，傾榼濁復清×[tsǐɐŋ]。
苦辭酒味薄，黍地無人耕*[kɐŋ]。
兵革既未息，兒童盡東征×[tɕǐɐŋ]。
請為父老歌，艱難愧深情×[dzǐɐŋ]。
歌罷仰天歎，四座淚縱橫[ɣuɐŋ]！

(11)元部[ɐn]

开一[ɐn]　切韻痕很恨

合一[uɐn]　切韻魂混慁

开三 [ĭɐn]　切韵元阮愿

合三 [ĭuɐn]　切韵元阮愿

元切例證：

以痕切魂：

臀，徒恩反

以很切混：

[illegible]①，其懇反

唐詩例證（元無號，魂*，痕×）：

三月曲水宴　盧照鄰

風煙彭澤里，山水仲長園[ɣĭuɐn]。

由来棄銅墨，本自重琴尊*[tsuɐn]。

高情邈不嗣，雅道今復存*[dzuɐn]。

有美光時彦，養德坐山樊[bĭuɐn]。

門開芳杜逕，室距桃花源[ŋĭuɐn]。

①《廣韵》："[illegible]，苦本切。"

公子黃金勒，仙人紫氣軒[xĭən]。
長懷去城市，高詠狎蘭蓀*[suən]。
連沙飛白鷺，孤嶼嘯玄猿[ɣĭuən]。
日影巖前落，雲花江上翻[pʻĭuən]。
興闌車馬散，林塘夕鳥喧[xĭuən]。

別李義　　杜甫

神堯十八子，十七王其門*[muən]。
道國泊舒國，實惟親弟昆*[kuən]。
中外貴賤殊，余亦忝諸孫*[suən]。
丈人嗣王業，之子白玉溫*[ʔuən]。
道國繼德業，請從丈人論*[luən]。
丈人領宗卿，肅穆古制敦*[tuən]。
先朝納諫諍，直氣橫乾坤*[kʻuən]。
子建文筆壯，河間經術存*[dzuən]。
溫克富詩禮，骨清慮不喧[xĭuən]。

洸然遇知己，談論淮湖奔*[puen]。
憶昔初見時，小襦繡芳蓀*[suen]。
長成忽會面，慰我久疾魂*[ɣuen]。
三峽春冬交，江山雲霧昏*[xuen]。
正宜且聚集，恨此當離樽*[tsuen]。
莫怪執杯遲，我衰涕唾煩[bi̯uen]。
重問子何之，西上岷江源[ŋi̯uen]。
願子少干謁，蜀川足戎軒[xi̯en]。
誤失將帥意，不如親故恩*[ʔen]。
少年早歸來，梅花已飛翻[pʻi̯uen]。
努力慎風水，豈惟數盤飧*[suen]！
猛虎臥在岸，蛟螭出無痕*[ɣen]。
王子自愛惜，老夫困石根*[ken]。
生別古所嗟，發聲為爾吞[tʻen]！

(32)嚴部[em]

开三[i̯ɐm]　　切韵严俨酽

合三[i̯uɐm]　　切韵凡范梵

(33)宵部[æu]

开三[i̯æu]　　切韵宵小笑

开四[iæu]　　切韵萧篠啸

反切例證：

以宵切萧：

鍬，七遥反

以萧切宵：

劁，姜遼反　　燋，祖尧反

瓢，扶尧反　　螵，平尧反

摽，敷萧反　　掣，音萧

瞟，普幺反*

以小切篠：

窈，于表反　　湫，子小反

褭，音绕

以篠切小：

趙，治了反　嘵，火皎、户了反

膘，扶了反　撟，古了反

燎，力鳥、力皎反

以笑切嘯：

嘯，蕭妙反

以嘯切笑：

燎，力吊反

唐诗例證（蕭豪號，宵*）：

長寧公主东莊侍宴　李嶠

別業臨青甸，鳴鑾降紫霄*[si̯æu]。

長筵鵷鷺集，仙管鳳凰调[diæu]

樹接南山近，煙含北渚遥*[~~j~~ ji̯æu]。

承恩咸已醉，戀賞未还鑣*[pi̯æu]。

(39)祭部[æi]

开三[ĭɐi]　　切韵祭废

合三[ĭuɐi]　　切韵祭废

开四[iɐi]　　切韵齊薺霽

合四[iuɐi]　　切韵齊薺霽

反切例證：

以祭切霽：

瘞，乌例反　　　戾，力制反

以霽切祭：

潎，匹計反　　　蔽，博計、方計、補弟反

瘞，於計反　　　弊，薄計、蒲計、扶計反

愒，丘罽反　　　掣，勑帝反

唐詩例證（齊霽無號，祭*）：

山莊休沐　　　　盧照鄰

蘭署乘闲日，蓬扉狎遁棲[siɐi]。

龍柯疏玉井，鳳葉下金堤[tiɐi]。

川光搖水箭，山氣上雲梯[tʻiæi]。
亭幽聞唳鶴，窗曉聽鳴雞[kiæi]。
玉磬臨風奏，瓊漿映月攜[ɣiuæi]。
田家自有樂，誰肯謝青溪[kʻiæi]？

自衡陽至韶州謁能禪師　宋之問

謫居竄炎壑，孤帆淼不繫[kiæi]。
別家萬里餘，流目三春際[tsi̯æi]。
猿啼山館曉，虹飲江皋霽[tsiæi]。
湘岸竹泉幽，衡峰山囷閉[piæi]。
嶺嶂窮攀越，風濤極沿濟[tsiæi]。
吾師在韶陽，欣此得躬詣[ŋiæi]。
洗慮賓空寂，焚香結精誓[ʑi̯æi]。
願以有漏軀，聿熏無生慧[ɣiuæi]。
物用益沖曠，心源日閑細[siæi]。
伊我獲此途，遊道回晚計[kiæi]。

宋師信捨法，櫝落文史藝*[ŋĭæi]。

坐禪羅浮中，尋異窮海裔*[jĭæi]。

何辭禦魑魅，自可乘炎癘*[lĭæi]。

回首望舊鄉，雲林浩虧蔽*[pĭæi]。

不作離別苦，歸期多年歲*[sĭuæi]。

(35)薛部[æt]

開三[ĭæt]　　切韻薛

合三[ĭuæt]　　切韻薛

開四[iæt]　　切韻屑

合四[iuæt]　　切韻屑

反切例證：

以薛切屑：

隉，語折反　　嫳，匹舌反

憋，芳滅反

唐詩例證（屑無號，薛*）：

184

(195)

遼城望月　唐太宗

玄兔月初明，澄輝照遼碣*[gĭæt]。
映雲光暫隱，隔樹花如綴*[tĭuæt]。
魄滿桂枝圓，輪虧鏡彩缺*[k'ĭuæt]。
臨城却影散，帶暈重圍結[kiæt]。
駐蹕俯丸都，佇觀妖氛滅*[mĭæt]。

葉部[æp]

開三[ĭæp]　切韵葉

開四[iæp]　切韵怗

反切例證：

以葉切怗：

牒，養涉反　燮，蘇接反

唐詩例證（葉無韻，怗*）：

帝里寒光盡，神皋春望浹*[tsĭæp]。
梅郊落晚英，柳甸驚初葉[jĭæp]。
流水抽奇弄，崩雲灑芳牒*[diæp]。
清尊湛不空，暫喜平生接[tsĭæp]。

尋道觀　王勃

~~唐詩例證~~　仙部[æn]

開三[ĭæn]　切韵仙

合三[ĭuæn]　切韵仙

開四[iɛn]　　切韻先銑霰

合四[iuɛn]　　切韻先獮線

反切例證：

以仙切先：

研，倪延反　　編，卑綿反*

編，必連、必綿、必緜、甫連、方緜、必然、必仙反

蜎，一全反

以先切仙：

箯，步賢反

以獮切銑：

畎，古善反

以銑切獮：

褊，必殄反　　輦，連典反

旋，信犬反　　湎，莫顯反

以~~線切~~霰切線：

羨，辞見，徐薦反

戩，之見反*　　顫，之見反*

唐詩例證（先無號，仙*）

春日玄武門宴群臣　　唐太宗

韶光開令序，淑氣動芳年[niæn]。

駐輦華林側，高宴柏梁前[dziæn]。

紫庭文珮滿，丹墀袞紱連*[liæn]。

九夷簉瑤席，五狄列瓊筵*[jiæn]。

娛賓歌湛露，廣樂奏鈞天[tʻiæn]。

清尊浮綠醑，雅曲韻朱弦[ɣiæn]。

粵余君萬國，還慚撫八埏*[ɕiæn]。

庶幾保貞固，虛己屬求賢[ɣiæn]。

(38) 鹽部[●æm]

開三[iæm]　　切韻鹽琰豔

~~合三[iæm]　　切韻凡范梵~~

開四[iæm]　　切韻添忝㮇

~~反切例證、~~
~~以忝切琰、~~
~~㦴、檿，烏簟反~~　　~~㵎、黶，於簟反~~

~~(脂)微部[əi]~~
~~(脂)微部[əi]~~
~~切韻微~~　~~切韻微~~
~~切韻微~~

~~唐詩例證：~~

~~還赴蜀中貽示京邑遊好　盧照鄰~~

~~蘭宿花初滿，章臺柳向飛[piuəi]。~~
~~如何正此日，還望昔多違[ɣiuəi]。~~
~~悵別風期阻，將乖雲會稀[xiəi]。~~
~~斂衽辭丹闕，懸旗陟翠微[miuəi]。~~
~~野禽喧戍鼓，春草變征衣[iəi]。~~
~~回顧長安道，關山起夕霏[p'iuəi]。~~

~~唐詩例證(鹽、添、嚴與覃、談、咸、銜……)~~

反切例證：

以忝切琰：

㦴、檿，烏簟反　　　㵎、黶，於簟反

唐詩例證(鹽~~……~~與韻，添*)：

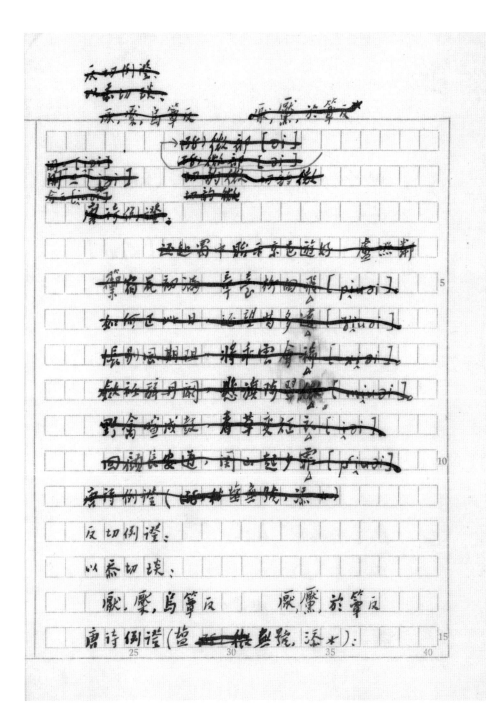

苦寒　　韩愈

四時各平分，一氣不可兼* [kiæm]。
隆寒奪春序，顓頊固不廉 [li̯æm]。
太昊弛維綱，畏避但守謙* [kʻjæm]。
遂令黃泉下，萌牙夭勾尖 [tsi̯æm]。
草木不復抽，百味失苦甜* [diæm]。
凶飆攪宇宙，鋩刃甚割砭 [pi̯æm]。
日月雖云尊，不能活烏蟾 [[illegible]i̯æm]。
羲和送日出，恇怯頻窺覘 [tʻi̯æm]。
炎帝持祝融，呵噓不相炎 [ɣi̯æm]。
而我當此時，恩光何由沾 [ti̯æm]。
肌膚生鱗甲，衣被如刀鐮 [li̯æm]。
氣寒鼻莫嗅，血凍指不拈* [ni̯æm]。
濁醪沸入喉，口角如銜箝 [gi̯æm]
將持匕箸食，觸指如排籤 [tsʻi̯æm]。

侵爐不覺暖，熾炭屢已添*[tʰi̯æm]。

探湯無所益，何況纊與縑*[kiæm]！

虎豹僵穴中，蛟螭死幽潛[dzi̯æm]。

熒惑喪躔次，六龍冰脫髯[ȵi̯æm]。

芒碭大包內，生類恐盡殲[tsi̯æm]。

啾啾窗間雀，不知已微纖[si̯æm]。

舉頭仰天鳴，所願晷刻淹[ʔi̯æm]。

不如彈射死，卻得親炰燖[zi̯æm]。

鸞皇苟不存，爾固不在占[tɕi̯æm]。

其餘蠢動儔，俱死誰恩嫌*[ɣiæm]？

伊我稱最靈，不能女覆苫[ɕi̯æm]。

悲哀激憤歎，五藏難安恬*[diæm]。

中宵倚牆立，淫淚何漸漸[tsi̯æm]！

天王哀無辜，惠我下顧瞻[tɕi̯æm]。

褰旒去耳纊，調和進梅鹽[ji̯æm]。

贤能日登御，黜彼傲與憸[ts'iæm]。

生風吹死氣，豁達如褰簾[liæm]。

懸乳零落墮，晨光入前簷[jiæm]。

雪霜頓消釋，土脈膏且黏[niæm]。

豈徒蘭蕙榮，施及艾與蒹*[kiæm]。

日萼行鑠鑠，風條坐襜襜[tɕ'iæm]。

天乎苟其能，吾死意亦厭[ʔiæm]！

微部[əi]

開三[iəi] 切韻微尾未

合三[iuəi] 切韻微尾未

唐诗例证：

还赴蜀中貽示京邑遊好 盧照鄰

籞宿花初滿，章臺柳向飛[piuəi]。

如何正此日，还望昔多違[ɣiuəi]！

悵别風期阻，將乘雲會稀[xiəi]。

北京市电车公司印刷厂出品 七六·一

飲餞辭丹闕，題詩傍翠微[mĭuəi]。

野禽喧戍鼓，春草變征衣[ʔĭəi]。

回顧長安道，關山起夕霏[pʰĭuəi]。

職部[ək]

开一[ək] 切韵德

合一[uək] 切韵德

开三[ĭək] 切韵職

合三[ĭuək] 切韵職

反切例證：

以德切職：

弋，与則反　　杙，餘則反

唐詩例證（職無號，德*）：

夢李白　　杜甫

死別已吞声，生别常惻惻[tʃʰĭək]。

江南瘴癘地，逐客無消息[sĭək]。

故人入我夢，明我長相憶[ʔĭək]。

恐非平生魂，路遠不可測[tʃʰĭək]。

魂來楓林青，魂返關塞黑*[xək]。

君今在羅網，何以有羽翼[jĭək]？

落月滿屋梁，猶疑照顏色[ʃĭək]。

水深波浪闊，無使蛟龍得*[tək]！

~~(41)~~ 物部[ət]

合三[ĭuət]　切韵物

(42) 蒸部[əŋ]

開一[əŋ]　切韵登等嶝

合一[uəŋ]　切韵登等嶝

開三[ĭəŋ]　切韵蒸拯證

唐詩例證（蒸無韻，登*）：

陪章留後惠義寺餞

嘉州崔都督赴州　杜甫

中軍待上客，令肅事有恒*[ɣəŋ]。

前驅入寶地，祖帳飄金繩[dʑi̯əŋ]。

南陌既留歡，茲山亦深登*[təŋ]。

清聞樹杪磬，遠謁雲端僧*[səŋ]。

迴策匪新岸，所攀仍舊藤*[dəŋ]。

耳激洞門飆，目存寒谷冰[pi̯əŋ]。

出塵閑軌躅，畢景遺炎蒸[tɕi̯əŋ]。

永願坐長夏，將衰棲大乘[dʑi̯əŋ]。

羈旅惜宴會，艱難懷友朋[bəŋ]。

勞生共幾何？離恨兼相仍[ȵi̯əŋ]！

(43)文部[ən]

合三[i̯uən]　切韵文

唐詩例證：

山居晚眺贈王道士　王勃

金壇疎俗宇，玉洞侶仙群[gi̯uən]。

189

(200)

花枝樓晚露，峰葉度晴雲[ɣi̯uən]。
斜照移山影，回沙擁篆文[mi̯uən]。
琴尊方待興，竹樹已迎曛[xi̯uən]

春日懷李白　　　　杜甫

白也詩無敵，飄然思不群[gi̯uən]。
清新庾開府，俊逸鮑參軍[ki̯uən]。
渭北春天樹，江東日暮雲[ɣi̯uən]。
何時一尊酒，重與細論文[mi̯uən]。

脂部[i]

開三[i]　　切韵支紙寘，脂旨至，之止志

合三[i̯ui]　　切韵支紙寘，脂旨至

反切例證：

以脂切支：

[illegible]音夷　[illegible]，伴悲、力追反

茈，組咨反

以之切支：

罹，力之反　　疵，音慈

祇，祁之反　　羈，音基

以支切脂：

脂，音支　　搘，音枝

彝，以支反　　紕，匹豨、方移反

紕，毗移、婢支、補移反

貔，婢支反　　締，勅知、勑宜反

遲，直移反　　祁，巨移、巨支反

耆，巨支反　　棃，利知反，又音離

龜，居危反　　糜，亡皮反

綏，相規反　　黎，力知反*

麋，忙皮反*　　飢，几池反*

以之切脂：

彝，以之、羊之、以而反

飢，居疑反　　鴟，尺之反

茈，在思反　　絺，勑其、丑疑反

尼，女持反　　怩，女姬、乃私反

遲，直詩、直疑反　　坻，直基、直疑反

墀，直之、直基反　　蚳，直基、直其、丈之反

祁，巨之反　　耆，巨之反

胝，陟其反　　痍，羊之、與之反*

夷，以之、餘之、弋之、余之反*

羠，與之反*　　飢，几持、几治反*

以支切之：

詒，以支反　　貽，羊皮反

貍，釐，力知反　　斄，音釐

僖，許宜反　　嵳，尺移反*

以脂切之：

蘄，音祁　　詞，似資反*

鯔，側飢反*　　錙，則飢反*

蚩，昌夷反*　　滋，子夷反*

以旨切紙：

軹，音旨　　泜，音雉、又徒死反

靡，音美　　鄬，于軌反

髀，必履反　　庀，芳美反

以止切紙：

坻，直里反　　蟻，魚起反

𨁈，豐己反　　俾，必耳、必以反

弭，彌耳反　　褫，直紀反*

以紙切旨：

比，必尔、匹尔、并是反

嚭，芳委反　　疕，匹鄙反

秠，芳婢反

以止切旨：

191

(202)

視，常止、市止反　　兕，徐子反

比，妣，必里反　　匕，必以反

朼，必李反　　秕，悲里、甫里、悲矣反

纚，利耻反　　屎，失耳反

黹（黹），張里反　　否，備矣、悲矣、悲己反

旨，脂以反*　　兕，徐里、徐姊反*

匕，朼，卑以反*　　俟，涘，事已反*

雉，直理反*

以至切寘：

觶，音至　　刺，七賜反

鷙，之豉反　　膇，直媿反

忮，音洎　　刺，千利反*

翅，施豉反

以志切寘：

辟（避），毗志反　　施，始志反

意，音試

以志切至：

贄，音志　　媚，眉記、眉忌、美記反

嗜，市志反　　莅，音吏

致，音置　　躓，陟吏反

寘，諸吏、豉值反　　懥，勅值反

遲，直志反　　穉，直吏反，又音位

恣，咨嗣反　　比，毗志反

質，音置　　示，神志反

致，徵吏反*　　躓，豬吏反*

饐，於吏反*

以至切志：

餌，音二　　菑，側冀、子冀反

惎，其器、其冀反　　亟，欺冀、去冀反

植，直致反*　　嗣，辭利反

字，慈恣反*　　飤，囚~~□~~恣反*

廁，惻冀反*

唐诗例證（支紙寘無號，脂旨至*，之止志×）：

贈崔十三評事公輔　　杜甫

飄飖西極馬，来自渥洼池[di]。

颯颯寒山桂，低徊風雨枝[tɕi]。

我聞龍正直，道屈尔何為[ɣui]？

且有元戎命，悲歌識者知[ti]。

官聯辭冗長，行路洗欹危[ŋui]。

脫劍主人贈，去帆春色隨[zui]。

陰沉鐵鳳闕，教練羽林兒[ȵi]。

天子朝侵早，雲臺仗數移[ji]。

分軍應供給，百姓日支離[li]。

黠吏因封己，公才或守雌[tsʻi]。

燕王买駿骨，渭老得熊羆[pi]。

活國名公在，拜壇群寇疑*[ŋi]。

冰壺動瑤碧，野水失蛟螭[tʻi]。

入幕諸彥集，渴賢高選宜[ŋi]。

騫騰坐可致，九萬起於斯[si]。

復進出矛戟，昭然開鼎彝*[ji]。

會看諸子貴，歎及老夫衰*[ʃiui]。

豈但江曾決，還思霧一披[pʻi]。

暗塵生古鏡，拂匣照西施[ɕi]。

蜀民多人物，無慚國翰垂[ʑiui]。

自洪府舟行直書其事　宋之問

仲春辭國門，畏途橫萬里*[li]。

越淋乘楚嶂，造江泛吳汜*[zi]。

嚴程無休隙，日夜涉風水*[ɕiui]。

昔聞垂堂言，將誡千金子*[tsi]。

問余何奇剝，遷竄極炎鄙*[pi]。

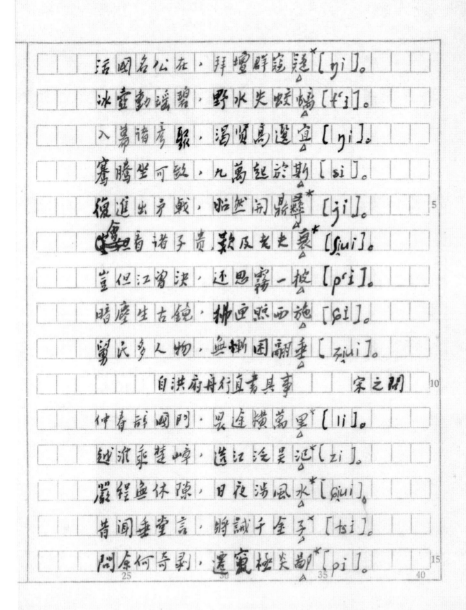

樊已道德餘，幼聞虛白旨[tɕi]。
貴身賤外物，抗跡遠塵軌[ki̯ui]。
朝遊伊水湄，夕卧箕山趾[tɕi]。
卌年猶自晦，皎潔弄文史[ʃi]。
課學紫泥書，揮翰青雲裏[li]。
事往每增傷，寵來常誓止[tɕi]。
銘骨懷報稔，逆鱗讓金紫[tsi]。
安位辭潛構，退畔禍猶起[kʻi]。
棲巖實吾策，躅藩誠內恥[tʻi]。
濟濟同時人，台庭鳴劍履[li]。
遂以窮自衛，兀坐去沈滓[tʃi]。
造茲理已極，竊位申知己[ki]。
群議負宿心，獲展光華始[ɕi]。
黃金忽銷鑠，素業坐淪毀[xi̯ui]。
浩歎誣平生，何獨戀枌梓[tsi]。

北京市电车公司印刷厂出品 七六·一
40×15=600 (1201)

渚樹浮藹々，皋蘭覆靡々[mi]。

百越去魂斷，九疑望心死*[si]。

未盡匡阜遊，遠欣羅浮美*[mi]。

周旋本師訓，佩服無生理*[li]。

異國多靈仙，幽探忘年紀*[ki]。

敝廬嵩山下，空谷茂蘭芷*[tɕi]。

悠々南溟遊，採掇長已矣*[ɣi]！

~~初晴落景　唐太宗~~

~~晚霞聊自怡，初晴彌可喜[xi]。~~

~~日晃百花色，風動千林翠*[tsʻiui]。~~

~~魚躍不同園，鳥聲還異奇[ki]。~~

夢李白（其二）　杜甫

浮雲終日行，遊子久不至*[tɕi]。

三夜頻夢君，情親見君意*[ʔi]。

~~告許記功~~告歸常局促，苦道來不易[ji]。

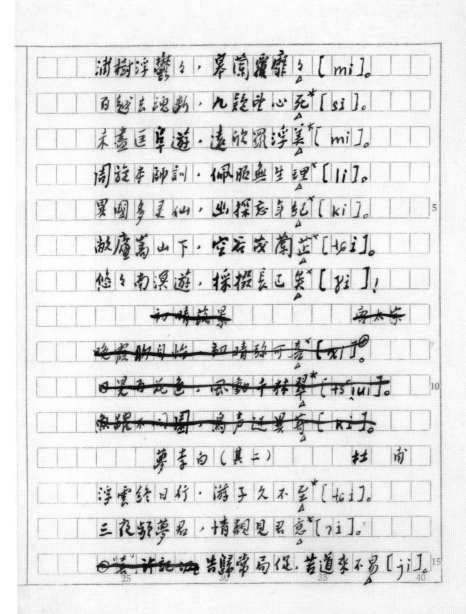

江湖多風波，舟楫恐失墜[dĭuĭ]。

出門搔白首，若負平生志[ʨi]。

冠蓋滿京華，斯人獨顦顇[dzĭuĭ]。

孰云網恢恢？將老身反累[lĭuĭ]！

千秋萬歲名，寂寞身後事[dʐi]！

(45)錫部[ik]

开四[ik]　　切韵錫

合四[iuik]　　切韵錫

(46)質部[it]

开二[ĭt]　　切韵櫛

开三[it]　　切韵質迄

合三[ĭuit]　　切韵術

反切例證：

以質切術：

聿，于必反　　橘，均必、均栗、均筆反

北京市电车公司印刷厂出品 七六·一

40×15=600 (1261)

驈，于密反　　䮗，呼必反

以質切櫛：

扻①，莊筆反　　櫛，側乙、莊乙反

瑟，所乙反　　櫛，側筆、莊密反

璱，所一反*

以質切迄：

迄，許乙反　　肸，許乙、許密反

汔，許一反　　訖，居乙反

唐詩例證（質無號，術*，櫛×）：

被彈　　　　沈佺期

知人昔不易，舉非貴易失[ɕit]。
尔何按國章，無罪見呵叱[tɕʻit]。
平生守直道，遂為眾所嫉[dzit]。
少以文作吏，手不曾開律*[lĭuit]。

---

①集韻：“扻，側瑟切。”

一旦泛相持，荒忙意如漆 [tsʰit]。
幼子双团圞，老夫一念室 [ɕit]。
昆弟两三人，相次俱囚桎 [tɕit]。
萬鏃当衆怒，千謗無片實 [dʑit]。
庶以白黑讒，顯此涇渭質 [tɕit]。
劾吏何咆哮！晨夜闻扑抶 [ʈʰit]。
事间拾虚證，理外存枉筆 [pit]。
懷痛不見伸，抱冤竟难悉 [sit]。
家因多垢膩，愁坐饒蟣蝨 [ʃit]。
三日唯一飯，两旬不再櫛 [tʃit]。
是时盛夏中，暵赫多瘵疾 [dzit]。
瞪目眠欲闭，喑鳴氣不出 [tɕʰiuit]。
有風自扶摇，鼓蕩無倫匹 [pʰit]。
安得吹浮雲，令我見白日 [ȵit]！

~~[illegible]~~ 缉部 [ip]

北京市电车公司印刷厂出品 七六·一

40×15=600 (1201)

缉三[ip]　　切韵缉

唐诗例證：

送率府程録事还鄉　　杜甫

鄙夫行衰谢，抱病昏妄集[dzip]。
常時往还人，記一不識十[ʑip]。
程侯晚相遇，與語才傑立[lip]。
薰然耳目開，頗覺聰明入[ȵip]。
千載得鮑叔，末契有所及[gip]。
意鐘老柏青，義動修蛇蟄[dip]。
若人可數見，慰我垂白泣[kʻip]。
生別無淹晷，百憂復相襲[zip]。
内愧突不黔，庶羞以賙給[kip]。
素絲挈長魚，碧酒隨玉粒[lip]。
途窮見交態，世梗悲路澀[ʃip]。
东風吹春冰，泱莽后土濕[ɕip]。
念君惜羽翮，既飽更思戢[tʃip]。

莫作翻雲鶴，聞呼向禽急[kip]!

(48)青部[iŋ]

開四[iŋ]　切韵青迴徑

合四[iwŋ]　切韵青迴徑

唐詩例證：

文翁講堂　盧照鄰

錦里淹中館，岷山稷下亭[diŋ]。

空梁無燕雀，古壁有丹青[ts'iŋ]。

槐落猶疑市，苔深不辨銘[miŋ]。

良哉二千石，江漢表遺靈[liŋ]!

遊雲門寺　宋之问

維舟探靜域，作禮事尊經[kiŋ]。

投跡一蕭散，爲心自杳冥[miŋ]。

龕依大禹穴，樓倚少微星[siŋ]。

沓嶂圍蘭若，回溪抱竹庭[diŋ]。

~~易陽早發　王勃~~

~~飭裝侵曉月，奔策候殘星[siŋ]。~~

覺花塗砌白，甘露洗山青[ts'iŋ]。
雁塔鶱金地，虹橋轉翠屏[biŋ]。
人天宵現景，神鬼晝潛形[ɣiŋ]。
理勝常虛寂，緣空自感靈[liŋ]。
入禪從鴿遶，說法有龍聽[t'iŋ]。
劫累終期滅，塵躬且未寧[niŋ]。
搖々不安寐，待月詠巖扃[kiwiŋ]。

真部[in]

開二[in] 切韻臻
開三[in] 切韻真軫震、欣隱焮
合三[iuin] 切韻諄準稕

反切例證：
以諄切真：麏、麇，九倫反　䴴、麇，居倫、俱倫反　囷，去倫反
以真切臻：
臻，側巾、莊巾、仕巾、士巾、仕人反
蓁，側巾、子人反　莘、駪、甡、詵，所巾反
臻、溱，側巾反　轃，側陳、側巾反*

197

(208)

侁，所臻反*　　榛，仕巾、助巾、士巾反*

詵，所巾反*

以真切欣：

昕，許巾反　　殷，於巾反

芹，其巾反　　斤筋，居銀反*

~~筋，居銀反~~

以準切軫：

齔，創允反

以隱切軫：

眹，直謹反　　敏，密謹、亡謹反

臀，眉謹反　　湣，亡謹反

頣，翰謹反　　齔，初謹、勑謹反

巹，羌愍、居敏、几敏反

以軫切準：

允，翼刃反*

以軫切隱：

以[redacted]焮切震：

齔，士靳反　　僅、瑾、饉、墐，其靳反

釁，許靳反　　覲，巨靳反

櫬，初靳反　　齓，楚靳反

以震切焮：

靳，居覲反　　隱，於刃反

唐詩例證（真無號，諄*，欣*，臻△）：

暇日小園散病將種秋菜[redacted]

督勒耕牛兼書觸目　　杜甫

不愛入州府，畏人嫌我真[tɕin]。

及乎歸茅宇，旁舍未曾嗔[tɕʻin]。

老病忌拘束，應接喪精神[dʑin]。

江村意自放，林木心所欣*[xin]。

秋耕屬地濕，山雨近甚匀*[jiuin]。

冬菁飯之半，牛力晚來新[sin]。

深耕種數畝，未甚後四鄰[lin]。
嘉蔬既不一，名數頗具陈[din]。
荊巫非苦寒，採擷接青春*[tɕʻi̯uin]。
飛來兩白鶴，暮啄泥中芹*[gin]。
雄者左翮垂，損傷已露筋*[kin]。
一步再自流，尚經矰繳勤*[gin]。
三步六號叫，志屈悲哀頻[bin]。
鸞皇不相待，側頸訴高旻[min]。
杖藜俯沙渚，為汝鼻酸辛[sin]！

別蔡十四著作　　　杜甫

賈生慟哭後，寥落無其人[ȵin]。
安知蔡夫子，高義邁等倫*[li̯uin]。
獻書謁皇帝，志已清風塵[din]。
流涕灑丹極，萬乘為酸辛[sin]。
天地則創痍，朝廷當正臣[ʑin]。

異才復間出，周道日惟新[sin]。
使蜀見知己，別顏始一伸[ɕin]。
主人薨城府，扶櫬歸咸秦[dzin]。
巴道此相逢，會我病江濱[pin]。
憶念鳳翔都，聚散俄十春[tɕʻĭuin]。
我衰不足道，但願子意陳[din]。
稍令社稷安，自契魚水親[tsʻin]。
我能消渴甚，敢忘帝力勤[gin]！
尚思未朽骨，復覩耕桑民[min]。
積水駕三峽，浮龍倚長津[tsin]。
揚舲洪濤間，仗子濟物身[ɕin]。
鞍馬下秦塞，王城通北辰[ʑin]。
玄甲聚不散，兵久食恐貧[bin]。
窮谷無粟帛，使者來相因[ʔin]。
若憑南轅使，書札到天垠[ŋin]！

~~148~~ 199　　　　A13

(210)

赠别贺兰铦　　　　杜甫

黄雀饱野粟，群飞动荆榛[tʃin]。
今君抱何恨？寂寞向时人[ȵin]！
老骥倦骧首，苍鹰愁易驯[ʑi̯uin]。
高贤世未识，固合婴饥贫[bin]。
国步初返正，乾坤尚风尘[din]。
悲歌鬓发白，远赴湘吴春[tɕʰi̯uin]。
我恋岷下芋，君思千里莼[ʑi̯uin]。
生离与死别，自古鼻酸辛[sin]！

(50) 侵部[im]

開三[im]　　切韵侵寝沁

唐诗例證：

在狱咏蝉　　骆宾王

西陆蝉声唱，南冠客思深[ɕim]。
那堪玄鬓影，来对白头吟[ŋim]！

露重飛難進，風多響易沈[dim]。

無人信高潔，誰爲表予心[sim]？

韵部的分合和轉移

魏晉南北朝的四十二个韵部，到隋唐時代，發展爲五十个韵部。有分化，有合併。

由於等呼的不同（韵頭的不同）影響到主要元音的不同，於是一个韵部分化爲兩三个韵部。分化的情况是：

1. 歌部[a]分化爲歌麻兩部。一等屬歌部[a]；二三等屬麻部[a]①。

2. 宵部[au]分化爲豪肴宵三部。一等屬豪部[au]，二等屬肴部[au]，三四等屬宵部[æu]。

①《廣韵》戈韵三等開口有迦佉等字，三等合口有"鞾（靴）"等字，大概都轉入麻韵。

3. 耕部[eŋ]分化為庚青兩部。二三等屬庚部[ɐŋ]，四等屬青部[iŋ]。同時，錫部[ek]分化為陌錫兩部。二三等屬陌部[ɐk]，四等屬錫部[ik]。

4. 冬部[uŋ]分化為冬江兩部。一三等屬冬部[uŋ]，二等屬江部[ɔŋ]。同時，沃部[uk]分化為沃覺兩部。一三等屬沃部[uk]，二等屬覺部[ɔk]。

5. 灰部[ɐi]分化為咍皆兩部。一等屬咍部[ai]（与泰部一等合併）；二等屬皆部[ai]（与泰部二等合併）。

6. 泰部[ai]分化為咍皆兩部。一等屬咍部[ai]（与灰部一等合併）；二等屬皆部（与灰部二等合併）。

有些等呼相同的韵部合流了。主要的合流情况是：

1. 之支脂三部[iə, ie, ei]合併為脂部[i]。

2. 職德兩部[ək, ɐk]合併為職部[ək]；同時，蒸登兩部[əŋ, ɐŋ]合併為蒸部[əŋ]。

《廣韻》有獨用、同用例。所謂獨用、同用，基本上符合隋唐韻部实際情況。同用的兩韻或三韻，实際上是同一韻部。現在依《廣韻》的次序，分别討论如下。

(一) 东獨用，冬鍾同用，江獨用。這就構成东冬江三个韻部。唐詩用韻是和這些韻部相一致的。這並不是迫於功令，初唐詩韻，功令未嚴，而东冬分用畫然。唐太宗總不該受什麼功令約束吧。唐太宗《重幸武功》協“叢衷功同宮豐蟲空紅風”，《過舊宅》(其二)協“豐叢空桐中農風”，《出獵》協“宮嵩雄紅弓空風叢”《秋日即目》協“宮叢風鴻桐中弓櫳”，《秋暮言志》協“空叢紅中風”，《秋日斅庾信體》協“叢風通鴻空”，《置酒坐飛閣》協“空櫳紅中”，《詠興國寺佛殿前幡》協“虹中風空”，

《傷遼东戰亡》協"戎風功忠"，《秋日翠微宮》協"宮空叢中"，《守歲》協"宮風紅中"，《遠山澄碧霧》協"空紅風通"，《賦得花庭霧》協"宮叢風紅空"，《賦簾》協"宮風中櫳"，除"農"字外，全用东韵，不雜冬鍾韵字①。盧照鄰《結客少年場行》協"雄弓东通功中虹戎風空翁"，也不雜冬鍾韵字。宋之问《高山引》協"峰從重逢胸鍾"，全用鍾韵，不雜东韵字。

但是，在《经典释文》中，有相当多东与冬鍾混切的例子，如：蟲，徒冬反；龍，力恭反；灇，在容反；樅，即容、在容反；濃，奴同反；茸，如融反；縱，在紅反；氄，而充、如充反；雍，於送反等。在玄應《一切经音義》中，也有綜，子送、祖送反一例。這可能是方言现象。到了晚唐時代，肯定是东与冬鍾合流

① 疑"農"當是东韵字。《說文繫傳》"農"讀奴聰反。

了。因為唐末李涪在刊誤中已經批評《切韻》"何須'东冬'、'中終'妄别声律"了。

江韵在南北朝時代屬冬部，到了隋唐時代，脫離了冬部而獨立起來，但是还沒有和陽唐合流。南北朝詩人孔稚珪、徐陵、庾信有江陽唐同用的例子①，那只是方言現象。

(2)支脂之同用，微獨用。這是符合隋唐韵部的实际情况的。《经典釋文》和玄应《一切经音義》大量例子都足以證明，隋唐時代，支脂之三韵已经合流了。《切韵》支脂之分為三韵，只是存古性質。

但是，应该承認，脂之合流較早，南北朝已经有端倪②；支与脂之合流則較晚，甚至晚得多。初唐時期，在詩人用韵中，支韵还是獨立的。例如唐太宗

① 參看王力《南北朝詩人用韵考》(《漢語史論文集》29页)。

② 參看同上(《漢語史論文集》17页)。

《帝京篇》（其五）協"奇危差池"，《儀鸞殿早秋》協"枝移池施"，盧照鄰《宿晉安亭》協"奇漪枝池差垂知"，《芳樹》協"奇斯枝差知"，《和吳侍御》協"垂支差吹"，《宴梓州南亭》協"規池垂枝漪斯"，宋之問《折楊柳》協"吹垂差知"，《奉和薦福寺應制》協"規池枝移危隨"，《送合宮蘇明府頲》協"規知池岐馳垂儀"，王勃《餞韋兵曹》協"垂移枝涯"，《泥谿》協"岐危移崖枝知"，駱賓王《秋夜送閻五》協"知披枝羆"。直到杜甫時代，在多數情況下，他還是支韻獨用。例如杜甫《偶題》協"知垂斯爲規漪奇兒虧碑移枝離危卑池麾支羈宜陂羆"，共廿二韻，不雜脂之一字。《經典釋文》在隋代就把支韻與脂之混切，恐怕是方言現象。待再詳考。

微韻獨用，有詩人用韻爲證。沈佺期《和

北京市电车公司印刷厂出品 七六·一

40×15=600 (1201)

广部岑尚書參送梅樓》協"機暉歸衣希微菲闈扉"，全用微韻，不雜脂之韻字。例子很多，不一一列舉。

(三)魚獨用，虞模同用。在詩人用韻中，總是這樣的。試舉初唐詩人為例。魚韻獨用者，如唐太宗《帝京篇》(其一)協"居餘虛疏"，楊炯《和石侍御山莊》協"居鋤疏渠虛魚"，《和酬虢州李司法》協"居臚舒閭初書疏魚"，宋之問《故趙王屬贈黃門侍郎上官公挽詞》(其一)協"書儲車虛"，《奉和韋嗣立山莊侍宴》協"初書車疏虛餘閭居"，王勃《郊興》協"居渠疏虛"，《觀佛迹寺》協"餘疏除虛"等。虞模同用者，則有宋之問《洞庭湖》協"湖隅無吳徂梧圖呼殊娛夫"，《扈從登封》協"都驅符廚俱途愚衢"等。~~駱賓王《久客臨海有懷京邑》協"途俱夫珠儒軀胡呼~~

~~[illegible]~~

但是，在《經典釋文》反切中，有魚與虞模混切的例子。以虞切魚者，有鉏，仕俱反；豬，音誅；菹，側俱反。以模切魚者，有廬，力吴反。以魚切虞者，有吁，音虛；迂，音於；敺，起居反。以虞切語者，有拒，俱甫反。以語切虞者，有愈，音與。~~以御切遇者~~這應該也是方言现象。

（四）齊獨用，佳皆同用，灰咍同用，霽祭同用，泰獨用，卦怪夬同用，隊代同用，廢獨用。這基本上符合隋唐韵部的实際情况。只有泰部是例外。

泰部在魏晋南北朝時代，本来是和灰部（咍部）分立的；到了隋唐时代，已経和灰咍合併為一部。上文所舉杜甫《信行遠修水筒》一例，泰韵的"會大最蓋外"和隊韵的"内对"、代韵的"賚"通押，可為确證。

廢韵字雖少，但是獨用，因為它是与月韵对应的去声字，其音值应是~~[ɐi]、与月韵~~[ĭɐi]、[ĭuɐi]，与月韵[ĭɐt]、[ĭuɐt]。

~~"佳"字（韵字）的读音在魏晋南北朝是[kɐi]，在隋唐时代应是[ka]，入麻韵。杜甫《喜晴》协"佳"：華花涯蛇賒家麻瓜賒沙斜查差"、"涯"~~

（五）真諄臻同用[①]，文獨用[②]，欣獨用，元魂痕同用，寒桓同用[③]，删山同用，（先仙同用。）這基本上符合隋唐韵部的实際情况，只是欣当併入真。

[illegible]段玉裁說过，杜甫詩把欣韵字都押入

① 《切韵》無諄韵。

② 今本《廣韵》文欣同用，误。当依元泰定本、明本校正。

③ 《切韵》無桓韵。

204

(215)

真韵。他的話是对的。上文已举出杜甫的幾首詩作為證明。另一方面，唐人作詩用文韵時，也不雜欣韵字。試举初唐詩為例：唐太宗《賦得含峰雲》協"雲分文君"，盧照鄰《至望喜矚目言懷》協"分薰雲紛文群君"，《赤谷安禪師塔》協"紛雲聞曛文氳分云"，《晚渡滹沱》協"曛雲文君"，宋之問《过函谷関》協"紛分君勳"，《夜渡吴松江懷古》協"濆群分雲君聞"，王勃《新曲》協"君薰紛雲"，《山居晚眺》協"群雲文曛"，駱賓王《賦得白雲抱幽石》協"雲分薰文"，《宿温城望軍營》協"聞軍分文雲氛勳君"，沈佺期《答寧處州書》協"聞雲分君"，《十三四時嘗從巫峽过》協"分雲聞氳"，《從幸香山寺》協"雲聞分汾"，《遥同杜員外審言过嶺》協"分雲聞群君"，都不雜欣韵一字。那麼，為

40×15=600 (1201)

北京市电车公司印刷厂出品 七六·一

什麼《切韻》要把欣韻放在文韻後面，自成一韻呢？這是為了存古，因為文欣兩韻古屬文部，到了隋唐时代，才轉入真部了。

(六)蕭宵同用，肴獨用，豪獨用。這是符合隋唐韵部的实际情况的。

(七)歌戈同用①，麻獨用。魏晉南北朝时代，歌麻同屬一部[a]，到了隋唐时代，分化為歌麻兩部[ɑ]、[a]。唐代詩人用麻韻，不雜歌戈韻字。

(八)陽唐同用，庚耕清同用，青獨用，蒸登同用。這是符合隋唐韵部实况的。魏晉南北朝时代的耕部[eŋ]分化為庚青兩部[eŋ]、[iŋ]。

耕部的四等字本来就和二三等字的元音有細微的差别。古代疊韻連綿字"螟蛉"、"蜻蜓"、"寧馨"

①《切韻》無戈韻。

205

(216)

等，上字和下字都是四等青韵字，足以说明这一点。後来元音的区别越来越大，二三等字向後发展为[ɐŋ]，四等字向前发展为[iŋ]，就分化为庚青两个韵部。南北朝徐陵、庾信等已经以青韵独用，到了隋唐更为盛行。

（九）尤侯幽同用，是从汉代就开始了的。在汉代和魏晋南北朝时代，统为幽部；在隋唐时代统为侯部。

（十）侵独用，覃谈同用，盐添同用，咸衔同用，严凡同用，魏晋南北朝时代就是这样，隋唐时代在韵部系统上没有变化。

（十一）屋独用，沃烛同用，觉独用，这是和平声东冬钟江相对应的。唐人用韵，屋独用的例子，除了上文所举宋之问《温泉庄卧病》協"独目族谷木鹿禄熟牧掬"以外，还有杨炯《广溪

北京市电车公司印刷厂出品 七六·一

40×15=600 (1201)

峽》協"陸腹瀑谷鹿伏簇蔟腹哭"等；燭韻獨用的例子，除了上文所舉李嶠《和同府李祭酒休沐田居》協"躅俗辱足粟曲旭綠玉欲"以外，還有沈佺期《臨高臺》協"續曲綠促"，劉禕之《酬鄭沁州》協"躅矚蜀俗溽旭促跼玉曲"等。

但是，在《經典釋文》中，有屋與沃燭混切的例子，如：襮，大錄反；暴，扶沃反；沃，於木反；督，丁木反；勖，朽目反；躅，治六反。玄應《一切經音義》也有屋沃混切的例子，如沃，烏木、於木、烏穀反；梏，古木、古祿、孤祿反；鵠，胡哭反；告，古木反；酷，口木、口斛反。這是和東冬鍾韻字的反切相對應的。可見隋唐時代已有屋沃燭合為一韻的情况。待再詳考。

（十二）質術櫛同用，物獨用，迄獨用。這

基本上符合隋唐韵部实际情况。只有迄韵应合併於質韵，这是從其平声欣韵应合併於真韵類推而知的。

（十三）月沒同用，曷末同用，點鎋同用，屑薛同用，這是符合隋唐韵部实际情况的。

（十四）藥鐸同用，陌麥昔同用，錫獨用，職德同用，這是符合隋唐韵部实际情况的。錫韵獨用雖乏例證，但從其平声青韵獨用可以推知。

（十五）緝獨用，合盍同用，葉怗同用，洽狎同用，業乏同用，這也是符合隋唐韵部实际情况的。

韵部音值的擬測

宋代的韵圖和隋唐音系非常接近。鄭樵《七音略》、張麟之《韵鏡》四十三圖中，具備

《切韵》的每一个音節。《四声等子》《切韵指南》分十六攝，不具備《切韵》的每一个音節，然而更符合隋唐音系。依照十六攝的系统来拟测隋唐音系，特别是韵部，十得八九。现在依照《四声等子》十六攝，拟测隋唐韵部的音值如下表：

(1)遇攝

模姥暮沃	u, uk
虞麌遇燭	i̯u, i̯uk
魚語御屋	i̯o, ok, i̯ok

(2)流攝

侯厚候屋	ou, ok
尤有宥屋	i̯ou, i̯ok

(3)通攝

冬湩宋沃	uŋ, uk

(218)

鍾腫用燭　　uŋ, iuŋ iuk

~~東董凍屋（一等）　　oŋ ok~~

東董送屋　　oŋ, ioŋ, ok, iok

《四声等子》、《切韵指掌圖》、《切韵指南》異平同入，使我们拟测古音有了很可靠的根據。例如屋韵既是魚侯东三韵的入声，我们把這四个韵互相印證，可以推知這四个韵的主要元音都是[o]；沃燭两韵既是模虞冬鍾四韵的入声，我们把這六个韵互相印證，可以推知這六个韵的主要元音都是[u]。下面其餘各攝的讀音，都可以用這个方法拟测。關於異平同入，我们根據的是《四声等子》，因為《四声等子》用的是《切韵》韵目，指的是《切韵》音系。至於《切韵指掌圖》和《切韵指南》用的是《平水韵》韵目，代表的是宋元時代的音系，等到下章我们讨論五代宋音系的時候，还用得着它们。

高本漢把魚韻拟測爲[ĭwo]，虞韻拟測爲[ĭu]，模韻拟測爲[uo]，那是不合適的。第一，魚韻直到隋唐時代还是開口三等韻。《韻鏡》把魚韻歸入"内轉第十一開"，可爲確證。高本漢把魚韻歸入合口三等，是不对的。第二，《七音略》、《韻鏡》都是魚韻獨圖，虞模合圖，這和唐詩用韻是一致的，和《廣韻》魚獨用、虞模同用也是一致的。高本漢把魚拟測爲[ĭwo]，模拟測爲[uo]，虞拟測爲[ĭu]，那就变爲魚模同用，虞獨用了，所以是不对的。

高本漢把侯韻拟測爲[ə̆u]，尤韻拟測爲[ĭə̆u]，在理論上是講得通的，但是從語音的系統性看，还是不妥當的。《四声等子》、《切韻指南》都認爲侯是屋的平声，尤是燭的平声。

208

(219)

那麽，侯尤的主要元音应该是[o]，所以我们把侯尤拟测为[ou]、[i̯ou]。

高本汉把东冬鍾拟测为[uŋ]、[uoŋ]、[i̯ʷoŋ]，屋沃燭拟测为[uk]、[uok]、[i̯ʷok]，也不妥。东部的音值自先秦到隋唐都是開口韵，屋部亦同。《韵镜》把东韵及其入声屋韵定为"内转第一開"，可为旁證。因此，我们把东韵拟测为[oŋ，i̯oŋ]，屋韵拟测为[ok，i̯ok]。既然东屋的主要元音是[o]，那麽，冬鍾沃燭的主要元音不可能也是[o]，所以冬鍾应该是[uŋ，i̯uŋ]，沃燭应该是[uk，i̯uk]。

(4)江摄

江讲绛觉　ɔŋ，ɔk

江摄，《四声等子》把它附在宕摄内，叫做"江陽同形"，又把觉韵看作药韵的入声。那只代表宋代音系。《切韵》才把江韵放在东冬鍾的後面，表示读音相近。高本觉韵放在屋沃燭的後面。

北京市电车公司印刷厂出品 七六·一

40×15=600 (1201)

漢把江韵拟测为[ɔŋ]，觉韵拟测为[ɔk]，是合理的。[ɔŋ]介乎[oŋ]、[aŋ]之间，[ɔk]介乎[ok]、[ak]之间，表现了过渡阶段。

從反切上看，江觉只有开口呼，没有合口呼（窗，楚江切；双，所江切；卓，竹角切；濁，直角切）。《切韵指南》以"江腔"等字为开口呼，"窗双"等字为合口呼；"觉殻"等字为开口呼，"捉濁"等字为合口呼。那只代表元代音系。现在我们把隋唐时代的江韵字一律定为开口呼。

(5)果攝

歌哿箇曷	a，at
戈果過末①	ua，uat

(6)假攝

①《四声等子》、《切韵指南》以鎋韵为歌戈的入声，《切韵指掌图》以曷末为歌戈的入声。今採用《切韵指掌图》。

209

(220)

麻馬禡鎋　　a, i̯a, ua, at, uat

(7) 蟹攝

咍海泰代曷　　ai, at

灰賄泰隊末①　　uai, uat

皆駭怪鎋②　　ai, uai, at, uat

齊薺祭薛③　　i̯æi, iæi, i̯uæi, iuæi, i̯æt, iuæt, iæt, i̯uæt

(8) 效攝

豪晧號鐸　　au, ak

肴巧效〇④　　au

宵小笑〇⑤　　i̯æu, iæu

① 《四声等子》作灰賄隊末。按，泰韵有合口字，应增加泰韵。

② 《四声等子》注云："佳併入皆韵。"這是对的。"鎋"字，《四声等子》作"黠"，今改為"鎋"，与果假山三攝取得一致。

③ "薛"字，《四声等子》作"屑"，今改為"薛"，与山攝取得一致。

④ 《四声等子》作肴巧效覺，只代表宋代音系。

⑤ 《四声等字》作宵小笑藥，今不取。又云："蕭併入宵韵。"那是对的。

北京市电车公司印刷厂出品 七六·一

40×15=600 (120)

(9) 宕攝

唐蕩宕鐸　aŋ, uaŋ, ak, uak

陽養漾藥　i̯aŋ, i̯uaŋ, i̯ak, i̯uak

(10) 梗攝(一)

~~庚梗映陌~~　~~eŋ, ieŋ~~

~~寒旱翰曷~~　~~an, at~~

庚梗映陌①　eŋ, i̯eŋ, ueŋ, i̯ueŋ

ek, i̯ek, uek, i̯uek

~~青迥徑錫~~　(11) 山攝

寒旱翰曷　an, at

桓緩換末　uan, uat

山產襇鎋②　an, uan, at, uat

元阮願月　i̯en, i̯uen, i̯et, i̯uet

仙獮線薛③

~~(12) 咸攝~~

① 耕清併入庚韵。

②《四声等子》注云："删併山。"這是对的。

③《四声等子》注云："先併入仙韵。"這是对的。

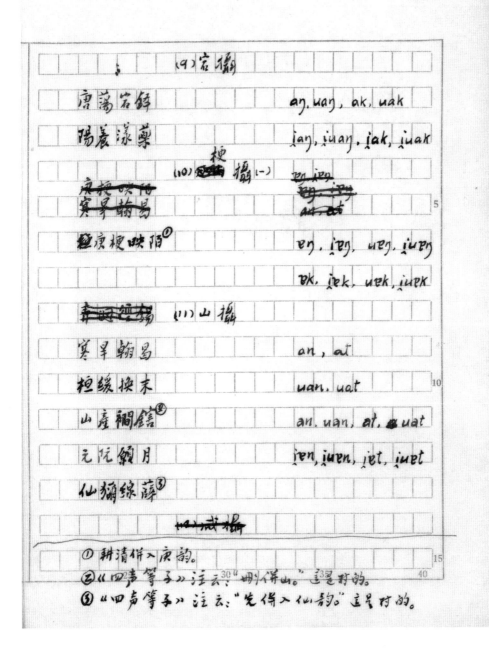

210a

(221)

(12) 臻攝(一)

痕很恨没　　ən, ət

魂混恩没　　uən, uət

(13) 咸攝

接下页

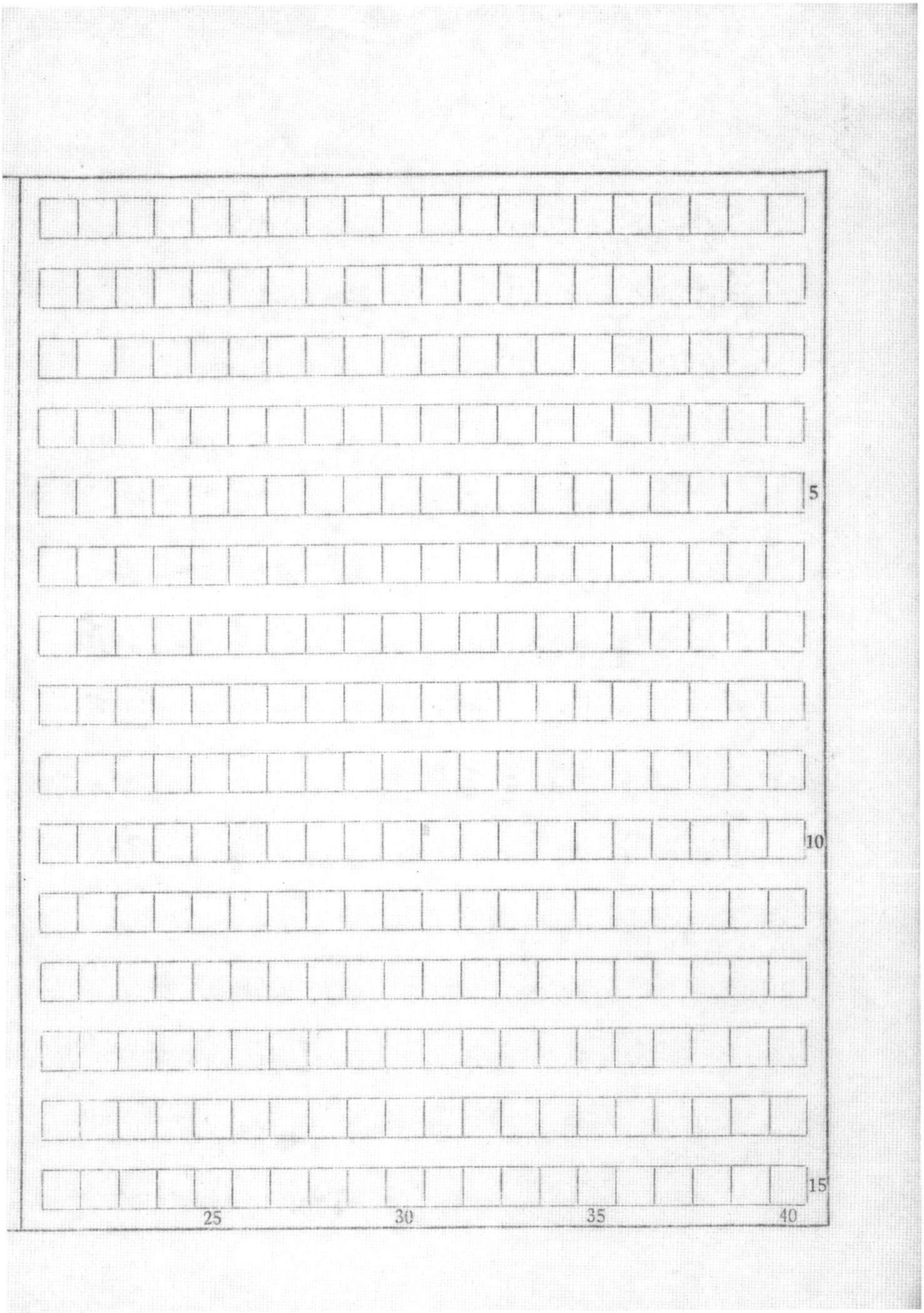

覃感勘合　am, ap

咸豏陷洽　am, ap

凡范梵乏　i̯ɐm, i̯uɐm

盐琰艳葉　i̯ɛm, i̯æm, i̯ɛp, i̯æp

歌咍寒、戈灰桓、曷末八韵相对应，可見這八个韵的主要元音都是[a]；~~麻皆山鎋四~~豪唐陽鐸藥五韵相对应，可見這五个韵的主要元音也都是[a]。麻皆山鎋四韵相对应，~~可見這四个韵相对应~~，可見這四个韵的主要元音都是[a]。

高本漢把歌戈擬測為[a, ua, iua]，麻韵擬測為[a, i̯a, wa]，基本上是对的。

高本漢把咍灰擬測為[ai, uai]，泰韵擬測為[ai]，佳韵擬測為[ai]，皆韵擬測為[ai]，夬韵擬測為[ai, wai]，祭韵擬測為[i̯ɛi, i̯wɛi]，廢韵擬測為[i̯wɐi]，齊韵擬測為[iei iwei]，和我們擬測稍

北京市电车公司印刷厂出品　七六·一

40×15=600 (1201)

有出入。我们根据《经典释文》反切和唐诗用韵，把灰咍泰合为一个韵部，拟测为[ɑi, uɑi]；佳夬合为一个韵部，拟测为[ai, uai]；齐祭合为一个韵部，拟测为[iæi, iuæi]；废韵字较少，但是它与月元相应，独立成为一个韵部，拟测为[i̯ɐi, i̯uɐi]①。

高本汉把豪韵拟测为[ɑu]，肴韵拟测为[au]，宵韵拟测为[i̯ɛu]，萧韵拟测为[ieu]，和我所拟稍有出入。我根据《经典释文》反切和唐诗用韵，把宵萧合为一部，拟测为[i̯æu, iæu]。

高本汉把唐铎拟测为[aŋ, uaŋ]，[ak, uak]；阳药拟测为[i̯aŋ, i̯ʷaŋ]，[i̯ak, i̯ʷak]；庚陌拟测为[ɐŋ, ʷɐŋ, i̯ɐŋ, i̯ʷɐŋ]，耕麦拟测为[æŋ, ʷæŋ]，[æk, ʷæk]；清

① 废韵"刈"字应属开口三等，但因没有其他开口三等字为切，所以《广韵》定为鱼肺切。

昔拟测为[i̯ɛŋ, i̯ʷɛŋ], [i̯ɛk, i̯ʷɛk]，和我所拟测有出入。我根据唐诗用韵和《經典釋文》反切，把陽唐合為一个韵部，拟测為[aŋ, uaŋ, i̯aŋ, i̯uaŋ]；藥鐸合為一个韵部，拟测為[ak, uak, i̯ak, i̯uak]；庚耕清合為一个韵部，拟测為[ɐŋ, uɐŋ, i̯ɐŋ, i̯uɐŋ]；陌麦昔合為一个韵部，拟测為[ɐk, uɐk, i̯ɐk, i̯uɐk]。庚陌的元音可能是[ɐ]，也可能是[ɒ]或[ɛ]，未能確定。

高本漢把寒桓曷末拟测為[an, uan, at, uat]；删黠拟测為[an, ʷan, at, ʷat]；山鎋拟测為[ạn, ʷạn, ạt, ʷạt]；仙薛拟测為[i̯ɛn, i̯ʷɛn, i̯ɛt, i̯ʷɛt]；先屑拟测為[ien, iʷen, iet, iʷet]，和我所拟稍有出入。我根据《經典釋文》反切和唐诗用韵，把寒桓合為一个韵部，拟测為[an, uan]；曷末合為一个韵部，拟测為[at, uat]；删山合為一个韵部，拟拟测為[an, uan]；黠鎋合為一个韵部，拟测為[at, uat]；先仙合為一个韵部，拟测為[ĭæn, ĭuæn]；屑薛合為一个韵部，拟测為[ĭæt, ĭuæt]。

高本漢把覃合拟测為[ạm, ạp]；談盍拟测為[am, ap]；咸洽拟测為[ạm, ạp]；銜狎拟测為[am, ap]；嚴業拟测為[ĭɐm, ĭɐp]；凡乏拟测為[ĭwɐm, ĭwɐp]；鹽葉拟测為[ĭɛm, ĭɛp]；添怗拟测為[iem, iep]，和我所拟稍有出入。我從-m尾韵和-n尾韵的对应関係看，同時参照了《經典釋文》的反切，把覃談合為一个韵部，拟测為[am]；合盍合為一个韵部，拟测為[ap]；咸銜合為一个韵部，拟测為[am]；洽狎合為一个韵部，拟测為[ap]；嚴凡合為一个韵部，拟测為[ĭɐm, ĭuɐm]；業乏合為一个韵部，拟测為[ĭɐp ĭuɐp]；鹽添合為一个韵部，拟测為[ĭæm]；葉怗合為一个韵部，拟测為[ĭæp]。

212

(224)

高本漢把元月拟测為[ĭɐn, ĭwɐn, ĭɐt, ĭwɐt]，痕韵拟测為[ət]，魂没拟测為[uət]，這样很不妥。高氏受《韵图》的影響，以為元韵和痕魂既分属山臻兩攝，它们的元音必不相同。他不知道，《切韵指掌图》在許多地方只代表宋代音系，而不代表隋唐音系。我根據《經典释文》反切和唐詩用韵，肯定元魂痕三韵应該合為一个韵部，拟测為[ɐn, uɐn, ĭɐn, ĭuɐn]；月没应該合為一个韵部，拟测為[ɐt, uɐt, ĭɐt, ĭuɐt]。

(14) 止攝(一)

微尾未物　　əi, ĭuəi, ĭuət

(15) 臻攝(二)

文吻問物　　ĭuən, ĭuət

(16) 曾攝

登等嶝德　　　　　　əŋ, uəŋ, ək, uək

蒸拯證職　　　　　　i̯əŋ, i̯ək, i̯uək

高本漢把微韵拟测為[ĕi, wĕi]，文物拟测為[i̯uən, i̯uət]。登德拟测為[əŋ, uəŋ, ək, uək]，蒸職拟测為[i̯əŋ, i̯ək, i̯wək]，和我們拟差别不大。但是微韵仍要改拟為[əi, i̯uəi]，因為微韵是和文物对应的。

(17) 止攝(二)

脂旨至質①　　　　　　i, ui, it, uit

(18) 臻攝(三)

真軫震質　　　　　　in, it

欣隱焮迄　　　　　　in, it

諄準稕術　　　　　　i̯un, i̯ut

① 《四声等子》在止攝就只標為脂旨至質，但是圖内兼收支紙寘、之止志、昔錫等韵的字。

213

(225)

(19) 梗攝(十)

青迥徑錫　　　　iŋ, uiŋ, ik, uik

(20) 深攝

侵寢沁緝　　　　im, ip

勝質真三韵相应，可見這三个韵部的主要元音都是[i]。據《四声等子》和《切韵指掌图》，欣隱焮迄应与真軫震質同韵①，則欣隱焮迄的主要元音也应是[i]。《四声等子》"覓"為"憬"的入声，"剔"与"覓"同列，則青迥徑錫的主要元音也应是[i]。從语音系统性看，-n尾的真軫震質是和-m尾的侵寢沁緝相对应的，那麽，侵寢沁緝的主要元音也应是[i]。

---

①《四声等子》"斤""勤"与"银"同列，"訖"為"斤"的入声，《切韵指掌图》"巾"与"勤""银"同列，"訖"為"巾"的入声，等等。

40×15=600 (1201)

高本漢把脂韻擬測爲[i, wi]，之韻擬測爲[i]，都是對的；他把支韻擬測爲[iě, iwě]，也不算很錯，因爲如上文所論，在隋唐初期，在某些方言里，支韻還是獨立的。

高本漢把真質擬測爲[i̯ěn, i̯wěn, i̯ět, i̯wět]，諄術擬測爲[i̯uěn, i̯uět]，臻櫛擬測爲[i̯ɛn, i̯ɛt]，是不合適的。真韻應該沒有合口呼。陸法言《切韻》真諄未分，今本《廣韻》"麕囷贇筠"等字入真韻，乃是誤入。"麕"，居筠切；囷，去倫切；贇，於倫切；筠，王春切，而"倫春"是諄韻字。質韻也應該沒有合口呼。陸法言《切韻》質術未分，今本《廣韻》"率"字入質韻，乃是誤入。"率"，所律切，"律"在術韻。根據《經典釋文》和《一切經音義》的反切，真臻應同屬一个韻部，質櫛應同屬一个韻部，高氏分真臻爲[i̯ěn]、[i̯ɛn]，分質櫛爲

214

(226)

[ịɛ̆t]、[ịɛt]，也是不对的。

(三)隋唐時代的声调

隋唐時代的声调和魏晋南北朝的声调一樣，仍舊是平上去入四声，沒有变化。我說的是調類，至於調值有沒有变化，就不得而知了。

北京市电车公司印刷厂出品 七六·一

40×15=600 (1201)

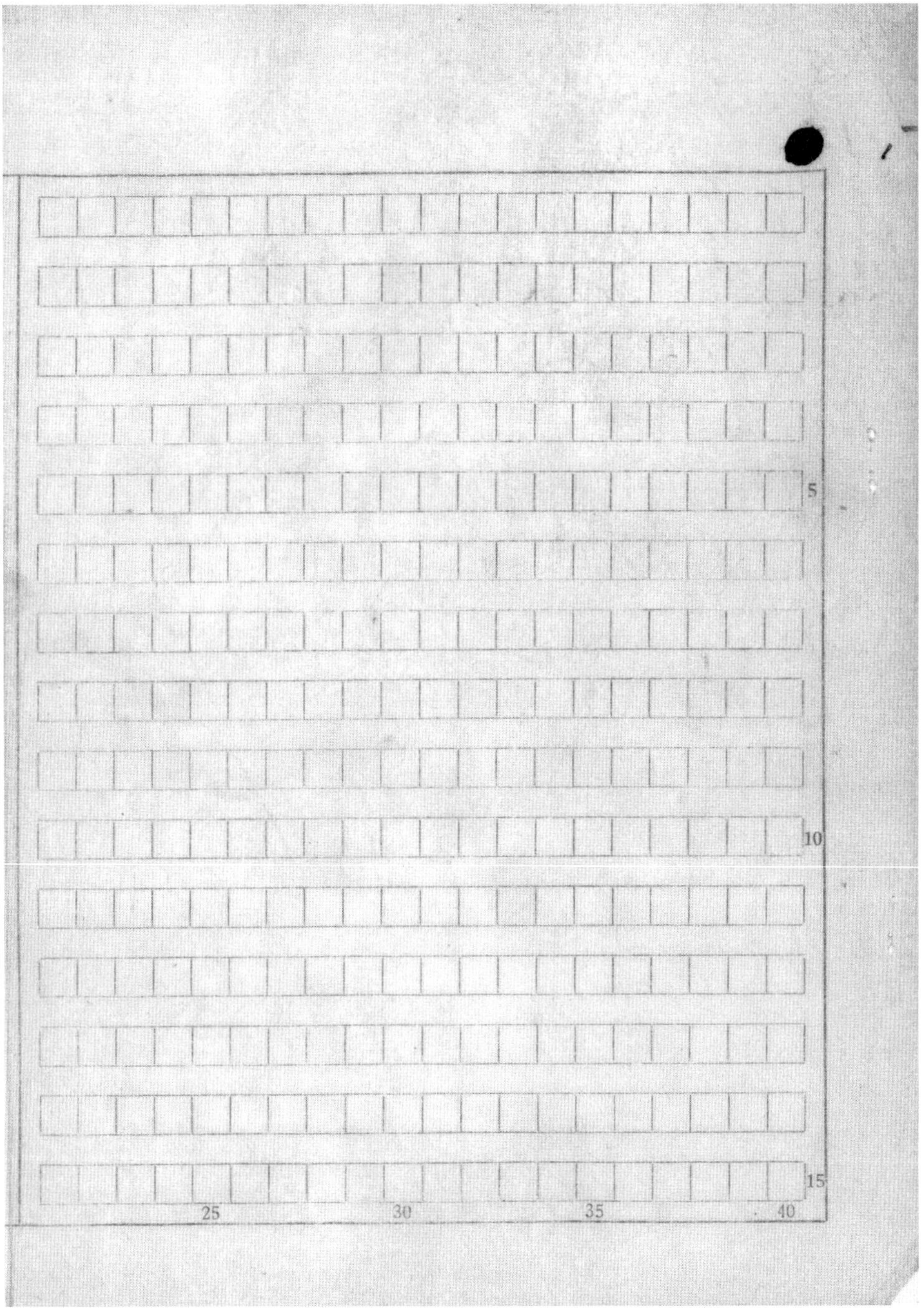

215

A14

(227)

第五章　晚唐—五代音系（836—960）

本章講晚唐—五代音系，主要是根據朱翺反切。

南唐徐鍇著《說文繫傳》，用朱翺反切。朱翺和徐鍇同爲秘書省校書郎，可見朱翺也是南唐時人。徐鉉本《說文解字》用孫愐反切。孫愐根據《唐韻》，《唐韻》的前身是《切韻》。朱翺的反切完全不依《切韻》，這就表明他用的是當代的音系。這是很寶貴的語音史資料。

接下排

北京市电车公司印刷厂出品 七六·一

5　10　15　20

40×15=600 (1201)

（一）晚唐—五代的声母

晚唐—五代的声母共有三十六个，如下表：

發音部位 / 發音方法	双脣	脣齿	舌尖前	舌尖中	舌葉	舌面前	舌根	喉
塞音 清 不送氣	p 帮			t 端		ȶ 知	k 見	ʔ 影
塞音 清 送氣	pʻ 滂			tʻ 透		ȶʻ 徹	kʻ 溪	
塞音 濁	b 並			d 定		ȡ 澄	g 羣	
鼻音	m 明	ɱ 微		n 泥		ȵ 娘	ŋ 疑	
边音				l 來				
闪音						r 日		
塞擦音 清 不送氣			ts 精		tʃ 莊	tɕ 照		
塞擦音 清 送氣			tsʻ 清		tʃʻ 初	tɕʻ 穿		
塞擦音 濁								
擦音 清		f 非敷	s 心		ʃ 山	ɕ 審		h 曉
擦音 濁		v 奉	z 從邪			ʑ 牀禪		ɦ 匣
半元音						j 喻		

這个声母表和守溫三十六字母的差別是：

1. 非敷合為一母；

2. 從邪合為一母；

3. 牀禪合為一母；

4. 照母分為莊照二母；

5. 穿母分為初穿二母；

6. 審母分為山審二母。

脣音分化為重脣（双脣）、輕脣（脣齒），是從這个時代开始的。敦煌残卷守温三十字母中的"不芳並明"实际上是幫滂並明，那時还没有產生輕脣音。但是在朱翱反切中，重脣与輕脣分用畫然。例如：

幫母：

碑，廣韵府移，朱翱彼移。

猋，廣韵甫遥，朱翱必遥。

彪，廣韵甫烋，朱翱彼虯。

滂母：

篇，廣韵芳連，朱翱僻連。

杓，廣韻撫昭，朱翱片邀。

並母：

頻，廣韻符真，朱翱婢民。

便，廣韻房連，朱翱婢偏。

明母：

苗，廣韻武瀌，朱翱眉昭。

明，廣韻武兵，朱翱眉平。

非母：

風，方戎反　　飛，甫肥反

夫，甫殳反　　方，甫昌反

富，福務反　　鍑，分副反

葍，分溜反　　覂，方勇反

匪，斧尾反　　粉，弗吻反

敷母：

豐，孚弓反　　峰，敷容反

紛，撫文反　　覆，芳富反

忿，敷粉反　　紡，妃兩反

蝮，方目反

奉母：

馮，房忠反　　肥，符非反

鼢，扶云反　　煩，復喧反

符，凡無反　　房，浮長反

浮，附柔反　　奉，附恐反

負，復缶反　　阜，符九反

凡，符芝反　　範，浮檻反

微母：

薇，尾希反　　巫，文遍反

聞，無云反　　蟁，無分反

亡，勿張反　　尾，亡斐反

网，文爽反　　味，勿，勿貴反

聞，亡運反　　　　勿，無弗反

非母与敷母，大约先经过分立的階段，幫母分化為[f]，滂母分化為[f']①。然後合流為[f]。宋朝時代已经合流了。例如：

以敷切非：

封，敷容反　　　　分，翻文反

饙，翻云反　　　　府，芳武反

複，芳郁反

以非切敷：

豐，甫馮反　　　　丰，府容反

菲，甫肥反　　　　敷，甫夫反

孚，甫殳反　　　　鄜，弗扶反

芬，弗群反　　　　旛，分軒反

①[f']送氣是可能的。越南語的[f'](寫作ph)就有強烈的送氣。

藩，福袁反　　芳，弗商反

斐，斧尾反　　仿，分敞反

撫，分武反　　赴，弗孺反

肺，弗乂反　　馥，方目反

拂，分勿反　　祓，甫勿反

莊系和照系分立，從上古到五代都是這样。朱翱反切反映了這个情况。例如：

莊母：

葅，齋居　　芻，阻虞　　齋，側皆

莊，側羊　　裝，側良　　爭，側泓

騶，側丘　　先，側琴　　跧，鄒栓

髽，鄒茶　　滓，阻史　　醆，阻限

爪，側狡　　鮓，側瓦　　斬，側減

胾，側字　　瘵，側介　　詐，側駕

諍，側迸　　縐，側救　　皺，側秀

櫛，阻瑟　札，側滑　茁，側滑

迮，滓白　責，側革　仄，齋食

蓟，齋石　戢，臻邑　濈，臻立

初母：

差，楚宜　差，初加　叉，初牙

創，楚霜　窗，叉江　鎗，測彭

琤，測亨　揣，初委　楚，創許

鏟，初簡　廁，側吏　篡，測慣

刱，叉向　愴，初訪　篹，篡刮

策，測麥　測，察色　插，楚洽

臿，楚箑

山母：

榱，所追　疏，色居　愉，數雛

侁，所臻　刪，師閑　潸，色閑

山，色閒　疝，所間　鯊，所加

219

(231)

霜，色方　雙，所江　生，色庚
笙，色行　牲，所庚　搜，色酋
森，所今　參，師今　罧，所禁
攕，色咸　杉，所咸　芟，所監
纚，所綺　釃，疏此　史，踈士
所，師阻　䟽，山呂　數，率武
灑，所解　產，所限　摌，所簡
爽，所敬　曬，所寄　鎩，師壞
訕，史患　稍，師棹　瘦，山溜
漱，色透　帥，師密　率，所律
瑟，師訖　蝨，所櫛　璱，師櫛
殺，色軋　刷，師子　索，史逆
色，踈憶　歃，山呷　萐，山輒
翣，色呷　翜，山洽

以上大量的莊系字，其反切上字不雜照

40×15=600 (1201)　北京市电车公司印刷厂出品 七六·一

系一字，决不是偶然的。

塞擦音缺濁母，從邪合流，牀神禪合流，自成系統，這也决不是偶然的。现代吴语正是這種情况。

在朱翱反切中，匣母与喻三、喻四合流。例如：

以喻三切匣：

雄，于弓　洪，員聰　滈，矣抱

以喻四切匣：

郇，移鞬　攜，匀低　萑，唯專

峴，易殿　泫，豫顯　迥，余請

以匣切喻四：

鸒，玄遇　籲，玄遇　瑩，玄经

以喻四切喻三

玄，營先　炎，延占　矣，延耳

右，延九　又，延救　粤，予厥

匣母与喻三、喻四混合，和现代吴语相符合。這恐怕是方言现象。现在我们依守温字母，把喻三、喻四合併為喻母，匣母獨立。

這个時代的日母，我们拟测為闪音[r]①。理由是：(一)韵图把来日二母排在一起，称為半舌、半齿，可見来日二母读音相近。[r]与[l]都是所谓通音（流音），所以日母应该是个[r]；(二)现代普通话日母读[ʐ]。這个[ʐ]從元代開始，其前身应是舌面前闪音[r]，而這个[r]则是從舌面前鼻音[ȵ]演变来的，鼻音[ȵ]也是所谓通音，由[ȵ]变為[r]也是自然的演变。

(二)晚唐—五代的韵部

①嚴格地说，应该写成[ɾ]。

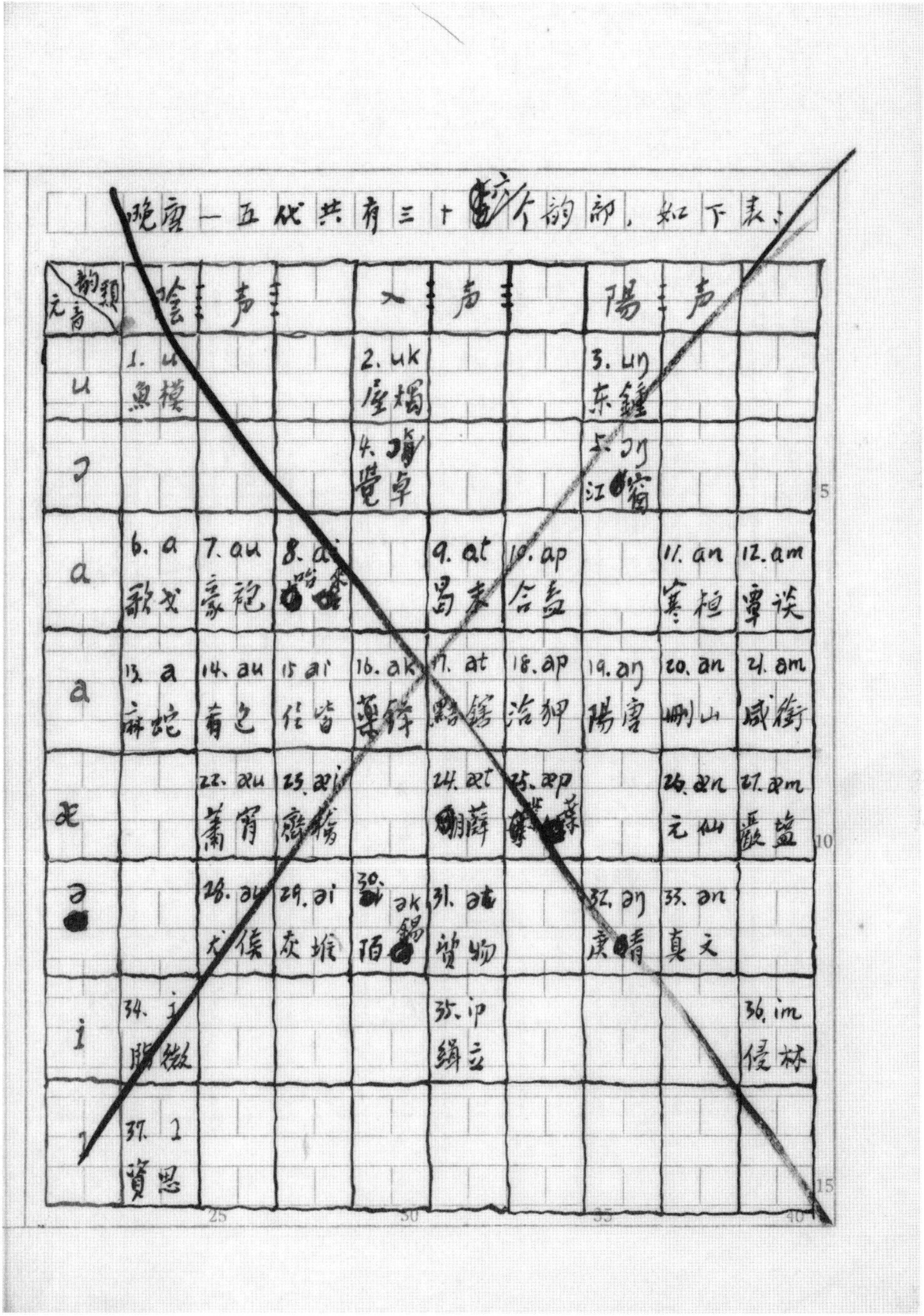

晚唐—五代共有三十六个韵部，如下表：

韵類/元音	陰声			入声			陽声		
u	1. u 魚模			2. uk 屋燭			3. uŋ 东鍾		
ɔ				4. ɔk 覺卓			5. ɔŋ 江窗		
ɑ	6. ɑ 歌戈	7. ɑu 豪袍	8. ɑi 咍泰		9. ɑt 曷末	10. ɑp 合盍		11. ɑn 寒桓	12. ɑm 覃谈
a	13. a 麻蛇	14. au 肴包	15. ai 佳皆	16. ak 藥鐸	17. at 黠鎋	18. ap 洽狎	19. aŋ 陽唐	20. an 删山	21. am 咸銜
æ		22. æu 蕭宵	23. æi 齊移		24. æt [illegible]薛	25. æp [illegible]葉		26. æn 元仙	27. æm 嚴鹽
ə		28. əu 尤侯	29. əi 灰堆	30. ək 陌錫	31. ət 質物		32. əŋ 庚青	33. ən 真文	
i	34. i 脂微				35. ip 緝立				36. im 侵林
ɿ	37. ɿ 資思								

220b

(233)

晚唐—五代共有四十个韵部，如下表：

韵類／元音	陰声			入声			陽声		
u	1. u 魚模			2. uk 屋燭			3. uŋ 东鍾		
ɔ				4. ɔk 覺卓			5. ɔŋ 江窗		
a	6. a 歌戈	7. au 豪袍	8. ai 咍來		9. at 曷末	10. ap 合盍		11. an 寒桓	12. am 覃談
ɑ	13. ɑ 麻蛇	14. ɑu 肴包	15. ɑi 佳皆	16. ɑk 藥鐸	17. ɑt 黠鎋	18. ɑp 洽狎	19. ɑŋ 陽唐	20. ɑn 刪山	21. ɑm 咸銜
ɐ			22. ɐi 灰堆		23. ɐt 沒骨		24. ɐŋ 庚青	25. ɐn 魂痕	
æ		26. æu 蕭宵	27. æi 齊稽		28. æt 月薛	29. æp 葉業		30. æn 元仙	31. æm 嚴鹽
ə		32. əu 尤侯		33. ək 職陌	34. ət 質物		35. əŋ 蒸登	36. ən 真文	
i		37. i 脂微			38. ip 緝立				39. im 侵林
ɿ	40. ɿ 資思								

北京市电车公司印刷厂出品 七六・一

40×15=600 (1201)

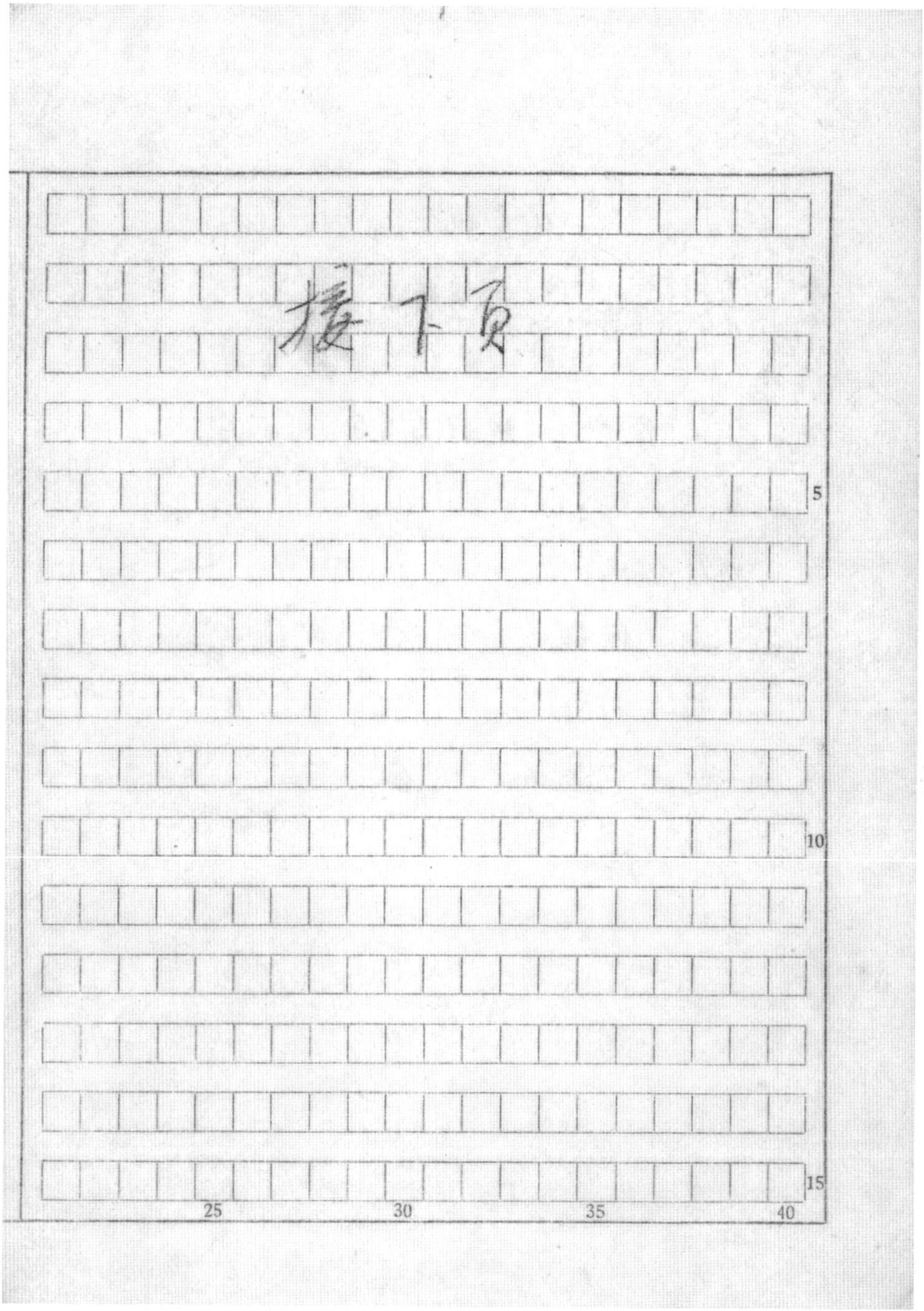
接下页

(1) 魚模 [u]

合一 [u] 切韵模姥暮
合一 [u](重脣) 切韵侯厚候
合三 [i̯u] 切韵魚語御，虞麌遇
合三 [i̯u](輕脣) 切韵尤有宥(輕脣)

反切例證：

以虞切魚①：

齟，側取反　　詛，即趣反

茹，而住反　　豫，羊遇反

鸒，玄遇反

以魚切虞：

鰸，器於反　　卭，群許反

禺，疑預反　　注，支慮反

以模切魚：

杼，慎住反

① 舉平以賅上去。下仿此。

40×15=600 (1201)

北京市电车公司印刷厂出品 七六·一

以模切虞：

雨，于補反　　賦，方布反

以虞切模：

鄠，吾俱反　　圃，不雨反

以虞切尤：

富，福務反

唐詩例證（魚無號，虞*，模**，尤×，侯××）：

琵琶行（節録）　　白居易

自言本是京城女，
家在蝦蟆陵下住*。
十三學得琵琶成，名屬教坊第一部×。
曲罷能教善才服，粧成每被秋娘妬**。
五陵年少爭纏頭，一曲紅綃不知數*。
鈿頭銀篦擊節碎，血色羅裙翻酒汙**。
今年歡笑復明年，秋月春風等闲度**。

弟走從軍阿姨死，暮去朝來顏色故。

門前冷落鞍馬稀，老大嫁作商人婦。

商人重利輕別離，前月浮梁買茶去。

(2)屋燭[uk]

合一[uk]　切韵屋沃

合三[ĭuk]　切韵屋燭

反切例證：

以沃切屋：

哭，闊毒反　　濼，盧毒反

以屋切燭：

勖，喧六反　　曲，牽六反

唐诗例證（屋無號，沃●，燭⊘）：

田家（节録）　　聶夷中

二月賣新絲，五月糶新穀。

醫得眼前瘡，剜却心頭肉。

我願君王心，化作光明燭×。

不照绮羅筵，只照逃亡屋！

(3) 東鍾 [uŋ]

合一 [uŋ]　切韵东董送，冬(湩)宋

合三 [iuŋ]　切韵东董送，鍾腫用

反切例證：

以东切冬：

彤，杜红反　農，奴聪反

以冬切东：

霚，亡宋反

以东切鍾：

濃，奴聪反

以鍾切东：

馮，父重反　蓬，貧容反

唐詩例證（东無號，冬*，鍾×）：

223

(236)

少年　　李商隱

外戚平羌第一功。

生平二十有重封。

直登宣室螭頭上，橫過甘泉豹尾中。

別館覺來雲雨夢，後门歸去蕙蘭叢。

灞陵夜獵隨田竇，不識寒郊自轉蓬。

(4) 覺卓【ɔk】

開二[ɔk]　　切韵觉

反切例證：

覺，江岳　角，古捉　玨，江學

擢，剝學　嶽，逆捉　浞，士角

鷟，式角　捉，齪岳　朔，色捉

琢，斲角　卓，竹角　犖，詠角

喔，軋角　剝，適朔　藐，尨璞

雹，別卓　朴，坡岳　墣，匹角

濁，术溪　擢，朱溪　濯，水溪[1]

渥，乙卓　箹，也卓　喔，汪岳

犖，呂卓　逴，敕溪　學，遐嶽

礐，遐岳　鷽，兮卓　嶨，士角

觷，胡角

(5)江窗［ɔŋ］

開二［ɔŋ］　切韵江講絳

反切例證：

龐，皂江　雙，疏江　窗，叉江

邦，北江　降，侯邦　龐，賀雙

椌，苦巷　胮，口江　控，宅邦

項，限蚌

(6)歌戈［a］

開一［a］　切韵歌哿箇

①"水"[redacted]是"朱"之误。

合一[ua]　切韵戈果过

開三[ia]　切韵戈

合三[i̯ua]　切韵戈

反切例證：

以戈切歌：

歌，更和　多，兜戈　鮀，豆科

莪，偶和　哿，閜果　哆，兜禍

袉，圖坐　軻，可貨　餓，岸播

以歌切戈：

戈，古多　矬，在多　婆，步他

鄱，部何　訛，五陀　鈋，五他

頗，滂何　坡，浦何　和，户歌

科，苦何　過，古多

(7)豪韵[au]

開一[au]　切韵豪皓號

反切例證：

豪，行高　高，家豪　勞，閑刀

蒿，咍勞　毛，门高　滔，偷刀

弢，偷勞　絛，土刀　刀，得高

桃，特豪　袍，盛毛　褒，補袍

敖，言高　糟，作曹　遭，祖叨

騷，素叨　翱，顏叨　嶅，偶毛

曹，殘高　鏖，阿高　猱，能曹

猺，能刀　尻，苦勞

(18)咍來[ai]

開一[ai]　切韻咍海代，泰(開口)

反切例證：

以泰切代：

鎧，苦蓋反　賚，勒帶反

慨，苦蓋反　嘅，苦蓋反

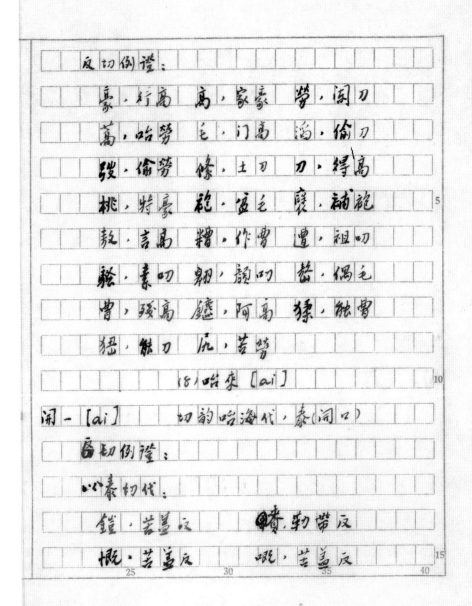

(9) 曷末 [at]

開一 [at] 切韵曷

合一 [uat] 切韵末

反切例證：

以末切曷：

羍，他末反　撻，它末反

以曷切末：

銛，古獺反

(10) 合盍 [ap]

開一 [ap] 切韵合盍

反切韵例證：

以合切盍：

臘，盧合反　阘，他合反

(11) 寒桓 [an]

開一 [an] 切韵寒旱翰

合一[uan]　　切韵桓缓换

~~合二[an](轻唇)　　切韵元阮愿(轻唇)~~

(反切)例證：

以桓切寒：

旱，遐缓反　　汗，侯玩反

以寒切桓：

館，古翰反　　玩，五汗反

穤，奴赞反

(12)覃谈[am]

开一[am]　　切韵覃感勘，谈敢阚

反切例證：

以谈切覃：

鄲，杜檐　南，奴甘　諳，恩甘

函，胡甘　歛，胱甘　抩，睍甘

罯，烏敢　黵，欲敢　黲，[illegible]敢

寁，走敢　顲，勒敢

以覃切谈：

谈·杜南　惔·狄南　甘·溝堪

㽏·康堪　儋·鬯贪　苷·鉤諳

酣·侯贪　览·婁坎

（13）麻蛇［a］

开二［a］　　切韵麻馬禡

合二［ua］　　切韵麻馬禡

开三［ĭa］　　切韵麻馬禡

反切例證：

以蛇（开三）切麻（開二、合二）：

麻·门车　巴，不奢　譁，忽奢

馬·莫者　把·補写　冎·古瓦

跨·苦夜

以麻切蛇：

遮·之巴　衺·辭乎　虵·似下

姐，即瓦　謝，似下　藉，慈夜

(14) 肴包

开二[au]　切韵肴巧效

反切例證：

肴，侯交　倄，豢交　交，加肴

郊，古肴　遶，姑肴　巢，士抛

轈，事交　鄛，助交　呶，獶交

譊，女交　梢，鐘巢　茅，夢梢

貓，莫交　虓，享茅　哮，亨茅

摎，火包　包，北交　苞，比交

卲，伯茅　胞，浦包　敲，口交

骹，苦交　啁，摘抄　訬，測嘲

匏，步包　麃，薄交　嘮，丑交

(15) 佳皆[ai]

开二[ai]　切韵佳蟹卦，皆駭怪，夬

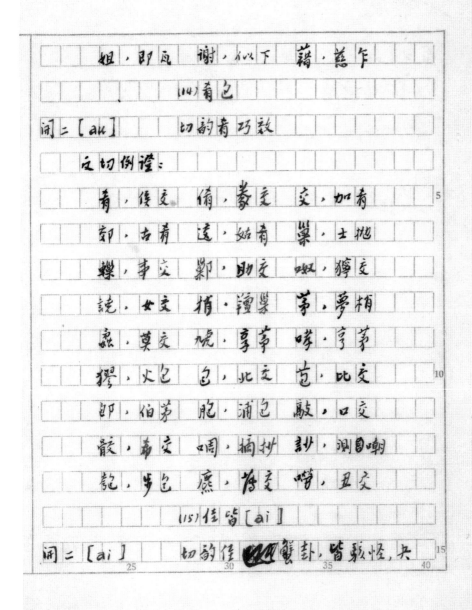

227

(240)

合二[uai]　切韵佳蟹卦，皆駭怪，夬

反切例證：

以皆切佳：

乖，古諧　齒，測皆　買，謀揩

賣，母戒　買，忙戒　謁，呼怪

以佳切皆：

瘯，工柴　楷，胥解　怪，古卖

壞，古卖　顡，五隘[1]

以夬切卦：

顡，五夬

以卦切夬：

夬，古賣

以夬切怪：

齘，下夬　衸，恒夬

① 據徐鍇《說文解字韵譜》。

北京市电车公司印刷厂出品　七六·一

40×15=600 (1201)

以怪切夬：

敗，步拜　退，步介　犗，苟差

蠆，丑芥　餲，乞介　喝，殷介

(16) 藥鐸 [ak]

開一 [ak]　切韻鐸

合一 [uak]　切韻鐸

開三 [i̯ak]　切韻藥

合三 [i̯uak]　切韻藥

(17) 黠鎋 [at]

開二 [at]　切韻黠鎋

合二 [uat]　切韻黠鎋

反切例證：

以鎋切黠：

擖，古鎋　窡，竹刮　骷，胡刮

(18) 洽狎 [ap]

開二[ap]　　切韵洽狎

反切例證：

以狎切洽：

㞚，楚甲　袷，溝呷　歃，山呷

以洽切狎：

梒，笏掐　翣，山洽

(19)陽唐[aŋ]

開一[aŋ]　　切韵唐

合一[uaŋ]　　切韵唐

開三[i̭aŋ]　　切韵陽

合三[i̭uaŋ]　　切韵陽

反切例證：

以唐切陽：

[illegible]，殷光

以陽切唐：

匡，窮陽　倉，切陽　匩，窮陽

穰，韞莊　荒，忽弦　光，國昌

鏜，吞匡　鼟，吞筐　滂，披良

邙，蒙匡　臧，走張　䅭，白良

蕩，吞匡

(20) 刪山 [an]

閉二 [an]　　切韻刪潸諫，山產襇

合二 [uan]　　切韻刪潸諫，山產襇

反切例證：

以山切刪：

豩，呼閑　斑，布山　姦，箇山

獑，初簡

以刪切山：

綸，古還

(21) 咸銜 [am]

229a

(242)

开二 [am] 切韵咸豏陷，衔槛鉴

合三 [am](唇) 切韵凡范梵(唇)

反切例證：

以衔切咸：

咸，侯彡 猪，欧彡

以咸切衔：

鑱，岑嵒 髟，所咸 䁪，姦嵒

黤，欧減

以凡切衔：

檻，寒犯

以衔切凡：

凡，符芟 范，浮槛

(22) 灰雉 [ɐi]

合一 [uɐi] 切韵灰賄隊

合一 [uɐi] 切韵泰(合口)

开三 [i̯ɐi]　　切韵废

合三 [i̯uɐi　　切韵废

反切例证：

以队切泰：

贝，补每　邶，博梅

以泰切队：

郲，鲁会

接下页

229b　　　　A15

(243)

(123) 没骨 [ət]

開一 [ət]　　切韻没

合一 [uət]　　切韻没

反切例證：

没，謨骨　骨，古没　縎，古忽
勃，步咄　咄，都突　𠫓，他骨
[illegible]，他没　突，陀兀　腯，徒忽
嗢，烏骨　忽，呼兀　兀，吾忽
𦒍，呼骨　訥，奴嗢　圣，誇訥
窣，千兀　猝，村訥　捽，昨没
踤，昨猝　搰，胡兀　卒，倉勃
紇，很没　齕，相兀

40×15=600 (1201)

北京市电车公司印刷厂出品 七六·一

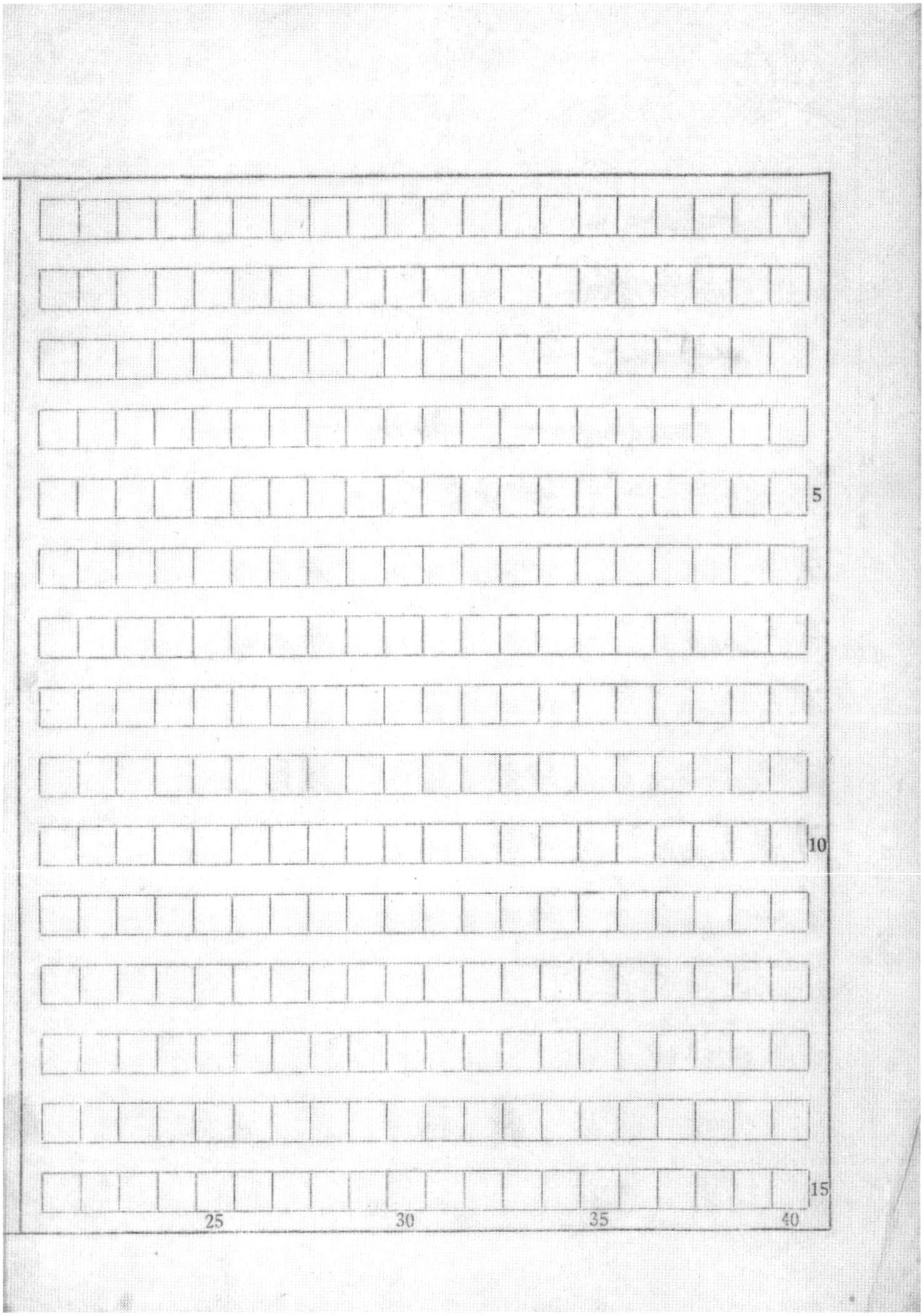

230

(244)

~~以鹽切忝：~~

~~𪒠，虎鹽~~

~~以鹽切忝~~

~~忝，語輕 嚴，語淹 儼，牛檢~~

(24) 庚青〔ɐŋ〕

開二〔ɐŋ〕　　切韵庚梗映，耕耿諍

合二〔uɐŋ〕　　切韵庚梗映，耕耿諍

開三〔i̭ɐŋ〕　　切韵庚梗映，清靜勁

合三〔i̭uɐŋ〕　　切韵庚梗映，清靜勁

開四〔iɐŋ〕　　切韵青迥徑

合四〔iuɐŋ〕　　切韵青迥徑

反切例證：

以耕切庚：

祊，逋萌　榜，補爭　𨙸，母耿

更，干諍

北京市电车公司印刷厂出品 七六·一

40×15=600 (1201)

以清切庚：

璥，居領

以青切庚：

邴，布定

以青切耕：

泓，烏亭

以庚切耕：

耕，根甍　訇，泼彭　嶸，戶庚

罌，恩行　崝，側亨　琤，側庚

錚，側彭　薴，尼庚　姘，披彭

橙，澄庚　耿，根杏　黽，莫幸

以庚切清：

觪，尖生　竀，丑生　省，息永

鄭，直敬

以青切清：

塋，玄經　褮，玄經　高，玄挺

以庚切青：

瀧，又敬

331

(245)

(25) 魂痕[ən]

开一[ən]　　切韵痕很恨

以清切青

郱，薄并　迥，余請　悜，其頸

竝，頻静　徑，居正

合一[uən]　　切韵魂混恩

反切例證：

以魂切痕：

饐，五寸[1]

接下页

① 《廣韵》："饐，五恨切。"《說文繫传》："饐，五寸反。"是以魂切痕。但大徐《說文》："饐，五困切。"則是以魂切魂(痕)。

北京市电车公司印刷厂出品 七六·一

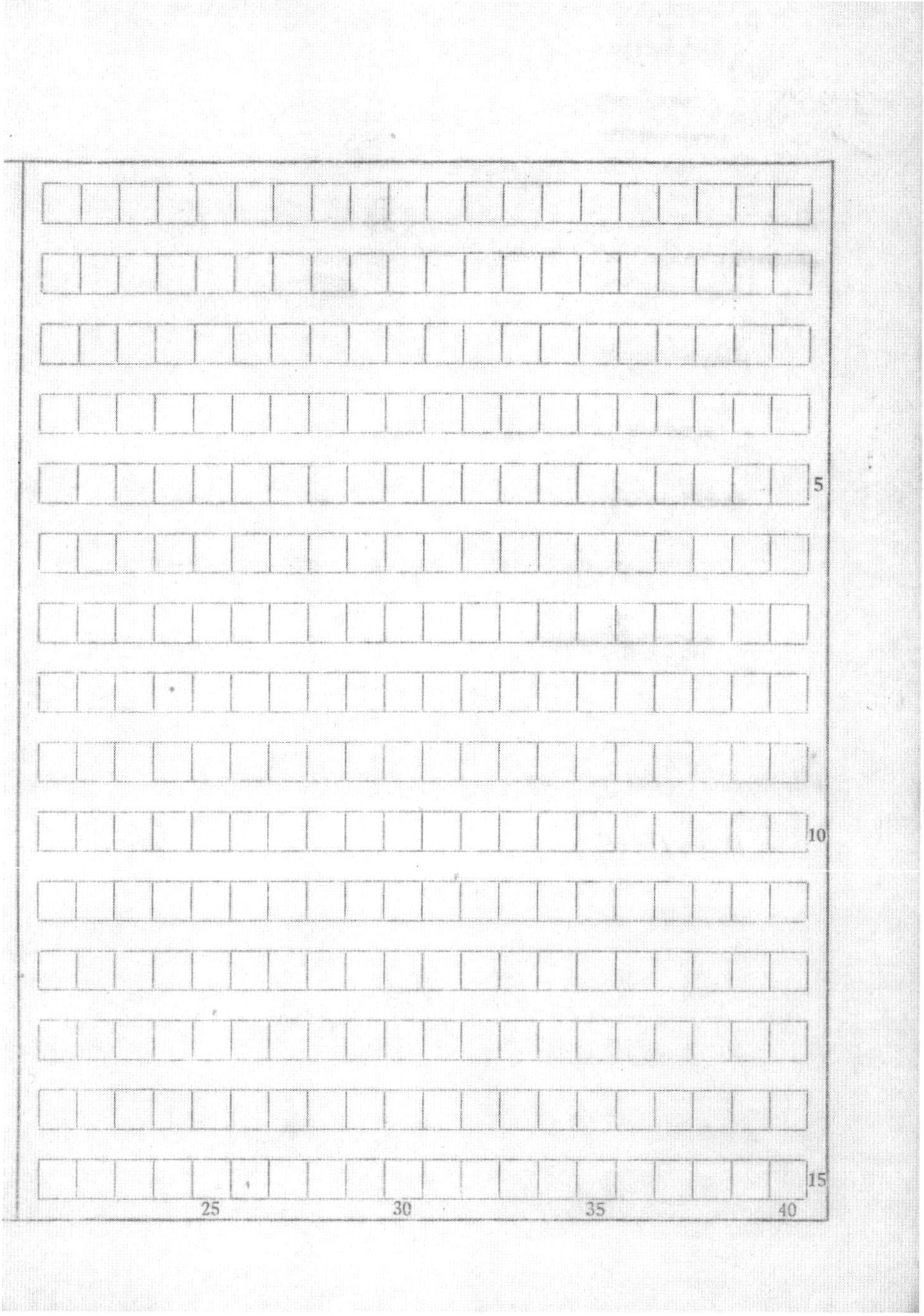

232 (246)

~~以凡切銜：~~

~~檻：真∼~~

~~以銜切凡：~~

~~凡：符芝　范：浮檻~~

~~開二[am]　切韵咸豏陷，銜檻鑑~~

~~開二[am](唇音)　切韵凡(唇音)~~

~~反切例證：~~

~~以銜切咸：~~

~~咸，侯彡　銜　歐彡~~

~~以咸切銜~~

~~鑱，岑品　巖，沔咸　鹽，蘇品~~

~~黬　歐減~~

十一　(26) 蕭宵[au]

開三四[iau]　切韵蕭篠嘯，宵小笑

反切例證：

以宵切蕭：

鷯，令昭　嬈，力照

以蕭切宵：

綃，相幺　窯，弋堯　燎，呂曉

紗，於堯

北京市电车公司印刷厂出品　七六·一

40×15=600 (1201)

(27) 齊稽 [æi]

開三 [i̯æi] 切韵 ~~齊薺霽~~ 祭
合三 [i̯uæi] 切韵 ~~齊薺霽，~~ 祭
開四 [i̯æi] 切韵齊薺霽
合四 [i̯uæi] 切韵齊薺霽

反切例證：

以祭切霽：

帝，的例　禘，狄例　睨，疑制

以霽切祭：

轊，迴桂　鼈，鄧迷

(28) 月薛 [æt]

開三 [i̯æt] 切韵月薛
合三 [~~[illegible]~~ i̯uæt] 切韵月薛
開四 [i̯æt] 切韵屑
合四 [i̯uæt] 切韵屑

反切例證：

以月切屑：

刺，秋月

233

(247)

以薛切屑：

屑，私列 偰，先列 玦，涓雪

闅，傾雪 䓣，許列 䜌，弥悦

以屑切薛：

孑，经節 妜，縈節 暗，幽決

(29) 葉䈎 [ɛp]

開三 [iɛp] 切韵業葉

開四 [iɛp] 切韵怗

反切關係證：

以業切怗：

妜，羌𦐇

以怗切葉：

壓，於怗

以葉切怗：

怗，逼輒 歙，如輒 㸑，相聶

40×15=600 (1201)

敗，而攝　㾜，丘輒　愿，去涉

32）元仙［ɐn］

開三［i̯ɐn］　切韻元阮願，仙獮線

開四［i̯ɐn］　切韻先銑霰

合三［i̯uɐn］　切韻元阮願，仙獮線

合四［i̯uɐn］　切韻先銑霰

反切例證：

以先切元：

趄，羽先

以仙切元

攣，俱戀　圈，郡宛

以仙切先：

媊，即然　天，聽連　削，於旋

牑，婢篇　顯，呼衍　萹，比究

齞，擬件　驠，於劍　絢，於掾

王力　漢語語音史　卷上·第五章

234

(248)

接下页

北京市电车公司印刷厂出品　七六·一

40×15=600 (1201)

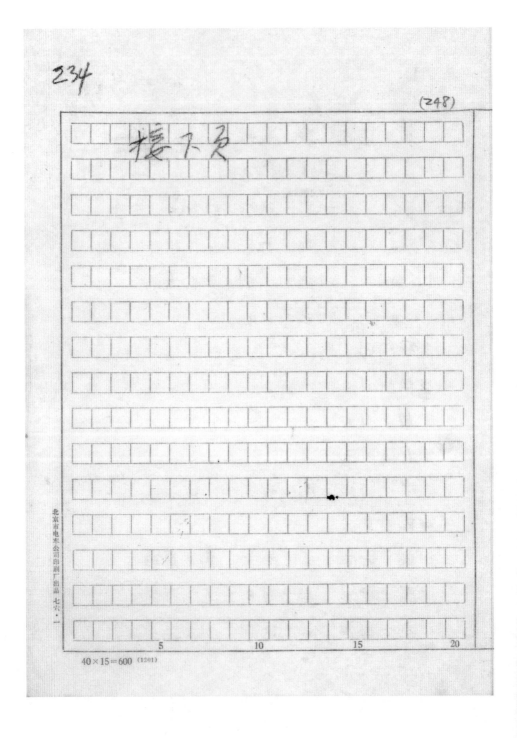

䀏，彌剣　䁥，於旋

以先切仙：

遷，七先　湔，則千　㝳，米田

櫋，莫田　牷，丑田　輦，里典

辮，必撚　賤，自見

(31) 嚴鹽 [æm]

開三 [iæm]　切韻嚴儼釅，鹽琰豔
開三 [ĭæm]（喉牙）　切韻凡（喉牙）
開四 [iæm]　切韻添忝㮇

嚴切例證：

以嚴切鹽：

陜，收儼

以凡切鹽：

𪘀，魚欠　淹，於劍　㝷，碧劍

以添切鹽：

壓，烟嗛

以鹽切添

𪙊，曉鹽

以鹽切嚴：

嚴，語醃　巖，語淹　儼，牛檢

235

(249)

~~以清切青：~~
~~以青切清：~~
~~絣，𦉼并 迥，余請 脛，其頸~~
~~𩣡，䓍㙗~~
~~詠，頻靜 經，吕𨘂~~
~~以鹽切嚴：~~
~~嚴，語䤣 㜸，語淹 㦓，牛檢~~

~~以蒸切凡~~ (32) 尤侯 [əu]

開一 [əu] 切韵 侯厚候

開三 [iəu] 切韵 尤有宥

開四 [iəu] 切韵 幽黝幼

反切例證：

以侯切尤：

鄹，則侯　鯫，去走

以尤切侯：

彄，可留　溝，梗尤　掊，步矛

以幽切尤：

休，喜彪　樛，居幽　黝，伊糾

40×15=600 (1201)

北京市电车公司印刷厂出品 七六·一

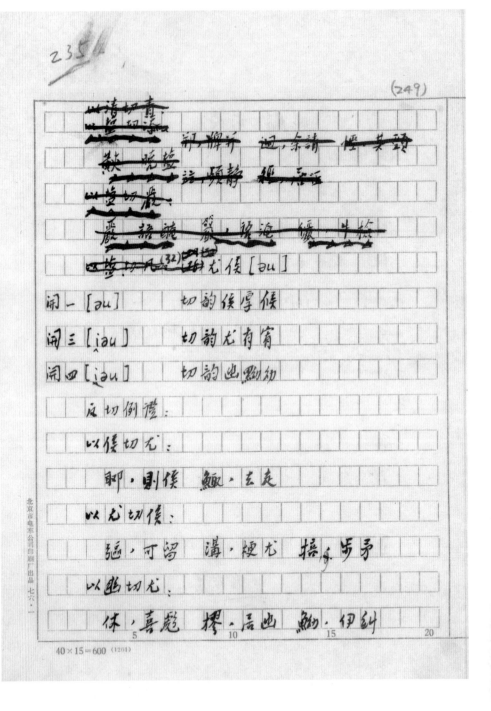

以尤切幽：

樛，飢蹦　鏐，里由

~~(21)[illegible]灰咍[ɐi]~~

~~合一[uɐi]　切韵灰贿队~~

~~合一[uɐi]　切韵泰(合口)~~

~~[illegible]切[illegible]~~

~~[illegible]切泰、~~

~~[illegible]、[illegible]、[illegible]、博[illegible]~~

~~[illegible]泰切[illegible]、~~

~~[illegible]、[illegible]~~

(33)職陌[ək]

开一[ək]　切韵德

合一[uək]　切韵德

开二[ək]　切韵陌麦

合二[uək]　切韵陌麦

开三[ĭək]　切韵陌昔職

合三[ĭuək]　切韵陌昔職

開四[iək] 切韵錫

合四[iuək] 切韵錫

反切例證：

以麥切陌：

乇，竹隔 客，慳革 咨，白索①

湱，虎獲 宅，直摘 虢，古獲

擭，烏獲

以昔切陌

逆，言碧 欂，平碧

以陌切麥：

嘖，鉏客 蔌，史迮 棏，知白

謫，張伯 啞，鵶赫

以職切麥：

以陌切昔： 䟄，炙測 柵，惠測

擿，知白

① 這个"索"讀山責切。

以錫切昔：

迹，子壁　璧，并激

以麥切錫：

鬲，移隔①

以昔切錫：

皙，思益　闃，許璧　壁，卑僻

戚，千益　郹，古役

以昔切職：

食，神隻　萷，齋石

以職切昔：

瘦，俞昃　祏，時即　圛，以陟

(34) 質物 [ət]

~~滑—[ət]~~　~~切韻沒~~

~~核—[ət]~~　~~切韻沒~~

① "移"字疑誤。

~~234~~ 237

(251)

開二 [iət]　　切韻櫛

開三 [i̯ət]　　切韻質迄

合三 [i̯uət]　　切韻術物

反切例證：

以術切質：

繂，力出　必，畢吉　畢，卑吉

苾，頻术　飶，頻述

以質切術：

聿，與必　黜，敕密　卹，相室

律，呂筆　帥，疎密

以迄切櫛：

瑟，師訖

以櫛切迄：

釳，疑瑟

(35) 蒸登 [əŋ]

~~(34) 真文 [ən]~~

開一[əŋ]　　切韵登等嶝

合一[uəŋ]　　切韵登等嶝

開三[ǐəŋ]　　切韵蒸拯證

以登切蒸：

反切例證：

丞，視登

以蒸切登：

恒，胡譍

(36) 真文[ən]

開二[ɪən]　　切韵臻

開三[ǐən]　　切韵真軫震

開三[ǐən]　　切韵欣隱焮

合三[ǐuən]　　切韵諄準稕

合三[ǐuən]　　切韵文吻問

反切韵證：

238

(252)

以諄切真：

茵，伊倫　辰，石倫　顑，究旬
囷，韋輪　旻，眉均　昣，支允
顰，力準

以真切諄：

均，坚鄰　恂，息寅　輪，吕辰
倫，力辰　逡，七賓　遵，蹤民
匀，與因　準，主閏　盾，樹忍
趣，棄忍

以文切諄：

聞，亡蘊　順，殊問　䎘①，愚蘊

以真切臻
甡，色鄰

以欣切臻
齔②，楚近

以真切欣：

① 大徐《説文》："䎘，牛尹切。"
② "齔"是臻韵上声字。

北京市电车公司印刷厂出品　七六·一
40×15=600

謹，巨忍　瑾，飢忍　近，渠遴

以文切欣：

靳，居郡　槿，巨郡

(37)脂微[i]

開三[i]　切韵支脂之

開三[i](喉牙)　切韵微

合三[iui]　切韵支脂

合三[iui](喉牙脣)　切韵微

反切例證：

以脂切支：

岐，巨伊　彌，眠伊　嫢，幽葵

文，斯唯　躧，踈比　縰，所旨

婢，頻旨　恚，於棄　僞，魚醉

䞈，矩利　娷，竹至　諉，女至

睡，時位　賁，鄙媚　貤，弋示

239

(253)

以之切支：

踦，去奇 犄，牽其 儀，研之

離，鄰之 鄰，銀之 禔，長之

贄，之已 芰，巨記 汦，子耳

卑，賓而 施，申而 褫，敕豉 ？

以支切脂：

夷，寅支 欂，羊支 貔，鼻宜

肌，斤歙 蓍，申歙 耆，巨支

鄰，巨規 檫，力璽 纇，甫支

駓，浦宜 呬，忻宜 坒，力垂

諈，纏歙 瘴，毗遲 槌，池瑞

以之切脂：

姨，寅之 痍，以之

茔，直而 師，申之 眉，澗之

秜，利之 伊，因之 棃，里而

北京市电车公司印刷厂出品 七六·一

40×15=600 (1201)

比，并止 稪，六矣 𡹋，許意

矢，失止

以微切脂：

飢，居希 瘣，呼韋 泌，頻未

蔬，訖示

以支切之：

旗，虛知 稘，居知 騏，虞知

荋，然知 蕢，忻宜 嵜，嗔歆

以脂切之：

宧，弋伊 嶷，銀眉 而，忍伊

癡，丑遲 疕，阻几 吏，連致

慈，柳嗲 魅：敕禪 佴，如至

則，仁至 亟，氣至

以微切之：

珥，耳既

240

(254)

以支切微：

祈，近豨　璣，几豨　鬼，矩毁

以脂切微：

贵，矩位

以之切微：

豈，丘里　唏，忻記　鎎，許意

旡，居志

(358)緝立[əp]

開三[i̯əp]　切韵緝

反切例證：

緝，七入　葺，七十　十，常入

執，之習　習，似入　襲，似集

集，牆揖　鏶，秦入　入，而集

揖，伊入　溼，傷執　囁，妳入

湒，沖入　蓻，子入　及，其急

蟄，直立　蟿，長立　縶，知習立，里汲　笠，里泣　汲，飢泣給，居立　泣，羌邑　翌，師及澁，師吸　鈒，飾吸　吸，希立歙，忻急　戢，臻邑　濈，臻立邑，應執　悒，殷戢　挹，伊溼諳，丑立　熠，逸入　鵖，彼及皀，皮及

(39)侵林[əm]

開三[i̯əm]　切韻侵寑沁

反切例證：

侵，七林　鬵，子林　尋，似侵鄩，徐林　林，力尋　琴，數林綝，丑林　郴，恥林　斟，止沈沈，池心　諶，是任　忱，是吟

煁，氏吟 任，爾音 深，式琴

祲，子尋 鬵，似侵 撍，巨今

禽，巨吟 鈙，郤林 吟，銀欽

霠，銀箴 金，居斟 音，郁吟

森，所今 參，師今 寁，所禁

岑，助吟 兂，阻琴

(40)資思 [1]

開一[1] 切韵支脂之(精系字)

反切例證：

支①紙寘：

貲，子思 雌，千思 疵，才資

庛，辛茲 紫，將此 徙，胥此

刺，七賜 賜，先刺 佌，七紫

脂旨至：

咨，子思 郪，千私 茨，疾茲

私，先兹　兕，息似　恣，則四

次，七恣　自，慈四　四，素次

之止志：

兹，則私　慈，秦思　思，息兹

詞，夕兹　祠，涎兹　枲，辛子

祀，祠此

韵部的分合和轉移

魚模合部，在朱翱反切中有許多證據。特別值得注意的是，尤侯的唇音字大部分（如"部""婦"）轉入了魚模。

东冬鍾合部，屋沃燭合部，在朱翱反切中也有許多證據。李涪《刊误》说："法言平声以东農非韵，以东崇為切；上声以董勇非韵，以董動為切；去声以送種非韵，以送衆為切；入声以屋燭非韵，以屋宿為切。何须东冬中終，妄别声律！"李涪是晚唐時人，可見晚唐時代已经东冬鍾不分，屋沃燭不分。

江窗、覺卓仍舊獨立，尚未混入陽唐、藥鐸，有朱翱反切為證。

麻蛇即隋—中唐的麻部，没有变化。也还没有分化為家麻、車遮兩部。

豪袍獨立，肴包獨立，與《切韵》一致。蕭宵合部，隋—中唐時代已经如此。尤侯合部，漢代以来已经是這樣了。

蟹攝韵部的分合值得注意。灰咍分為兩部，咍韵和泰韵開口歸咍来，灰韵、廢韵和泰韵合口歸灰堆。佳皆合部，齊祭合部，和隋—中唐時代一樣。

職陌合部，是這个時代的新情况。大量朱

40×15=600 (1261)
北京市电车公司印刷厂出品 七六·一

翱反切都證明是這樣。這就說明了梗曾兩攝的入声脫离了平声的对应関係而獨立發展，因為梗曾兩攝的平声在這个時代还是分立的。

隋—中唐的元部到晚唐分化了。元韵轉入了元仙，与先仙合併；魂痕獨立成部；其对应的入声月部也分化了。月韵轉入了月薛，与屑薛合併；沒骨獨立成部。

隋—中唐的真文兩部，到晚唐合併為一部；相应地，入声質物兩部也合併為一部。

隋—中唐的嚴鹽兩部，到晚唐合併為一部；相应地，入声業葉也合併為一部。

隋—中唐的庚青兩部，到晚唐合併為一部；相应地，入声陌錫也合併為一部，并與職德合部。

隋—中唐的脂微兩部，到晚唐合併為一部。

243

(257)

資思是一个新興的韵部。朱翱反切一律用齿頭字切齿頭字，说明了這个新情况。從此以後，一直到現代北方話和吳語等方言，都存在這个韵部。

韵部音值的拟測

魚模合部後，其音值应該是[u][iu]。魚韵由[io]轉变為[iu]，與虞合流。《四声等子》、《切韵指掌图》、《切韵指南》魚虞模合图，三等魚韵字與虞韵同一横行，说明了這个新情况。

东鍾合部後，其音值应該是[uŋ][iuŋ]。《切韵指南》以通攝為合口呼，说明了這个情况。相应地，其入声屋燭应該是[uk][iuk]。

尤侯由[ou][iou]轉变為[əu][iəu]。《切

韻指掌圖》以入声德櫛質迄配尤侯幽，說明了這个新情况。因为晚唐的德櫛質迄是[ək][i̯ət]，主要元音[ə]和晚唐尤侯幽的主要元音相同。

元仙合部後，其音值应该是[i̯æn][i̯uæn]；相应地，其入声月薛合併後，音值应该是[i̯æt][i̯uæt]。

真文合併後，其音值应该是[i̯ən][i̯uən]，相应地，其入声質物合併後，音值应该是[i̯ət][i̯uət]。

庚青合併後，其音值应该是[ɐŋ][uɐŋ][i̯ɐŋ][i̯uɐŋ]。

職陌合併後，其音值应该是[ək][uək][i̯ək][i̯uək]。

從晚唐起（或較早），三等、四等同形，也

就是四等併入了三等。

脂微合併後，其音值應該是[i]。

資思的音值應該是[ɿ]。[ɿ]是舌尖前元音，[ts][ts'][dz][s][z]是舌尖前輔音，發音部位相同。資思韻字本屬脂部，讀音是[tsi][ts'i][dzi][si][zi]，後來舌面元音[i]受舌尖前輔音的影响，轉變為舌尖前元音[ɿ]。《切韻指掌圖》把"茲雌慈思詞"、~~列在一等，反映了這種情況。《切韻指南》~~"紫此死兕"、"恣胾自笥寺"列在一等，反映了這種情況。《切韻指南》把"貲雌慈思詞"、"姊此薺枲似"、"恣次自四寺"列在一等，并在字旁加圈，也反映了這種情況。字旁加圈，表示舊韻圖所無；這些字在舊韻圖中，本屬四等①。

① 參看《七音略》、《韻鏡》、《四聲等子》。

(三)晚唐—五代的声调

晚唐—五代的声调，基本上和隋—中唐时代的声调一樣；只是濁音上声字轉入去声(所謂“濁上變去”)，與前代不同。

早在唐代古体诗中，就有上去通押的例子。例如杜甫《乾元中寓居同谷縣作歌》：“長鑱長鑱白木柄，我生託子以為命。黄精無苗山雪盛，短衣數挽不掩脛。此時與子空歸來，男呻女吟四壁静。”又如上面所举白居易《琵琶行》协“女住部妒數污度故婦”，都是上去通押的例子。但是這些例子都不能證明濁上變去，只能說明唐代上声調值和去声調值相似，可以通押。即使是清音上声字，也可以和去声通押。例如杜甫《魏將軍歌》：“吾為子起歌都護，酒闌插劍肝膽露。鉤陳蒼蒼玄武暮，萬歲千秋奉明主。”

245

(259)

臨江節士安足數！"詩中"主、數"都是清音上声字，而和去声字"護、露、暮"通押，可見上去通押的古体诗不能證明濁上变去。

李涪《刊误》说："吴音乖舛，不亦甚乎！上声為去，去声為上。……恨怨之恨則在去声，很戾之很則在上声。又言辯之辯則在上声，冠弁之弁則在去声。又舅甥之舅則在上声，故舊之舊則在去声。又皓白之皓則在上声，號令之號則在去声。"李涪這段話是批評《切韵》時代的。"很、辯、舅、皓"都是濁上字，這是晚唐時代濁上变去的確證。

張麟之《韵鏡》凡例《上声去音字》说："凡以平側呼字，至上声多相犯。古人制韵，間取去声字参入上声者，正欲使清濁有所辨耳。（如一董韵有動字，三

北京市电车公司印刷厂出品 七六·一

40×15=600 (1201)

十二晧有道字之類矣。）或者不知，徒泥韵策，分為四声，至上声多例作第二側讀之，此殊不知变也。若果為然，則以士為史，以上為賞，以道為禱，以父母之父為甫，可乎？今逐韵上声濁位，並当呼為去声。觀者熟思，乃知古人制韵端有深旨。”張麟之所說“逐韵上声濁位並当呼為去声”，就是濁上变去的道理。但是他不知道語音是發展的，以為古人制韵间取去声字参入上声，則是錯誤的。

所謂“濁上变去”，指的是全濁字。至於次濁（又叫清濁），即明微泥娘疑喻来日八母的上声字，則不变為去声，直到今天还是如此。

246　　A16

(260)

第六章　宋代音系（960—1279）

本章讲宋代音系，主要是根据朱熹反切。

朱熹的《诗集传》和《楚辞集注》都有反切。他用反切来说明叶音，那是错误的。但是他所用的反切并不依照《切韵》，可见他用的是宋代的读音。这样，朱熹反切就是很宝贵的语音史资料。

40×15=600 (1201)

北京市电车公司印刷厂出品　七六·一

~~宋代的声母共有21个声母，如下表：~~

(一)宋代的声母

宋代共有二十一个声母，如下表：

發音方法＼發音部位		双脣	脣齒	舌尖前	舌尖中	舌面前	舌根	喉
塞音	不送氣	p 帮並			t 端定		k 見群	
	送氣	pʻ 滂並			tʻ 透定		kʻ 溪群	
鼻音		m 明	ɱ 微		n 泥娘		ŋ 疑	
边音					l 来			
閃音						I 日		
塞擦音	不送氣			ts 精從	~~[illegible]~~	tɕ 知澄 照牀		
	送氣			tsʻ 清從	~~[illegible]~~	tɕʻ 徹澄 穿牀		
擦音			f 非敷奉	s 心邪		ɕ 審禪		h 曉匣
半元音						j 影喻		

這个声母系统，比晚唐五代的声母系统，大大地简化了，其原因是：

1. 全濁声母全部消失了。並母平声併入了幫滂兩母；奉母併入了非敷；從母併入了精清兩母；邪母併入了心母；定母併入了端透兩母；澄母併入了知徹兩母；牀母平声併入了照穿兩母；牀神禪併入了審穿兩母①；群母併入了見溪兩母；匣母併入了曉母。

2. 舌葉音消失了。莊母字一部分併入精母，一部分併入照母；初母字一部分併入清母，一部分併入穿母；山母字一部分併入心母，一部分併入審母。

3. 娘母併入了泥母。

4. 影母併入了喻母。

反切例證

①牀母平声也有併入審母的，禪母平声也有併入穿母的。

北京市电车公司印刷厂出品 七六・一

40×15=600 (J261)

以敷切非：

風，叶孚愔反　　封，叶孚音反

紑，叶孚浮反　　分，叶敷因反

反，叶孚絢反　　阪，叶孚讚反

以精切從：

盡，叶子忍反　　皁，叶子苟反

輯，叶祖合反　　存，叶祖陈反①

以滂切並：

蒲，叶滂古反

以並切滂：

保，叶旁鮑

以敷切奉：

墳，叶敷連反　　繁，叶紛乾反

~~以精切從：~~

①"存"字平声，当作叶粗陈反。

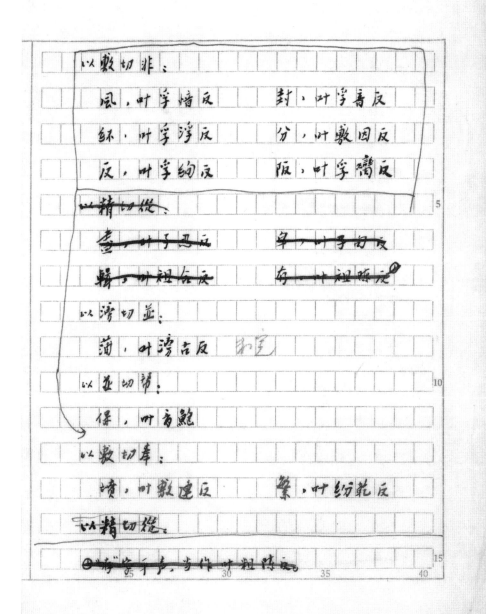

248

(262)

以精切從：

盡，叶子忍反　　卑，叶子向反

蜻，叶祖合反　　存，叶祖陈反

~~以清切從：~~

~~存，叶粗陈反~~㊀

以精切莊：

陬，~~[illegible]~~叶子侯反　　㔿，叶子侯反

~~以初切清：~~

~~[illegible]~~

以清切初：

差，叶七何反

以心切山：

生，叶桑经反

以山切心：

三，叶疏簪反　　蕭，叶疏鸠反

~~㊀今本《楚词集注》误作㊁叶粗陈反。~~

北京市电车公司印刷厂出品 七六·一

40×15=600 (1201)

以山切牀：

士，叶音所

斯，叶所宜反

以定切端：

得，叶徒力反

以端切定：

動，叶德總反　　圖，叶丁五反

地，叶音低

以透切定：

涛，叶土究反①　　蛇，叶土何反②

以知切澄：

濁，叶竹六反

以娘切泥：

南，叶尼心反，又叶尼金反

能，叶音尼

以審切神：

神，叶式云反

以禪切審：

①宋本作上究反，误。今依通行本。

②"蛇"读如駝。

249

(263)

紓，叶上與反　　施，叶時遮反

釋，叶時若反

以照切知：

中，叶诸良反，又叶诸仍反

展，叶诸延反

以莊切照：

弨，叶側豪反，又叶側姜反

以禪切牀：

蛇，市奢反　　抒，上與反

以審切山

侁，叶式巾反

以山切審：

施，叶所加反，又叶疏何反

以穿切禪：

醜，叶齿九反[1]

以喻三切喻四：

① 某些禪母平声字轉入穿母，正如现代漢语"臣"读如"陈"，"常"读"長"，"成"读如澄。

蛇，叶于其反　　猶，叶于救反

用，叶于封反

以喻四切喻三：

有，叶音以

以影切喻：

遠，叶於圓反　　矣，叶於姬反

以曉切匣：

昊，叶許候反　　降，叶呼攻反

活，叶呼酷反

以匣切曉：

谺，叶音何

以見切群：

局，叶居亦反

声母音值的拟测

宋代微母大约还是一个[ɱ]，到了元代（《中原音韵》时代）才变為[v]。

知徹澄與照穿神合併，应该是塞音併入塞擦音和擦音~~[illegible]~~[tɕ][tɕʻ][ɕ]；莊初牀併入照穿神的字，也应该是[tɕ][tɕʻ][ɕ]。

娘泥合併，应该是娘併於泥，即[n]。有人說，娘母從来没有存在過。待再考。

影喻合併，应该是影併於喻，即半元音[j]。

~~（四）宋代的韵部~~

~~宋代共有三十一个韵部，如下表~~

接下頁

北京市电车公司印刷厂出品 七六·一

40×15=600 (1201)

(二)宋代的韵部

宋代共有三十二个韵部，如下表：

韵类 / 元音	陰声			入声			陽声		
u	1. u 魚模			2. uk 屋燭			3. uŋ 东鍾		
ɔ	4. ɔ 歌戈								
a	5. a 麻蛇	6. au 豪包	7. ai 皆來	8. ak 藥覺	9. at 曷黠	10. ap 合洽	11. aŋ 江陽	12. an 寒山	13. am 覃咸
ɐ			14. ɐi 灰堆		15. ɐt 物沒		16. ɐŋ 庚生 (əŋ)	17. ɐn 间魂	
æ		18. æu 蕭肴			19. æt 月薛	20. æp 葉叠		21. æn 元仙	22. æm 嚴鹽
ə		23. əu 尤侯		24. ək 麥德			25. əŋ 蒸登	26. ən 真群	
i	27. i 支齊				28. it 質職	29. ip 緝習	30. iŋ 京青		31. im 侵尋
ɿ	32. ɿ 資思								

(1)魚模[u]

合一[u]　　切韵模姥暮

合三[iu]　　切韵魚語御，虞麌遇

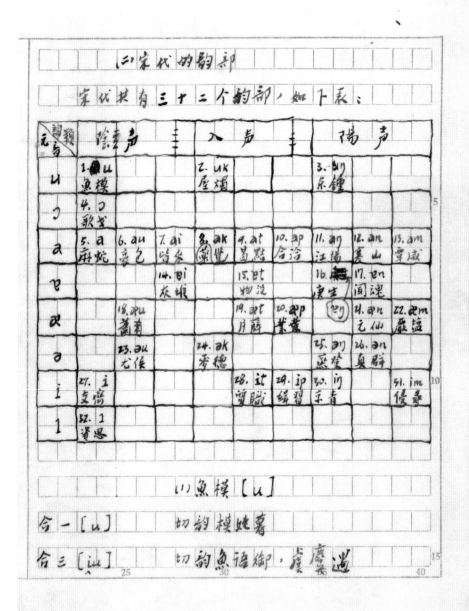

251

虞麌遇(鞋音)。 (265)

合三［山］(鞋音)　切韵尤有宥(鞋音)

反切例證：

以模叶魚：

馬，叶滿補反，韵楚；

下，叶後五反，韵筥釜，又韵處；

顧，果五反，韵處；

浦，叶滂古反，韵楚許。

以虞叶魚①：

華，叶芳無反，韵車琚，又韵居青；

樗，敕雩反，韵居；

父，扶雨反，韵許藇；

寫，叶想羽反，韵语處

以魚叶虞：

~~怒，擬五反，韵雨~~

野，上與反，韵羽雨；

①舉平以賅上去。下仿此。

北京市电车公司印刷厂出品 七六·一

40×15=600 (12.2)

滑，叶私叙反，韵鷁父；
野，叶上與反，韵羽宇；
予，演女反，韵雨輔。
以模叶虞：
母，叶滿補反，韵雨；
馬，叶滿補反，韵武，又韵父；
下，叶後五反，韵舞；
子，叶子古反，韵武父宇輔。
以魚叶模：
夜，叶羊茹反，韵露；
且，子餘反，韵闍荼，又韵辜幠，又韵屠
壺蒲；
茹，如豫反，韵穫（音護）；
野，叶上與反，韵土苦罟。
以虞叶模：

252

(266)

華，叶芳無反，韵蘇都；

父，叶夫矩反，韵游觎，又韵祖浦；

噓，忽甫反，韵土虎。

宋詞例證（魚無號，虞*，模×，尤○）：

贺新郎·送陈真州子華　刘克莊

北望神州路*，

试平章這場公事，怎生分付*？

記得太行山百萬，曾入宗爺駕馭。

今把作握蛇騎虎*！

君去京东豪傑喜，想投戈下拜真吾父*。

谈笑裏，定齊魯*。

两河蕭瑟惟狐兔*。

问当年祖生去後，有人来否○？

多少新亭揮淚客，誰夢中原塊土*？

算事業須由人做。①

应笑書生心膽怯，向車中闭置如新婦！

空目送，塞鴻去！

(2)屋燭[uk]

合一[uk]　切韵屋沃

合三[ĭuk]　切韵屋燭

反切例證：

以沃叶屋：

告，叶姑沃反，韵陸軸宿，又韵祝六；

告，叶工毒反，韵鞠；

迪，叶徒沃反，韵復；

活，叶呼酷反，韵穀。

以燭切屋：

驅，叶虧錄反，韵轂；

---

①"做"，臧祚切。

蜀，叶殊玉反，韵穀。

以屋切燭：

角，叶盧谷反，韵足。又韵錄；

渥，叶烏谷反，韵足。

宋詞例證（屋無號，沃*，燭×）：

桂枝香　　王安石

登臨縱目。

正故國晚秋，天氣初肅。

千里澄江似練，翠峰如簇。

征帆去棹殘陽裏，背西風，酒旗斜矗。

綵舟雲淡，星河鷺起，畫圖難足×。

念往昔，繁華競逐。

歎門外樓頭，

悲恨相續×。

千古憑高对此，漫嗟荣辱。
六朝舊事随流水，但寒烟衰草凝绿。
至今商女，時々猶唱，後庭餘曲！

(3)东鍾[uŋ]

合一[uŋ]　切韵东董送，冬宋
合三[ǐuŋ]　切韵东董送，鍾腫用

反切例證：

以鍾叶东

誦，叶疾容反，韵邛，叶卜工反；
龍，丑勇反，韵動總；
丰，叶芳用反，韵送。

以东叶冬：

隆，叶力中反，韵宗；
忡，叶敕衆反，韵宋。

以东叶鍾：

總，叶子公反，韵縫；

双，叶祈終反，韵庸從；

邛，叶卜工反，韵從，又韵恭；又韵庸。

~~□安，方恭，韵江，~~

降，叶乎攻反，韵庸；

動，德總反，韵共（居勇）竦；

江，叶音工，韵洶。

宋詞例證（东無號，冬*，鍾×）：

水調歌頭　　　辛棄疾

萬事到白髮，日月幾西东。
羊腸九折歧路，老我慣经從。
竹樹前溪風月，雞酒东家父老，一笑偶相逢。
此樂竟誰覺？天外有冥鴻。

味平生，公與我，定無同。
玉堂金馬，自有佳處著詩翁。

北京市电车公司印刷厂出品 七六·一

好鎖雲烟窗〻，怕入丹青图画，飛去了無蹤。

此語更癡绝，真有虎頭風！

(4) 歌戈 [ɔ]

開一 [ɔ] 切韵歌哿箇

合一 [uɔ] 切韵戈果過

開三 [ĭɔ] 切韵戈果过

合三 [ĭuɔ] 切韵戈果过

反切例證：

以戈叶歌：

過，苦禾反，韵阿歌；

為，叶吾禾反，韵羅；

麻，叶謨婆反，韵歌，又韵娑；

禍，胡果反，韵我可；

馳，叶徒臥反，韵犄，叶於箇反。

以歌叶戈：

磋，七何反，韵磨；

羅，叶良何反，韵吪；

嘉，叶居何反，韵吪，又韵磨；

池，叶唐何反，韵訛。

宋詞例證（歌無號，戈*）：

太常引・建康中秋夜　辛棄疾

一輪秋影轉金波*，

飛鏡又重磨*。

把酒問姮娥：

被白髮欺人奈何？

乘風好去，長空萬里，直下看山河。

~~長空萬里~~斫去桂婆娑，

人道是清光更多。

北京市电车公司印刷厂出品　七六・一

40×15=600 (1201)

（5）麻蛇[a]

開二 [a] 切韵麻馬禡
開二 [a] 切韵佳蟹卦（佳灑罷）
合二 [ua] 切韵麻馬禡
合二 [ua]（喉牙） 切韵佳蟹卦（喉牙），夬（喉牙）
開三 [i̯a] 切韵麻馬禡

反切例證：

以蛇（三等）叶麻（二等）①：

車，尺奢反，韵華；

施，叶時遮反，韵麻；

以麻（二等）叶蛇（三等）：

御，叶魚駕反，韵射。

宋詞例證（麻無號，蛇*，佳×夬××）：

離亭燕　　張昇

一帶江山如畫，

風物向秋瀟灑。

①宋代麻韵尚未分化爲家麻、車遮二韵。

256a

(270)

水浸碧天何處斷，霽色冷光相射*。
蓼嶼荻花洲，掩映竹籬茅舍*。
~~多少六朝興廢事~~

雲際客帆高挂*，
烟外酒旗低亞。
多少六朝興廢事，盡入漁樵閑話*。
悵望倚層樓，寒日無言西下。

(6) 豪包 [au]

開一 [au] 切韵豪皓號
開二 [au]（唇舌齒） 切韵肴巧效（唇舌齒）

反切例證：
以豪叶肴：
苕，叶徒刀反，韵巢。
宋詞例證（豪無號，肴*）：

北京市电车公司印刷厂出品 七六·一
40×15=600 (1261)

玉楼春（前阕）　　宋祁

东城渐觉风光好，
縠绉波纹迎客棹*。
绿杨烟外晓寒轻，红杏枝头春意闹*。

（7）皆来[ai]

开二[ai]　切韵佳蟹卦，皆骇怪，夬

开一[ai]　切韵咍海代，泰（开口）

合二[uai]　切韵皆骇怪，夬

反切例证：

哉，叶将黎反，韵则。

来，叶陵之反，韵霾（音貍）。

（凡读叶音而与支齐韵叶者，都是皆来韵字。）

宋词例证（佳無號，皆*，夬**，咍×　泰××）：

~~鹧鸪天·鹅湖归（后阕）　辛弃疾~~

~~携竹杖·史芒斋~~

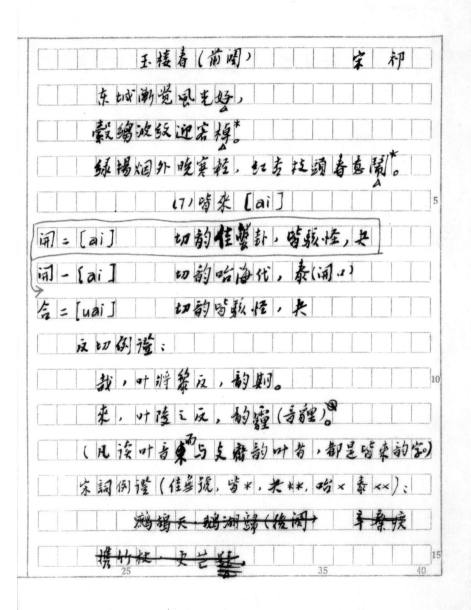

256 E

(271)

秋波媚·登高興亭　　陸游

秋到边城角声哀，
烽火照高臺。
悲歌擊筑，憑高酹酒，此興悠哉！

多情谁似南山月，特地暮雲開。
灞橋烟柳，曲江池館，應待人來。

鷓鴣天·鵝湖歸（後闋）　辛棄疾

携竹杖，更芒鞋，

楼下页

北京市电车公司印刷厂出品　七六·一

40×15=600　(1201)

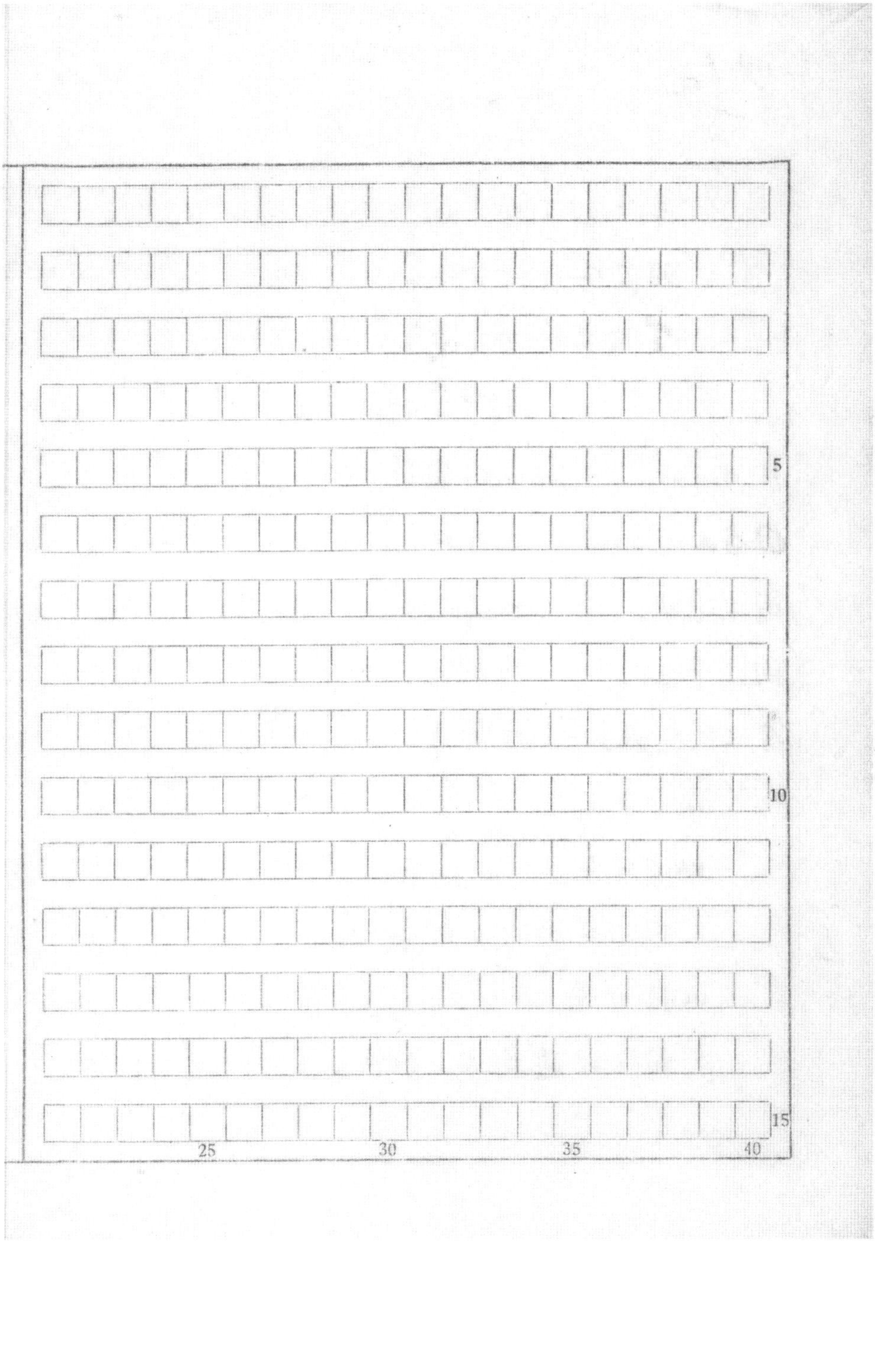

287a

(272)

朱々粉々野蒿开。
谁家寒食归宁女？
笑语柔桑陌上来。

(8) 觉药 [ak]

开一 [ak] 切韵铎

合一 [uak] 切韵铎

开二 [ak] 切韵觉

开三 [iak] 切韵药

合三 [iuak] 切韵药

反切例证：

以药叶觉：

蹻，渠略反，韵觉。

以铎叶觉：

伯，叶逋各反，韵觉。

以觉切药：

40×15=600 (1201)

北京市电车公司印刷厂出品 七六·一

濯，直角反，翯，户角反，韵躍；

溺，叶奴学反，韵削爵。

以觉叶铎：

藐，美角反，韵乐（音洛）。

以铎叶药：

泽，叶徒洛反，韵戟，叶訖约反；

莫，叶木各反，客，叶克各反，獲，叶黄郭反，格，叶刚鹤反，韵踖，叶七略反，硕，庶，叶陟略反。

以药叶铎：

斁，弋灼反，韵莫濩；

席，叶祥龠反，韵作；

夕，叶祥龠反，韵落鄂。

宋词例證（觉無號，藥＊·铎×）：

~~满江红·游南岩~~ 瑞鹤仙·赋梅　　辛弃疾

257B

(273)

雁霜寒透幙。
正護月雲輕，嫩冰猶薄。
溪奩照梳掠。
想含香弄粉，靚粧难學。
玉肌瘦弱。
更重重龍綃襯著。
倚东風，一笑嫣然，轉盼萬花羞落。

寂寞。
家山何在？雪後園林，水边樓閣。
瑤池舊約。
麟鴻更仗誰託？
粉蝶兒只解尋桃覓柳，開遍南枝未觉。
但傷心，冷落黃昏，数声畫角！

40×15=600 (1201)

北京市电车公司印刷厂出品 七六·一

满江红　　　黄机

萬竈貔貅，便直欲掃清関洛。
長淮路、夜亭警燧，曉營吹角。
綠鬢將軍思下馬，黃頭奴子驚聞鶴。
想中原父老已心知，今非昨。

狂鯢剪，於菟縛。
單于命，春冰薄。
正人々自勇，翹関還槊。
旗幟倚風飛電影，戈鋋射月明霜鍔。
且莫令榆柳塞门秋，悲搖落！

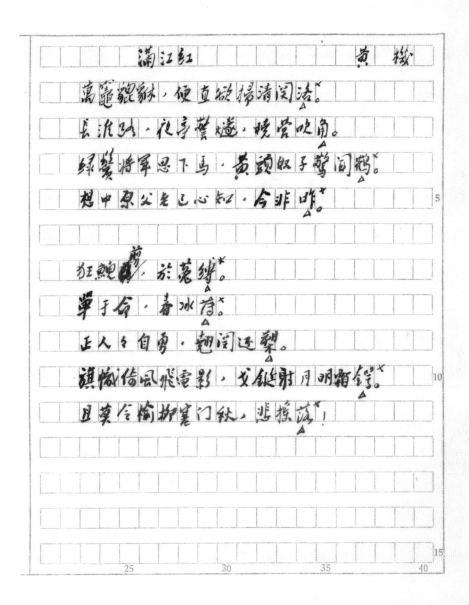

258

(274)

笑拍洪崖，問千丈翠巖誰削。

依舊是西風白鳥，北村南郭。

似整復斜僧屋亂，欲吞還吐林烟薄。

覺人間萬事到秋來，都搖落。

呼斗酒，同君酌。

更小隱，尋幽約。

且丁寧休負，北山猿鶴。

有鹿從渠求鹿夢，非魚定未知魚樂。

正仰看飛鳥卻驚人，回頭錯。

(9)曷黠[at]

開一[at]　　切韵曷[redacted]

合一[uat]　　切韵末[redacted]

開二[eat][redacted]　　切韵黠鎋

合二 [oat]　　切韵黠鎋

合三 [at]（轻唇）　切韵月（轻唇）

反切例证：

凡读叶音然後与月薛韵叶者，都是曷黠韵字。

曷韵：

葛，叶居谒反，韵月；

达，叶他悦反，韵阙月，又韵傑，又韵越烈；

闼，叶它悦反，韵月；

怛，叶旦悦反，韵桀，又韵偈；

渴，叶巨列反，韵月桀；

遏，叶阿谒反，韵越烈蘖截桀。

末韵：

阔，叶苦劣反，韵说；

活，叶户劣反，韵揭孽竭；

佸，叶户劣反，括，叶古劣反，韵月桀；

撮，叶祖悦反，韵説（音悦）；

拨，叶必烈反，韵烈。

月韵（轻唇）：

發，叶方月反，韵揭孽竭，又韵月，又韵偈①；

髮，叶方月反，韵说（音悦）。

(10) 合洽[ap]

开一[ap]　　切韵合盍

开二[eap]　　切韵洽狎

合三[ɐp]（轻唇）　切韵乏（轻唇）

反切例證：

以合叶洽：

輯，叶祖合反，韵洽。

以合叶狎：

接，叶音匝，韵甲。

①《切韵》月韵到朱熹時代分为两韵，轻唇字歸曷黠，喉牙字歸月薛，因此“發”与“月揭”雖同属月韵，朱熹还要读叶音。

(11)江陽

开一[aŋ]　　切韵唐蕩宕

合一[uaŋ]　　切韵唐蕩宕

开二[eaŋ]　　切韵江講絳

开三[i̯aŋ]　　切韵陽養漾

合三[i̯uaŋ]　　切韵陽養漾

反切例證：

以唐叶陽：

行，叶户郎反，韵筐，又韵凉，又韵狂，又韵裳爽；

彭，叶普郎反，韵翔，又韵央方襄；

~~英，叶於良反，韵翔，又韵翔将姜忘，~~

明，叶谟郎反，韵昌，又韵裳，又韵梁；

庚，叶古郎反，韵陽，又韵襄章箱。

以陽叶唐：

英，叶於良反，韵堂黄，又韵桑；

兄，叶虚王反，韵桑，又韵阖；

京，叶居良反，韵粮，不韵仓，又韵商王；

饗，叶虚良反，韵藏，又韵跄羊尝将疆。

宋詞例證（江無號，陽*·唐×）：

西江月·黄陵廟　　张孝祥

满载一船明月，平铺千里秋江。

波神留我看斜陽，唤起鳞鳞细浪*。

明日风回更好，今朝露宿何妨*！

水晶宫裏奏霓裳，准拟岳陽楼上*。

空行

酒泉子　　辛弃疾

流水無情，潮到空城頭盡白，歌聲一曲怨殘陽*。

断人腸*！

~~东风官柳舞雕墙*~~

东風官柳舞雕墻*。

北京市电车公司印刷厂出品 七六·一

40×15=600 (1201)

三十六宫花溅泪，春声何处说兴亡？

燕双双。

鷓鴣天・送元濟之　　辛棄疾

倚枕婆娑两鬓霜*，

起聽簷溜碎喧江。

那边玉筯銷啼粉，這裏車輪轉别腸*。

詩酒社，水雲鄉*，

可堪醉墨幾淋浪*！

畫圖恰似歸家夢，千里河山寸許長*！

(12)寒山[an]

开一[an]　　切韵寒旱翰

合一[uan]　　切韵桓缓换

开二[ean]　　切韵删潸諫，山産襇

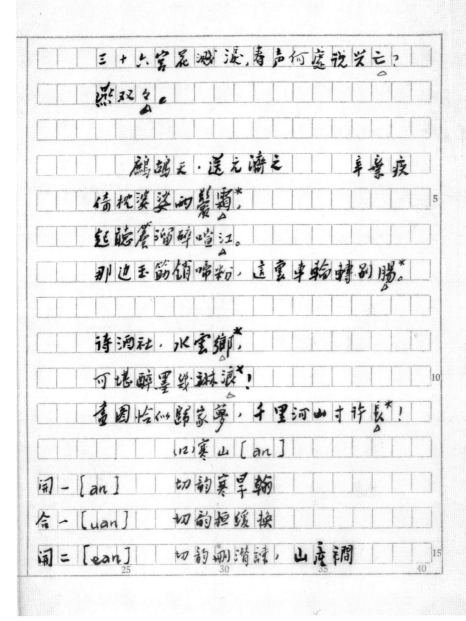

261

(277)

合二 [oan]　切韵删潸谏，山产裥

反切例證：

合三 [an]（輕脣）　切韵元阮願（輕脣）

凡读叶音然後与元仙叶者，都是寒山韵字。

寒韵：

安，叶於连反，韵轩原宪，又韵言迁，又韵还旋；

岸，叶鱼战反，韵怨宴；

贯，叶扃县反，韵娈婉选。

接下排

桓韵：

丸，叶胡员反，韵还梃；

泮，叶匹见反，韵怨宴；

接下排

删韵：

40×15=600 (1201)

北京市电车公司印刷厂出品 七六·一

澗，叶居賢反，韵諼（音喧）；

晏，叶伊佃反，韵怨宴，

接下排

山韵

闲，叶胡田反，韵轩原蹇，又韵言連；

山，叶所旃反，韵還梴。

接下排

元韵：

反，叶孚絢反，韵怨宴，又韵變婉選。

也有元仙韵字读叶音，以叶寒山韵字的：

彦，叶魚旰反，韵晏粲。

宋词例證（元無號，寒*，桓**，删×，山××）：

賣花声・題岳陽樓　　張舜民

木葉下君山，
空水漫々。
十分斟酒斂芳顏。
不是渭城西去客，休唱陽關。

醉袖撫危闌，
天淡雲閑。
何人此路得生還？
回首夕陽紅盡處，應是長安！

江神子·和陳仁和韵　辛棄疾
玉簫声遠憶驂鸞。
幾悲歡？
帶羅寬。
且对花前，痛飲莫留殘。

北京市电车公司印刷厂出品 七六·一
40×15=600 (1201)

歸去小窗明月在，雲一縷，玉千竿。

吴霜幾點鬢雲斑。
綺窗閒，夢連環。
說与东風，歸興有無間。
芳草姑蘇臺下路，和淚看，小屛山！
~~和淚~~

~~玉樓春・答吴子似縣尉　辛棄疾~~
~~君如九醞臺粘醆~~
~~我似茅柴風味短。~~
~~幾時秋水美人來，長恐扁舟乘興嬾。~~

木蘭花慢・題上饒郡翠微樓　辛棄疾
~~高懷自飲無~~
舊時樓上客，愛把酒，對南山。
笑白髮如今，天教放浪，來往其間。

登樓更訴念我，却回頭西北望層欄*。

雲雨珠簾畫棟，笙歌霧鬢風鬟*。

近來堪入畫圖看*。

父老頗公歡**。

甚拄笏悠然，朝來爽氣，正朵相關*。

難忘使君後日，使一花一草報平安*。

與客攜壺且醉，飛飛秋影江寒*。

(13) 覃咸[am]

開一 [am]　切韵覃感勘，談敢闞

開二 [eam]　切韵咸豏陷，銜檻鑑

合三 [am](輕脣)　切韵凡范梵（輕脣）

反切例證：

以銜叶覃談：

瞻，叶侧衔反。監，古衔反，韵惔谈。

以谈叶衔：

菼，吐敢反，韵檻。

以覃叶咸：

涵，音含，韵讒。

宋词例證（覃無號，谈*，咸**，衔×，凡××）：

水调歌頭·送鄭厚卿　辛棄疾

寒食不小住，千騎擁春衫×。
衡陽石鼓城下，記我舊停驂。
襟以潇湘桂嶺，帶以洞庭青草，紫蓋屹西南。
文字起騷雅，刀劍化耕蠶。

看使君，於此事，定不凡××。
奮髯抵几堂上，尊俎自高谈*。
莫信君门萬里，但使民歌五袴，歸詔鳳凰銜×。

君去我誰飲？明月影成三*！

行香子·雲巖道中　辛棄疾

雲岫如簪，野漲挼藍*。
向春闌、綠醒紅酣*。
青裙縞袂，兩兩三三。
把麴生禪，玉版局，一時參。

拄杖彎環，过眼嵌巖*。
岸輕烏，白髮鬖鬖*。
他年來種，萬桂千杉**。
聽小綿蠻，新格磔，舊呢喃**。

(14) 灰堆 [ɐi]

合一 [uɐi]　切韵灰賄隊

反切例證：

懷，叶胡隈反，韵嵬隤罍，又韵靁，又韵頽嵬；

遺，叶夷回反，韵摧，又韵推靁；

威，叶音隈，韵靁；

歸，叶古回反，韵罍，又韵回。

凡讀叶音然後与支齊韵叶者，也是灰咍韵字。例如：

枚，叶莫悲反，韵飢；

媒，叶謨悲反，韵丝淇期；

梅，叶莫悲反，韵裘，叶渠之反，又韵騏；

佩，叶蒲眉反，韵來，叶陵之反；

痗，叶呼洧反，韵里；

悔，叶虎洧反，韵以，又韵祉，又韵時；

晦，叶呼洧反，韵已喜，~~又韵時~~，又韵止。

(15) 物沒 [ət]

合一 [uət]　切韵沒

合三 [uɐt] (撮脣)　切韵物(转脣)

反切例證：

凡读叶音然後与质職韵叶者，都是物没韵字。

物韵(转脣)：

弗，叶分聿反，韵律卒；

茀拂，叶分聿反，韵佗。

没韵：

没，叶莫筆反，韵卒出；

忽，叶虚屈反，韵佗。

(16) 庚生 [ɐŋ]

开二 [ɐŋ]　切韵庚梗映，耕耿諍

合二 [uɐŋ]　切韵庚梗映，耕耿諍

反切例證：

凡读叶音然後与江陽韵或东青韵叶者，都是庚生的字。

与江陽叶：

行，叶户郎反，韵筐傷，又韵臧，又韵涼嘗，又韵狂，又韵湯嘗爽，又韵桑粱嘗常；

盲，叶謨郎反，韵狂；

觥，叶古黄反，韵筐傷，又韵霜場饗羊堂；

庚，叶古郎反，韵陽筐桑；

笙，叶師莊反，韵將；

彭，叶鋪郎反，韵方央襄，又韵皇黄驤臧；

衡，叶户郎反，韵鄉央瑲皇；

喤（華彭反），叶胡光反，韵將嘗瑲皇王；

亨，叶鋪郎反，韵嘗；

羹，叶盧当反，韵螗喪方。

与京青叶：

甥，叶桑經反，韵名清成正；

生，叶桑经反，韵平寧，又韵鸣声平，又韵定寧醒成政姓，又韵令鸣征，又韵青，又韵成，又韵声灵寧；

争，叶側经反，又叶菑陘反，韵程经聽成，又韵平定寧。

(17) 闻魂 [ən]

闻一 [ən] 切韵 痕很恨

合一 [uən] 切韵 魂混恩

合三 [ən] (輕脣) 切韵 文吻問 (輕脣)

反切例證：

患，叶胡門反，韵闻；

还，叶胡昆反，韵闻。

凡读叶音並後与真群韵叶者，都是闻魂韵字。

魂韵：

孫，叶须倫反，韵纷；

北京市电车公司印刷厂出品 七六・一

40×15=600 (1201)

門，叶眉貧反，韵雲，文韵殷質，文韵云；

奔，叶逋珉反，韵君；

昆，叶古匀反，韵濆；

飧，叶素倫反，韵輪漘囷鶉；

亹，叶眉貧反，韵熏欣；

遯，叶徒匀反，韵熏。

文韵（輕脣）：

聞，叶微匀反，韵濆；又叶無巾反，韵鄰；

雰，叶豐匀反，韵熏；

分，叶敷因反，韵陳。

宋詞例證（文無號，魂*，痕×）：

滿庭芳　　秦观

山林微雲，天黏衰草，畫角声斷譙門*。
暫停征棹，聊共引離尊*。
多少蓬莱舊事，空回首，烟靄紛紛。

斜陽外，寒鴉數點，流水繞孤村。

銷魂！
当此際，香囊暗解，羅帶輕分。
謾贏得青樓薄倖名存。
此去何時見也？襟袖上，空染啼痕。
傷情處，高城望斷，燈火已黄昏。

憶王孫·春詞　　李重元①

萋萋芳草憶王孫。
柳外樓高空斷魂。
杜宇声声不忍聞。
欲黄昏，
雨打梨花深閉門。

①此詞或云秦觀所作。

醜奴兒　　辛棄疾

年年索盡梅花笑，疏影黄昏*。
疏影黄昏*，
香滿東風月一痕*。

清詩冷落無人寄，雪艷冰魂*。
雪艷冰魂*，
浮玉溪頭煙樹村*。

(18) 蕭肴 [ɒu]

開二 [eɒu]　　切韵肴巧效（喉牙音）

開三、四 [iɒu]　　切韵蕭篠嘯，宵小笑

反切例證：

以宵叶蕭：

笑，叶思邀反，韵寮；

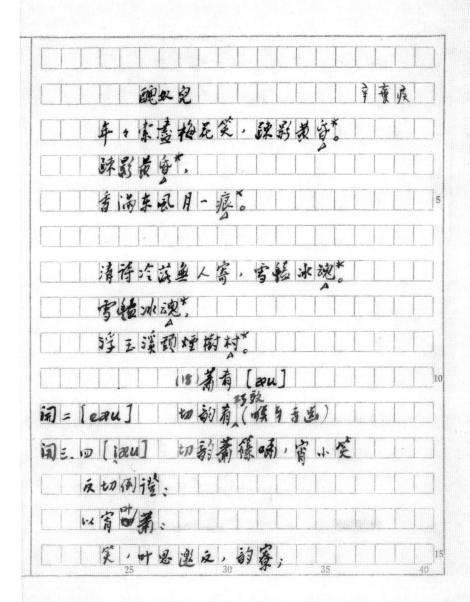

纠，叶己小反，韵皎僚（音了）；

飄，叶匹妙，韵帀。

以萧叶宵：

劳，叶音僚，韵夭；

蜩，徒彫反，韵萋；

僚，叶音了，韵悄；

纠，叶其了反，韵翘。

以肴叶宵：

教，叶居交反，韵翘。

以宵叶肴：

昭，叶之绕反，韵教。

宋词例證（萧無號，宵＊，肴×）：

~~婆罗门引·趙家籍張燈　辛棄疾~~

~~[illegible]~~

卜算子　刘克莊

40×15=600 (1201)

北京市电车公司印刷厂出品　七六·一

片片蝶衣輕，點點猩紅小。
道是天公不惜花，百種千般巧。

朝見樹頭繁，暮見枝頭少。
道是天公果惜花，雨洗風吹了！

(14) 月薛 [æt]

開三 [ĭæt] 切韻月（喉牙）薛
開四 [iæt] 切韻屑
合三 [ĭuæt] 切韻月（喉牙）薛
合四 [iuæt] 切韻屑

反切~~[illegible]~~例證~~（月[illegible]，屑……薛）~~：

以[illegible]薛叶月：

說，音悅，韻蕨；
達，叶他悅反，韻闊月；
~~薛叶屑~~
活，叶户劣反，韻揭。

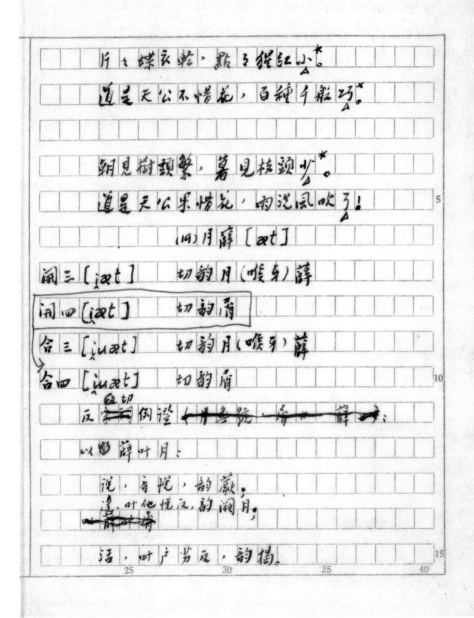

269

(285)

藹

偈，叶户劣反，揭，叶吉劣反，韵月；

闥，叶它悦反，韵月；

怛，叶旦悦反，韵發（叶方月反）①；

撥，叶必烈反，韵越發（叶方月反）；

以薛叶屑：

厲，叶力桀反，韵結。

撮，叶祖悦反，韵髮（叶方月反）。

以月叶薛：

濊，许月反，韵孽；

髮，叶方月反，韵說（音悦）；

發，叶方月反，韵烈。

以月叶屑：

葛，叶居謁反，韵節。

發，叶方月反，韵截。

宋詞例證（月無號，屑*，薛x）：

① 朱熹时代月韵轻唇字已轉入曷黠韵，所以要叶音方月反，才能与月薛韵叶。

北京市电车公司印刷厂出品 七六・一

20×15=600

满江红　　岳飞

怒髮衝冠，憑欄處，潇潇雨歇。
抬望眼，仰天長嘯，壮懷激烈。
三十功名塵与土，八千里路雲和月。
莫等闲白了少年頭，空悲切！

靖康恥，猶未雪；
臣子恨，何時滅？
駕長車，踏破賀蘭山缺。
壮志飢餐胡虜肉，笑談渴飲匈奴血。
待從頭收拾舊山河，朝天闕！

(20) 業葉［æp］

開三［i̯æp］　切韻業葉

開四［i̯æp］　切韻怗

反切例證：

270

(286)

以帖叶葉：

甲，叶古協反，韵葉牒。

以業叶葉：

及，叶極業反，韵捷。

(4) 元仙 [ɐn]

開三 [iɐn]　切韵元阮願（喉牙），仙獮線

合三 [iuɐn]　切韵元阮願（喉牙），仙獮線

開四 [iɐn]　切韵先銑霰

合四 [iuɐn]　切韵先銑霰

反切例證：

以仙叶元：

山，叶所旃反，韵言暄，

幡，叶芳還反，韵言①。

以仙叶先：

卷，叶其員反，韵悁；

展，叶諸延反，袢，叶紛乾反，韵顏，叶魚堅反，

①"幡"与"言"在《切韵》元韵，而"幡"必须叶音然後能与"言"叶韵，因为宋代元韵輕脣字已经转入寒山了。

岸，叶鱼战反，旦，叶得绢反，韵宴。

以先叶元

单，叶多涓反，韵泉；

泮，叶匹见反，反，叶孚绚反，韵怨；

贯，叶扃县反，反，叶孚绚反，韵婉。

以元叶仙：

远，叶于圆反，韵然；

援，于愿反，韵羡。

繁，叶纷乾反，巘，叶鱼轩反，韵宣。

以先叶仙：

安，叶於肩反，韵连；

闲，叶胡田反，韵迁虔梴。

宋词例證（元無號，先*，仙×）：

满庭芳·夏日溧水無想山作　周邦彦

风老鶯雛，雨肥梅子，午陰嘉樹清圓×。
地卑山近，衣潤費爐煙*。
人靜烏鳶自樂，小橋外，新綠濺濺*。
凭闌久，黃蘆苦竹，擬泛九江船×。

年年如社燕，飘流瀚海，来寄修椽。

且莫思身外，長近尊前。

憔悴江南倦客，不堪聽，急管繁絃。

歌筵畔，先安簟枕，容我醉時眠。

(22) 嚴鹽 [æm]

開三 [i̯æm] 切韵 鹽琰豔，嚴儼釅，凡范梵（喉牙）

開四 [i̯æm] 切韵 添忝㮇

反切例證：

四、以嚴叶鹽：

巖，叶魚枕反，韵詹。

以鹽叶嚴：

菡，叶待檢反，枕，叶知檢反，韵儼。

以添叶鹽：

玷，丁險反，韵貶。

北京市池东公司印刷厂出品 七六・一

40×15=600 (1201)

(23) 尤侯 [əu]

开一 [əu]　切韵侯厚候

开三 [i̯əu]　切韵尤有宥

开四 [i̯əu]　切韵幽黝幼

反切例證：

以侯叶尤

漕，叶祖侯反，韵悠憂；

慆，叶他侯反，韵憂休；

髦，叶莫侯反，韵浮流憂；

茅，叶莫侯反，韵猶，又韵留；

滔，叶他侯反，韵浮遊求；

脩，叶蘇侯反，韵遊；

苞，叶補鉤反，韵流；

包，叶補苟反，韵誘；

老，叶魯吼反，韵手；

卯，叶莫後反，韵醜。

埽，叶蘇后反，韵醜，又韵杻；

道，叶徒厚反，韵醜，又韵缶壽耜；

好，叶許厚反，韵狩酒，又韵手醜；

鴇，叶補苟反，韵首手阜；

保，叶補苟反，韵杻；

稻，叶徒苟反，韵酒壽；

栲，叶音口，韵杻壽；

草，叶此苟反，韵阜狩，又韵首；

戊，叶莫吼反。禱，叶丁口反，韵阜醜；

茂，叶莫口反，韵猶；

飽，叶補苟反，韵首，又韵罶；

趣，叶此苟反，韵槱；

昊，叶許候反，韵受；

道，叶徒候反，韵猶咎；

告，叶古后反，韵救。

以上叶侯：

軌，叶居有反，韵杜；

考，叶去九反，韵杜；

秀，叶思久反，韵好，叶许口反；

寿，叶殖酉反，韵考，叶音口。

宋词例證（尤無號，侯*，幽×）：

一剪梅　　李清照

红藕香殘玉簟秋。
輕解羅裳，獨上蘭舟。
雲中誰寄錦書來？雁字回時，月滿西樓*。

花自飄零水自流。
一種相思，兩處閑愁。
此情無計可消除，才下眉頭，却上心頭*。

(24) 麥德[ək]

開一[ək]　切韵德

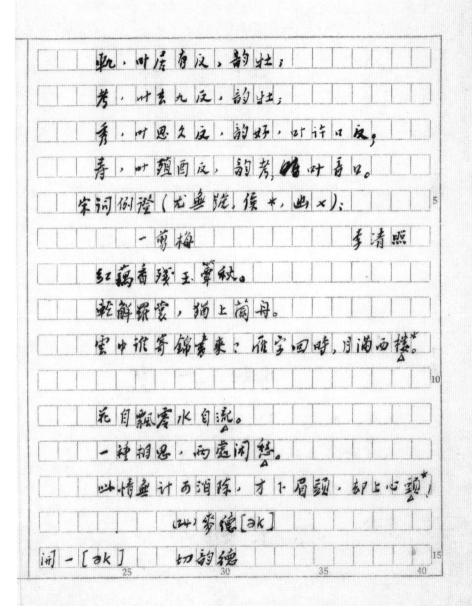

合一［uək］　切韵德

開二［ək］　切韵陌麦

合二［uək］　切韵陌麦

反切例證：

開二［ək］　切韵職（莊系字）

以陌叶德：

鞠，叶各額反，韵默。

以麦叶德：

抑，叶於革反，韵默。

以德叶職：

服，叶蒲北反，韵側。

凡读叶音然後与陌（三等）麦職昔錫叶韵者，都是麦德韵字。

接下排

北京市电车公司印刷厂出品　七六·一

接下排

麥韵：

謫，叶竹棘反，韵適益；

簀，叶側歷反，韵錫甓；

厄，叶於栗反，韵幭（莫歷反）；

革，叶訖力反，韵緎食，又韵翼奭，又韵棘；

麥，叶訖力反，韵弋；

接下排

德韵：

國，叶于逼反，韵棘食極，又韵飭，又韵棘，又韵翼，又韵息，又韵直，又韵戒（叶訖力），又韵福（叶筆力）；

得，叶徒力反，韵息域，又韵極，又韵極。

職韵（莊系）：

側，叶莊力反，韵息域，又韵極息。

(25) 蒸登［əŋ］

開一［əŋ］ 切韵登等嶝

合一［uəŋ］ 切韵~~蒸拯證~~登等嶝

開三［iəŋ］ 切韵蒸拯證

反切例證：

以登叶蒸：

弓，叶姑弘反，韵棚，又韵膺興，又韵繩，又韵乘懲承；

夢，叶莫登反，韵興，韵蒸勝，又韵陵懲。

以蒸叶登：

雄，叶于陵反，韵胼肱。

縄，叶息陵反，韵縢增。

(26)真諄[ən]

開三[iən]　切韵真軫震

合三[iuən]　切韵諄準稕

開二[ən]　切韵臻

合三[iuən](喉牙)　切韵文吻問

反切例證：

開三[iən](喉牙)　切韵欣隱焮

以諄叶真：

孫，叶須倫反，韵緡，又韵愍(叶起巾)；

泉，叶才勻反，韵薪人。

以真叶諄：

賢，叶下珍反，韵均；

堅，叶吉因反，韵鈞均；

天，叶鐵因反，韵旬；

信，叶師人反，韵洵。

以真叶臻：

年，叶尼因反，韵榛，又韵溱；

天，叶鐵因反，韵臻，又韵莘；

振，音真，韵詵。

以文（喉牙）叶真：

煇，叶許云反，韵晨。

以真叶文（喉牙）：

奔，叶逋珉反，韵君；

亹，叶眉貧反，韵熏；

門，叶眉貧反，韵雲。

以諄叶文（喉牙）：

鰥，叶古倫反，韵雲；

錞，朱倫反，韵群；

芬，叶豐勻反，韵熏①；

①"芬"读叶音然後与"熏"叶，可見宋代"芬熏"不同韵部。"芬"属间魂，"熏"属真群。

焚，叶符匀反。闻，叶微匀反，遯，叶徒匀反，韵熏①。

以欣叶真：

旂，叶渠斤反，韵晨。

以真叶欣：

闵，叶眉贫反，韵勤；

痻，叶武巾反，韵慇。

宋词例证（真無號，諄*，臻**，文×，欣××）：

浣溪沙・徐門石潭謝雨道上作

蘇軾

軟草平莎过雨新，
輕沙走馬路無塵。
何時收拾耦耕身？

①"焚闻"按叶音並後与"熏"叶，可见宋代"焚闻"与"熏"不同韵部。"焚闻"属闻魂，"熏"属真群。

A18

(292)

日暖蓝田光似澄，风来芮艾气如薰。

使君元是此中人。

(27) 支齐 [i]

开三 [i] 切韵支纸寘，脂旨至，之止志，祭

开三 [i] (喉牙) 切韵微尾未，废

开四 [i] 切韵齐荠霁

合三 [iui] 切韵支纸寘，脂旨至，祭

合三 [iui] (喉牙轻脣) 切韵微尾未，废

合四 [iui] 切韵齐荠霁

反切例證：

~~脂 支~~

接下排

5 10 15 20

40×15=600 (1261)

北京市电车公司印刷厂出品 七六·一

接下排

以之叶支

蛇，叶于其反，韵羆；

波，叶補基反，韵麾；

鮮，叶想止反，韵瀰；

偕，叶举里反，近，叶渠紀反，韵邇。

以齊叶支：

和，叶户圭反，韵吹；

何，叶音奚，韵綺儀。

接下排

以支叶脂：

易，以豉反，韵帝；

紫，叶子智反，韵佽。

接下排

以[illegible]之叶脂：

底，叶郎之反，韵维葵腮；

偕，叶举里反，韵旨；

视，叶善止反，韵匕砥矢履；

[illegible]，叶羽已反，韵采（叶此履）。

以齐叶[illegible]脂：

喈，叶居奚反，韵夷，又韵迟祁，又韵骙；

階，叶居奚反，韵靡伊，又韵鸱悲；

湝，叶贤鞋反，韵悲；

涕，叶音體，韵匕砥矢履视。

以支叶之：

疧，叶祛奇反，韵诗之；

母，叶满彼反，韵止杞；

谋，叶莫徙反，韵上；

畝，叶满彼反，韵理。

以脂叶之：

浮，叶扶吡反，韵疑；

梅，叶莫悲反，韵裘（叶渠之），又韵忆（叶于其）；

谋，叶谟悲反，韵时，又韵萁；

~~来，叶[illegible]反，韵友（叶羽已）~~

晦，叶呼洧反，韵已喜。

以齐叶之：

哉，叶将黎反，韵裘（叶渠之），又韵牛（叶鱼其）。

接下排

以支叶齐：

回，叶乎为反，韵嗺（叶居宜）。

接下排

以脂叶齊：

敗，叶蒲寐反，韵大（叶特计）；

以微叶齊：

屆，叶居氣反，韵嘒（叶呼惠）淠（叶孚计）。

疾，叶集二反，韵戾。

接下排

以之叶齊：

牛，叶魚其反，韵哉（叶將黎）；

鮮，叶想止反，韵泚（叶此禮）；

接下排

以齊叶微：

喈，叶居奚反，韵霏歸；

階，叶居奚反，韵幾；

接下排

以脂叶微：

私，叶息夷反，韵頎衣；

崔，叶子綏反，韵歸；

枚，叶謨悲反，韵歸衣；

接下排

以微叶脂

懷，叶胡威反，韵綏；

哀，叶於希反，韵遲，又韵棲；

依，叶於豈反，韵几；

接下排

以微叶齊：

哀，叶於希反，韵底（叶都黎）；

依，叶於豈反，韵濟。

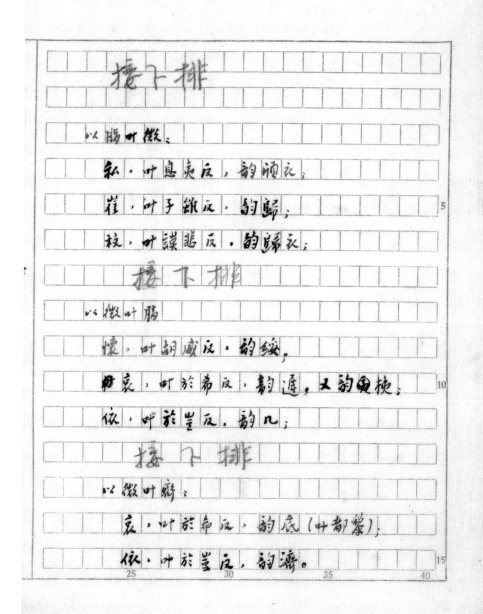

279

(295)

以支叶微：

火，叶虎委反，韵衣（上声），又韵葦。

以祭叶齊：

指，征例反，韵帝，又韵肺（叶音计）；

屆，叶居例反，韵惠戾桂；

瘵，叶侧例反，韵惠。

以支叶祭：

辟，音避，韵揥。

以微叶祭

屆，叶居氣反，韵厲。

以脂叶祭：

敗，叶蒲寐反，韵憩，又韵泄愒厲；

外，叶五墜反，韵泄逝，又韵蹶。

以祭叶脂：

肆，叶以世反，韵塈（许器）。

以廢叶祭：

艾，叶音乂，韵晰噦；

40×15=600 (1201)

北京市电车公司印刷厂出品 七六·一

撥，叶方伏反，韵世。

宋词例證（支無號，脂*，微**，之×，齊××，祭**，廢*×）：

漁家傲　　　　范仲淹

塞外秋来風景異×，
衡陽雁去無留意×。
四面边声連角起×。
千嶂裏×，
長煙落日孤城闭××。

濁酒一杯家萬里×，
燕然未勒歸無計××。
羌管悠悠霜滿地*。
人不寐*，
將軍白髮征夫淚*，

280

(296)

念奴嬌　　李清照

蕭條庭院，又斜風細雨，重門須闭。
寵柳嬌花寒食近，種々惱人天氣。
險韵詩成，扶頭酒醒，別是閒滋味。
征鴻过尽，萬千心事难寄。

楼上几日春寒，
簾垂四面，玉闌干慵倚。
被冷香消新夢觉，不许愁人不起。
清露晨流，新桐初引，多少遊春意？
日高煙斂，更看今日晴未？

念奴嬌·和趙國興知録　　辛棄疾

為沽美酒，过溪来，誰道幽人难致？
更觉元龍楼百尺，湖海平生豪氣。

北京市电车公司印刷厂出品　七六·一

40×15=600 (1201)

自數年来，看花索句，老不如人意*。

东風歸路，一川松竹如醉*。

怎得身似莊周，夢中蝴蝶，花底人间世**？

記取江頭三月暮，風雨不為春計**。

萬斛愁来，金貂頭上，不抵銀瓶貴**。

無多笑我，此篇聊当賓戲。

(28) 質職 [it]

開二 [ɪt] 切韻櫛

開三 [it] 切韻質迄

開三 [ǐt] 切韻陌昔職

開四 [it] 切韻錫

合三 [ǐuit] 切韻術

合三 [ǐuit] 切韻物（喉牙）

281

(297)

合三 [ịuit]　　　切韵陌昔職

合四 [ịuit]　　　切韵錫

反切例證：

以術叶質：

穴，叶戶橘反，韵日，又韵㮚，又韵室。

以櫛叶質：

櫛，側瑟反，韵栗室。

以職叶質：

伯，叶音逸，韵日；
結，叶訖力反，韵七一；
淢，況域反，韵匹。

以錫叶質：

幭，莫歷反，韵厄（叶於栗）。

以質叶術：

沒，叶莫筆反，韵卒出。

以物叶質：
血，叶虛屈反，韵室。

北京市电车公司印刷厂出品 七六·一

5　10　15　20

40×15=600

以迄叶術：

仡，魚乞反，韻芾紼（叶分聿）。

以職叶術：

來，叶六直反，疚，叶訖力反，至，叶朱力反，韻極。

以櫛叶質：

屆，叶地一反，韻瑟。

以迄叶物：

仡，魚乞反，韻忽（叶虛屈）。

以質叶昔：

自，音弼，韻釋。

識，音失，韻奕（叶夷益）。

以錫叶昔：

簀，叶側歷反，韻璧；

剔，他歷反，韻辟（婢亦）。

以職叶昔：

讁，叶竹棘反，韻適益；

辭，叶訖力反，韻辟（音璧）。

以昔叶锡：

局，叶居亦反，韵脊蜴；

辟，婢亦反，韵剔。

以昔叶職：

侑，叶夷益反，韵棘稷翼億食。

~~以質叶職昔~~

~~識，音失，韵入（叶夷益）。~~

宋詞例證（質無號，術*，櫛**，物*×，

迄**，陌○×，昔×○，錫××，職×）：

满江紅·暮春　　辛棄疾

可恨东君，把春去，春來無迹。

便过眼，等闲輸了，三分之一。

晝永暖翻紅杏雨，風晴扶起垂楊力。

更天涯芳草最關情，烘殘日。

（空一行）

湘浦岸，南塘驿。恨不盡，愁如織。

算年年辜負，对他寒食。
便恁歸来能幾許？风流早已非疇昔。
凭畫阑一綫數飛鴻，沉空碧。

满江红·暮春　　辛棄疾

家住江南，又過了清明寒食。
花徑裏，一番风雨，一番狼籍。
红粉暗隨流水去，園林漸觉清陰密。
算年年落盡刺桐花，寒無力。

庭院静，空相憶。
無說處，闲愁極！
怕流鶯乳燕，得知消息。
尺素如今何處也？綵雲依舊無蹤跡。
謾教人羞去上層樓，平蕪碧。

(129)緝韻[ip]

283

(299)

闭三〔ip〕　切韵编

宋词例證：

满江红·夜雨凉甚，忽动从戎之兴

刘克庄

金甲琱戈，記当日轅門初立。
磨盾鼻，一揮千紙，龍蛇猶濕。
鐵馬曉嘶營壁冷，樓船夜渡風濤急。
有誰憐猿臂故將軍，無功級！

平戎策，從軍什。
零落盡，慵收拾。
把茶經香傳，時時溫習。
生怕客談榆塞事，且教兒誦花間集。
歎臣之壯也不如人，今何及！

(30)京青〔iŋ〕

40×15=600 (1201)

北京市电本公司印刷厂出品 七六·一

开三［iŋ］　　切韵庚梗映．清静劲

合三［i̯uiŋ］　　切韵庚梗映．清静劲

开四［iŋ］　　切韵青迥径

合四［i̯uiŋ］　　切韵青迥径

　　反切例證：

　　以青叶庚：

　　　生，叶桑经反，韵平，又韵鸣

　　　定，叶当丁反，争，叶菑陉反，韵平；

　　　庭，叶去声，韵敬。

　　以青叶清：

　　　甥，叶桑经反，韵名清成正；

　　　争，叶侧陉反，韵程成；

　　　生，叶桑经反，韵成，又韵声；

　　　令，叶音经，韵正（音征）；

　　　定，都佞反，韵姓。

284

(300)

接下排

以請叶青：

正，叶音征，韵旌星，又韵聽。

宋词例證（庚無號，清*，青*）：

八声甘州·陪庾幕诸公遊靈巖

吴文英

渺空煙四遠，是何年青天墜長星。

幻蒼厓雲樹，名娃金屋，残霸宮城。

箭徑酸風射眼，膩水染花腥。

時靸双鴛響，廊葉秋聲。

宮裏吴王沈醉，倩五湖倦客，獨釣醒醒。

问蒼天無語，華髮奈山青。

水涵空，闌干高處，送亂鴉斜日落漁汀。

連呼酒，上琴臺去，秋與雲平。

北京市电车公司印刷厂出品 七六·一

40×15=600 空一行

醜奴兒·書博山道中壁　　辛棄疾

煙蕪露麥荒池柳，洗雨烘晴*。
洗雨烘晴*，
一樣春風幾樣青*。

提壺脫袴催歸去，萬恨千情*。
萬恨千情*，
各自無聊各自鳴。

鷓鴣天·賦雪　　辛棄疾

泉上長吟我獨清*，
喜君來共雪爭明。
已驚並水鷗無色，更怪行沙蟹有聲*。

添爽氣，動雄情*。

奇因亦出憶陈平。

却嫌鸟雀投林去，觸破当楼雲母屏。

(31) 侵尋[im]

闭三[im]　切韵侵寝沁

反切例證：

風，叶孚愔反，韵心，又韵林欽，又韵林；

簟，叶徒錦反，韵寝。

南，叶尼心反，韵心，又韵林，~~又韵音~~

又韵音；

耽，叶持林反，韵葚；

湛，叶持林反，韵岑琴心，又韵林；

僭，叶七心反，韵欽琴音，又韵心；

能，叶奴金反，韵林；

煁，市林反，韵心；

興，叶音欽，韵林心；

宋詞例證：

水調歌頭·醉吟　　辛棄疾

四座請勿語，聽我醉中吟。
池塘春草未歇，高樹變鳴禽。
鴻雁初飛江上，蟋蟀還來牀下，時序百年心。
誰要卿料理？山水有清音。

歡多少，歌長短，酒淺深。
而今已不如昔，後定不如今。
閒處直須行樂，良夜更教秉燭，高會惜分陰。
白髮短如許，黄菊倩誰簪？

(32) 資思 [ɿ]

開三→開一 [ɿ]　切韻支紙寘(精系)，脂旨至(精系)，之止志(精系)

反切例證：

凡讀叶音並後与支齊韵叶者，都是資思韵字。

支韵(精系)：

斯，叶所宜反，韵知；

斯，叶先齎反，韵知，又韵提；

雌，叶千西反，韵伎枝知。

脂韵(精系)：

私，叶息夷反，韵頹衣妻姨，又韵尸歸遲，又韵萋祁；

師①，叶霜夷反，韵蓍，又韵氐維毗迷，又韵懠毗迷尸屎葵；

資，叶箋西反，韵懠毗迷尸屎葵，又韵疑維階（叶居宜）；

死，叶想止反，韵菲體，又韵體禮；

姊，叶獎禮反，韵沵禰弟；

①"師"是莊系字，大约朱熹時代已歸入精系，如現代客家話。

北京市电车公司印刷厂出品 七六·一

兕，叶徐履反，韵矢醴；

秭，叶咨履反，韵醴妣皆（叶举里），又韵醴妣禮；

之韵（精系）：

思，叶新齋反，韵霾（音貍）來（叶陵之），又韵淇姬，又韵之，又韵哉（叶将黎），又韵期時，又韵佩（叶蒲眉），又韵其；

絲，叶新齋反，韵丘淇期，又韵梅（叶莫悲）騏，又韵基；

茲，叶津之反，韵飴龜時，又韵之思（叶新夷）哉（叶将黎）；

鼒，叶津之反，韵基；

俟，叶于纪反，韵有（叶羽已），又韵齿止；

子，叶奬履反，韵趾，又韵否（叶補美），又韵耳，又韵李，又韵鯉，又韵趾喜，

又韵里，又韵仕已，又韵仕使，又叶
獎里反，韵杞事，又韵止，又韵已，
又韵祉，又韵時，又韵友（叶羽已），
又韵止士使，又叶獎禮反，韵止；
耜，叶養里反，韵以士，又叶羊里反，韵趾喜；
汜，叶養里反，韵以；
涘，叶音矣，韵母（叶滿彼）有（叶羽已），
又叶音以又音始，韵已采（叶此礼），
右（叶羽軌），又韵右（叶羽已）；
似，叶養里反，韵采（叶此履）負（叶蒲美），
耔，叶獎里反，韵薿止士；
又叶羽已反，韵止；
祀，叶養里反，韵敏（叶母鄙）止，又韵
秠芑，又韵時，又韵子（叶獎履），又
韵耳。

韵部的分合和轉移

從朱熹反切中，我們發現許多韵部分合和轉移的新情况，如下所述。

(1)江韵開始併入陽唐，相应地，入声覺韵也開始併入藥鐸。

(2)肴韵分化為二：脣音字併入豪韵，合成豪包部；喉牙舌齒字併入蕭宵，合成蕭肴部。

(3)咍韵与~~……~~佳皆合併，成為皆來部。

(4)齊祭廢併入脂微，合成支齊部。這就是說，蟹攝三四等字轉入止攝去了。

~~(5)……部發生了分化：一二等字獨立出來，成為……部，包括《切韵》……兩韵字~~

(5)職陌部發生了分化：一二等字獨立出來，成為麥德部，包括《切韵》麥德兩韵字和陌韵二等字；三四等字併入質韵。這就是說，梗曾兩攝三四等入声字脫離了平声对应関係，轉入臻攝入声去了。

(6) 寒桓与刪山合併，成為寒山部；相应地，曷末与黠鎋合併，成為曷黠部。

(7) 覃談和咸銜合併，成為覃咸部；相应地，合盍与洽狎合併，成為合洽部。

~~(8) 江併於陽，肴併於蕭豪，佳皆併於咍。~~

(8) 庚青部[redacted]發生了分化：二等字獨立出來，成為庚生部，[redacted]包括《切韵》庚韵二等字和耕韵字；三四等字另成京青部，包括《切韵》庚韵三等字和清青韵字。

(9) 文韵分化為二：脣音字併入痕魂，合成門魂部；喉牙字併入真諄，合成真群部，

(10) 元韵分化為二：脣音字併入寒桓，喉牙字併入先仙；相应地，物韵分化為二：脣音字併入曷末，喉牙字併入没韵。

地，月韻分化為二：脣音字併入曷末，喉牙字併入月薛。

~~（1）……江併於陽，肴併於蕭豪，佳皆併於咍~~

總的說來，宋代的韻部比晚唐五代的韻部少得多了，從四十個韻部減為三十二個部，少了八部。主要是由於純二等韻都轉入一等或三四等去了，江併於陽，肴併於蕭豪，佳皆併於咍，黠鎋併於曷末，洽狎併於合盍，刪山併於寒桓，咸銜併於覃談，毫無例外。這也是一種發展規律。

韻部音值的擬測

（1）歌戈部到了宋代，大約已由[a]轉變為[ɔ]。

（2）純二等韻和一等韻合韻後，主要元音可能是个[ɑ]，也可能是个[a]。~~從音位观点看~~為印刷的方便，這里寫作[a]。從音位观点看，[ɑ]和[a]是一樣的，因為在宋代沒有[ɑ]和[a]的对立。

(3)齊稽与脂微合併為支齊部後，主要元音應該是个[i]，這是和現代漢語相一致的。

(4)質術与昔職合併為質職部後，主要元音應該是个[i]，韵尾應該是个[t]，這是和現代客家話相一致的。

(三)宋代的声调

宋代的声调和晚唐五代的声调一樣，仍舊是平上去入四声。宋代平声未分陰陽，朱熹反切可以證明這一點。例如：

以今陰平字切今陽平字：

夢，叶莫登反　　湝，叶贤鈞反

旂，叶巨巾反　　濡，叶而朱反

渝，叶容朱反　　梅，叶莫悲反

來，叶陵之反　　翰，叶胡千反

芹，其斤反　　顏，叶魚堅反

難，叶乃多反

以今陽平字切今陰平字：

宮，叶居王反　　萎，叶於回反

施，叶踈何反　　差，於宜反

師，叶霜夷反　　恩，叶新才反

馳，叶袪尤反　　粗，子胡反

氐，叶都黎反　　敦，叶都回反

熏，叶眉貧反　　昆，叶古匀反

孫，叶須倫反

~~濁上变去；和晚唐五代的声调系统也是~~

~~致的。從朱熹反切中可以看出來。例如~~

朱熹時代，入声韵尾仍有-p、-t、-k三類的區別，除[ɪk]轉变為[ɪt]以外，其他都沒有混亂。但是，後代入声的消失，应該是以三類入声混合為韵尾[ʔ]作為过渡的。宋詞用韵反映了這種情況，以辛棄疾詞最為明顯。

例如（-k無號，-t＊，-p×）：

滿江紅・建康史帥致道席上賦

辛棄疾

鵬翼垂空，笑人世蒼然無物＊。

又還向九重深處，玉階山立×。

袖裏珍奇光五色，他年要補天西北。

且歸來談笑護長江，波澄碧。

佳麗地，文章伯。

40×15=600 (1201)

北京市电车公司印刷厂出品 七六・一

金縷唱，紅牙拍。
看尊前飛下，日边消息。
料想寶香黄閣夢，依然畫舫青溪笛。
待如今端的約鍾山，長相識。

滿江紅·賀王帥宣子平湖南寇

辛棄疾

笳鼓歸來，舉鞭問，何如諸葛？
人道是，匆匆五月，渡瀘深入。
白羽風生貔虎噪，青溪路斷鼪鼯泣。
早紅塵一騎落平岡，捷書急。

三萬卷，龍韜客；
渾未得，文章力。
把詩書馬上，笑驅鋒鏑。
金印明年如斗大，貂蟬却自兜鍪出。

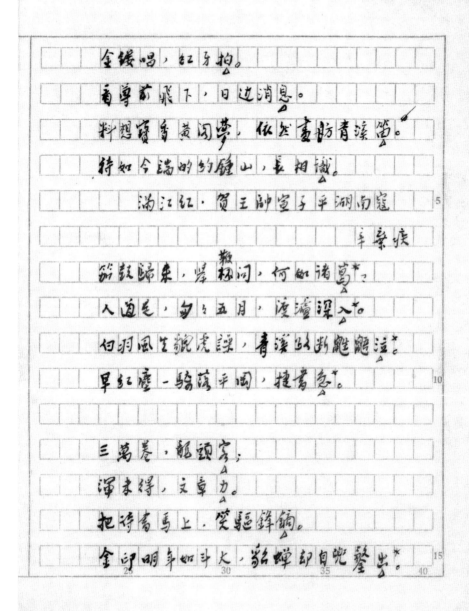

且待刻公勳業到雲霄，浯溪石。

六幺令·送玉山陸德隆侍親東歸吳中　　　辛棄疾

酒群花隊，攀得短轅折。
誰憐故山歸夢，千里蓴羹滑。
便整松江一棹，點檢能言鴨。
故人歡接。
醉懷霜橘，墮地金圓醒時覺。

長喜劉郎馬上，肯聽詩書說。
誰對叔子風流，直指曹劉壓。
更看君侯事業，不負平生學。
離觴愁怯。
送君歸後，細細寫茶經香雪。

滿江紅·送信守鄭舜舉被召　辛棄疾

湖海平生，算不負蒼髯如戟。
聞道是，君王着意，太平長策。
此老自當兵十萬，長安正在天西北。
便鳳凰飛詔下天来，催歸急。

車馬路，兒童泣。
風雨暗，旌旗濕。
看野梅官柳，东風消息。
莫向蔗庵追語笑，只今松竹無顏色。
问人间誰管别離愁？杯中物。

滿江紅·餞鄭衡州厚卿席上再賦

辛棄疾

莫折荼蘼，且留取一分春色。
还记得，青梅如豆，共伊同摘。
少日对花渾醉夢，而今醒眼看風月。

恨牡丹笑我倚东風，頭如雪。

榆荚陣，菖蒲葉。

時節换，繁華歇。

算怎禁風雨，怎禁鶗鴂？

老冉冉兮花共柳，是栖栖者蜂和蝶。

也不因春去有闲愁，因離别！

~~賀新郎 陪同甫自东陽来过余~~

~~辛弃疾~~

~~把酒长亭説~~

~~看淵明、風流酷似，卧龍諸葛。~~

~~何處飛来林间鹊？蹙踏松梢殘雪。~~

~~要~~

由此看来，三類入声合併為一類，在宋代北方話已經開始了。在吴方言裏，大约也是從

北京市电车公司印刷厂出品 七六·一

40×15=600 (1201)

宋代起，入声韵尾已经由[-p][-t][-k]合併為[ʔ]了。至今北方某些方言还保存入声，也是以[ʔ]收尾的。